市场营销基础

主编 杨雪青
副主编 张平平

扫码申请更多资源

南京大学出版社

图书在版编目(CIP)数据

市场营销基础 / 杨雪青主编. — 南京：南京大学出版社，2024.2(2024.8重印)
ISBN 978-7-305-27583-8

Ⅰ.①市… Ⅱ.①杨… Ⅲ.①市场营销学—教材 Ⅳ.①F713.50

中国国家版本馆 CIP 数据核字(2024)第 005508 号

出版发行	南京大学出版社
社　　址	南京市汉口路 22 号　　邮编　210093
书　　名	**市场营销基础**
	SHICHANG YINGXIAO JICHU
主　　编	杨雪青
责任编辑	陈　嘉　　　　　　编辑热线 025-83592315
照　　排	南京开卷文化传媒有限公司
印　　刷	江苏苏中印刷有限公司
开　　本	787 mm×1092 mm　1/16　印张 15.75　字数 383 千
版　　次	2024 年 2 月第 1 版　2024 年 8 月第 2 次印刷
ISBN	978-7-305-27583-8
定　　价	49.80 元

网　　址：http://www.njupco.com
官方微博：http://weibo.com/njupco
微信服务号：njuyuexue
销售咨询热线：(025)83594756

* 版权所有，侵权必究
* 凡购买南大版图书，如有印装质量问题，请与所购图书销售部门联系调换

前　言

市场营销学是一门边缘交叉应用性的学科，它涉及管理学、经济学、心理学、美学和组织行为学等学科的综合知识。市场营销不仅是企业在激烈角逐的商战中谋求发展的管理利器，还是其他组织和个人生存发展的一种核心理念和生存方式。尤其是在信息技术和网络经济发展的今天，培养适应新技术、新需求，具备科学营销理念和创新营销能力的高素质市场营销人才至关重要。

为进一步深入贯彻《国家职业教育改革实施方案》《职业院校教材管理办法》等文件要求，全面落实"立德树人"根本任务，充分发挥教材建设在职业教育人才培养中的重要作用，本书从职业岗位实际需求出发，以职业能力培养为核心，"教、学、做、思"一体化，体现知识性、操作性、开放性和创新性的要求，以使学生树立正确的市场营销观念，掌握不同的市场营销策略与方法，并能进行营销战略的制定。

本书源于我校多年的教育教学和课程改革，更是依托市场营销教学团队建设的"市场营销理论与实务"省级精品课程和省级金课多年的实践。本书的编写倾注了市场营销教学团队的心血，也融入了本教学团队对职业教育课程改革的见解和心得体会。

本书以模块化教学为主，依据市场营销的基本原理和工作内容分为四个模块，每个模块分为不同的项目，项目按需解决的问题和掌握的知识分解成不同的子任务。每个项目以"引例"为导入，以"知识准备与业务操作"为基本内容，以"知识拓展"和"思政园地"为拓展学习，实现"教、学、做、思"一体化。

本书通过强化营销基本理论梳理，对涉及现代市场营销学的一系列概念都给予了清晰的界定，便于读者能深入理解现代市场营销的真谛。本书不仅强调现代企业应具备的最新营销观念，而且增加了营销的新内容，强调诚信建设的必要性以及如何加强诚信建设。此外，结合我国经济社会发展的需要，在传统的市场营销相关知识的基础上，增加了"探究营销动态"模块，将新媒体营销、大数据营销、圈层营销等新形态营销模式加入内容当中。同时，从营销新思维的角度，增加了企业营销伦理和营销激励管理等内容。本书在阐明基本概念的前提下,更侧重于引导学生掌握市场营销方法和技能。根据以上特点,本书不仅可作为高等职业院校的专用教材,也可以用来培训企业的营销管理人员和营销人员。

　　本书由安徽商贸职业技术学院杨雪青担任主编,安徽商贸职业技术学院张平平担任副主编。具体编写工作如下:安徽商贸职业技术学院刘超编写项目一、项目九;安徽商贸职业技术学院张平平编写项目二、项目三;安徽商贸职业技术学院梁月锋编写项目四、项目七;安徽商贸职业技术学院杨雪青编写项目五;安徽商贸职业技术学院汪贞叶编写项目六、项目十;安徽机电职业技术学院徐大伍编写项目八;成都工业职业技术学院蒲宏编写项目十一;安徽商贸职业技术学院刘玉林、杨雪青编写项目十二。

　　在编写本书的过程中,编者参阅、借鉴了国内外众多学者的研究成果,在此一并表示诚挚的谢意!由于编者水平有限,书中难免存在疏漏和不当之处,恳请同行专家学者和读者批评指正,我们将不胜感激。

编　者

2023 年 12 月

目　录

模块一　走进市场营销 ... 1

项目一　生活中的市场营销 ... 2
　　任务一　随处可见的营销活动主体 ... 2
　　任务二　企业中的营销组织 ... 4
　　任务三　至关重要的营销人员 ... 7
项目二　认知市场营销概念 ... 13
　　任务一　市场营销核心概念 ... 14
　　任务二　市场营销观念 ... 26

模块二　分析市场需求 ... 44

项目三　市场营销环境 ... 45
　　任务一　营销环境概述 ... 46
　　任务二　微观营销环境 ... 48
　　任务三　宏观营销环境 ... 51
　　任务四　营销环境分析方法 ... 59
项目四　市场调研与预测 ... 68
　　任务一　市场营销信息系统 ... 69
　　任务二　市场营销调研 ... 70
　　任务三　市场需求测量与预测 ... 79
项目五　市场分析 ... 85
　　任务一　消费者市场购买行为分析 ... 86
　　任务二　组织市场购买行为分析 ... 99
项目六　STP战略 ... 108
　　任务一　市场细分 ... 109
　　任务二　目标市场选择 ... 114
　　任务三　市场定位 ... 118

模块三　运用营销组合 ... 124

项目七　产品策略 ... 125
　　任务一　产品及产品的整体概念 ... 126
　　任务二　产品市场生命周期 ... 130

任务三　新产品开发 ………………………………………………… 134
　　　任务四　品牌策略 …………………………………………………… 139
　　　任务五　包装策略 …………………………………………………… 142
　项目八　价格策略 …………………………………………………………… 147
　　　任务一　影响定价的因素 …………………………………………… 147
　　　任务二　定价方法 …………………………………………………… 152
　　　任务三　定价策略 …………………………………………………… 155
　项目九　渠道策略 …………………………………………………………… 166
　　　任务一　分销渠道的职能与结构 …………………………………… 167
　　　任务二　认识中间商 ………………………………………………… 169
　　　任务三　分销渠道设计 ……………………………………………… 175
　　　任务四　分销渠道成员开发 ………………………………………… 178
　项目十　促销策略 …………………………………………………………… 193
　　　任务一　促销组合 …………………………………………………… 194
　　　任务二　广告策略 …………………………………………………… 196
　　　任务三　人员推销 …………………………………………………… 198
　　　任务四　营业推广 …………………………………………………… 201
　　　任务五　公共关系 …………………………………………………… 202

模块四　探究营销动态　208

　项目十一　营销新模式 ……………………………………………………… 209
　　　任务一　新媒体营销 ………………………………………………… 210
　　　任务二　大数据营销 ………………………………………………… 217
　　　任务三　圈层营销 …………………………………………………… 222
　项目十二　营销新思维 ……………………………………………………… 233
　　　任务一　企业营销伦理 ……………………………………………… 234
　　　任务二　营销激励管理 ……………………………………………… 238

参考文献 ………………………………………………………………………… 245

模块一

走进市场营销

>>>>> **知识目标**

熟悉市场营销的主体和职能,知晓市场营销类工作岗位及其职责,明确市场营销人员应具备的素质。牢记市场营销及其相关的核心概念,明确市场营销观念的概念及其演变过程,熟悉当前市场营销观念的新发展。

>>>>> **能力目标**

能够根据市场营销类工作岗位的要求,提高自身的业务素质和能力;能够充分认识到市场营销的价值;能够运用现代市场营销观念指导企业的营销实践。

>>>>> **素质目标**

树立科学的市场营销观念,学会使用现代市场营销观念来分析和解决问题,并指导企业的各项活动。

>>>>> **典型工作任务**

项目一　生活中的市场营销
项目二　认知市场营销概念

项目一　生活中的市场营销

 引例

一位大学新生的迷茫与困惑

小汪同学是今年顺利考入大学的一名大学新生。他怀揣着要在商业上做出一番事业的梦想进入了其所在学校的市场营销专业。小汪知道,要想实现他的梦想,需要长时间的行业积累,不断去学习新的知识和加强行业实践。因为营销包含许多模块,需要对不同的营销模块进行学习和积累,从而才能够逐步成为这个领域的专家。他认为,在校期间首先需要对整个营销理论进行学习,在学习了具体的营销理论后,掌握和理解营销的整体框架,然后利用所学习的理论知识,进行相关的实践,从而来提升自身的营销水平。对于如何选择适合自己发展的行业赛道、可以从事的营销工作岗位,小汪还比较迷茫和困惑。

请分析: 如果你们一同开始学习市场营销,你会如何和他分享你的看法?

知识准备与业务操作

知识准备: 了解企业内涵,熟悉企业中不同类型的营销岗位及其岗位职责。
业务操作: 做好从事市场营销工作的职业规划。

任务一　随处可见的营销活动主体

市场营销活动在我们的生活中随处可见。大多数时候,我们是作为消费者来参与企业市场营销活动的。消费者是企业营销活动的对象,除此之外,营销活动还涉及市场营销主体、市场营销客体和市场营销受益者。市场营销适用于存在交换关系的所有领域。从广泛的角度说,市场营销的主体可以是个人、企业、城市、国家及社会等。

一、个人

个人作为市场营销的主体,最典型的例子就是个体工商户。个体工商户是指在法律允许的范围内,依法经核准登记,从事工商经营活动的自然人或者家庭。单个自然人申请

个体经营,应当是 16 周岁以上有劳动能力的自然人。家庭申请个体经营,作为户主的个人应该有经营能力。个体工商户享有合法财产权,包括对自己所有的合法财产享有占有、使用、收益和处分的权利,以及依据法律和合同享有各种债权。当然,无固定场所的摊贩也是个人作为市场营销的主体。对于个体工商户或摊主来说,他们也需要围绕产品销售而展开一系列运筹与谋划的活动。

二、企业

最具有典型意义的营销主体是企业。企业是从事生产、流通、服务等经济活动,以生产或服务满足社会需要,实行自主经营、独立核算、依法设立的一种营利性的经济组织。而公司是指由股东共同出资,依法定条件和程序设立,以营利为目的的企业法人。按照企业财产组织方式的不同,企业在法律上又可以分为三种类型:独资企业、合伙企业、公司企业。企业在概念范畴上是包含公司的。企业是一个组织,而公司是其中的一种组织形式。企业除了包括公司以外,还包括合伙企业、个人独资企业、外商投资企业等,但是不包括个体户。

从实质上讲,市场营销是指一种活动,尤其是指企业的经营管理活动。企业要想取得战略上的成功,必须洞悉用户,发现、分析及评价市场机会,选择好目标市场、做好市场定位,实施能保证企业从整体上满足消费者的需求、对付竞争者的营销组合策略。

企业营销者可以开展门店营销,更好地兼顾消费者在整个消费过程中的体验,开展体验式营销。体验式营销要求将"感官""情感""思考""行动""关联"统一起来,为消费者带来全新的体验,加深其对产品的印象,促进消费者消费;可以在淘宝商城、京东商城、当当网等 B2C 平台开展针对用户的网络零售业务,宣传企业品牌,吸引新客户、增加客户黏性、提高转化率、增加曝光率;可以开展国内市场营销和国际市场营销;也可以在诸多新媒体营销平台上开展新媒体营销,以所生产出来的优质内容来吸引用户。

三、城市和国家

城市和国家也是市场营销的主体之一。"城市营销"概念最早来源于西方的"国家营销"理念。菲利普·科特勒在《国家营销》中认为,一个国家,也可以像一个企业那样用心经营。在他看来,国家其实是由消费者、制造商、供应商和分销商的实际行为结合而成的一个整体。城市营销力求将城市视为一个企业,将具体城市的各种资源,以现代市场营销手段,向目标受众或目标客户宣传或兜售。这里的资源包括产品、企业、品牌、文化氛围、贸易环境、投资环境、人居环境以及城市形象等。城市营销通过树立城市品牌,提高城市综合竞争力,广泛吸引更多的可用社会资源,来推动城市良性发展。国家营销指的是通过运用营销的思想和方法,从战略角度来分析、整合、利用该国在各方面的资源优势,树立国家形象,获取政治影响力和经济利益,创造有利于持续发展的国际环境,提升国民自信心,并最终促进国家竞争优势的形成。

最典型的城市营销的实例有"好客山东""梦幻黄山""天下英雄城——南昌"的整合营销活动。国家营销的典型实例有:为促进世界各国加强经贸交流合作,促进全球贸易和世界经济增长,推动开放型世界经济发展,我国在上海举办了中国国际进口博览会。

任务二　企业中的营销组织

一、市场营销职能

企业的营销职能被认为是企业众多职能中的核心职能。但其在企业中的地位也经历了不同的发展阶段。最初,市场营销与其他部门(如生产、人事、财务)有同等重要的职能,与它们处于平等地位;在需求不足的情况下,市场营销拥有更重要的职能;之后,市场营销成为核心职能,一些热衷于顾客服务的企业高层管理人员主张把顾客服务作为管理职能的核心;最后,达成共识,把顾客服务作为管理职能的核心,市场营销成为整合性职能。市场营销与其他职能部门不同,它是连接市场需求与企业反应的桥梁、纽带,要想有效地满足顾客需要,就必须将市场营销置于企业的中心地位。

从历史的维度来看,在1942年克拉克就提出,销售要以创造需求为先。20世纪50年代末,霍华德提出,市场营销应当能够让企业"创造性地适应"动态环境。进入20世纪80年代以后,"内部市场营销""关系市场营销"又先后被提出来,大大地丰富了市场营销的职能体系。

那么,现代的市场营销职能体系的框架是什么呢?按照现代市场营销环境的要求,现代市场营销职能体系应当包括商品销售、市场调查研究、整体营销、创造市场需求和协调平衡公共关系五大职能。

(一)商品销售

首先,商品销售对于企业和社会来说,具有两种基本功能,一是将企业生产的商品推向消费领域;一是从消费者那里获得货币,以便对商品生产中的劳动消耗予以补偿。企业是为了提高人们的生活水平而采用先进生产组织方式进行社会化生产的产物。在资源短缺的现实经济中,它通过在一定程度上实现资源集中和生产专业化,能够利用规模经济规律来提高生产效率,创造和传播新的生活标准。商品销售是生产效率提高的最终完成环节,即通过这个环节把企业生产的产品转移到消费者手上,满足其生活需要。其具体的活动包括寻找和识别潜在顾客,接触与传递商品交换意向信息,谈判,签订合同,交货和收款,提供销售服务。

(二)市场调查与研究

为了有效地实现商品销售,企业营销经理需要经常地研究市场需求,弄清楚谁是潜在顾客,他们需要什么样的商品,为什么需要,需要多少,何时何地需要,研究本企业在满足顾客需要方面的合适性,研究可能存在的销售困难和困难来源,并且对应地制定满足每一个顾客需要的市场营销策略。这就是市场调查与研究职能的基本内容。不难发现,市场调查和研究不单纯是组织商品销售的先导职能,实际上是整个企业市场营销的基础职能。

(三) 整体营销

如何把握已经来临的市场销售与盈利机会并将它充分有效地加以利用？如何应对即将来临的市场需求的变化？企业作为生产经营者需要适应市场需求的变化，经常调整产品生产方向，借以保证生产经营的产品总是适销对路的。这就是说，要争取利用每个时期的市场需求来保持企业销售收入的稳定和增长，争取利用每个所生产经营商品的盈利机会。生产与供应的实质是企业整体营销。整体营销是由企业内部的多项经营职能综合来体现的。要让销售部门在每个时期都能向市场销售适销对路的产品，市场调研部门就要提供准确的市场需求信息；经营管理部门就要把市场需求预测资料转变成生产指令，指挥生产部门生产和其他部门的协作。要让销售部门及时向顾客提供他们需要的产品，就要让生产部门在顾客需要来临之前将相应的产品生产出来；为了让生产部门能够做到这一点，技术开发部门就要在更早的时候完成产品设计和技术准备工作，能够向生产部门提供生产技术；财务部门就要在更早的时候筹集到资金，提供给生产部门进行生产线或机器设备的调整，提供给采购部门以进行原料、材料、零部件的采购和供应；人事部门也要在更早的时候对工人进行技术培训和岗位责任教育，激发职工提高生产劳动的积极性和主动性。要让销售部门能够迅速打开销路，扩大商品销售数量，公共关系部门就应当在此之前在顾客心目中建立高尚的企业形象和企业产品形象，扩大服务顾客的声势和信誉传播范围；广告宣传部门就要在此之前有效地展开广告宣传攻势；促销部门要组织对潜在顾客有吸引力的促销活动；销售渠道和网络管理部门要在此之前争取尽可能多的中间商经销或代销企业的商品。这样，多个部门相互之间协同作战，共同来做好市场营销工作，就是整体营销。

(四) 创造市场需求

创造市场需求的关键在于抓住"潜在需求"。潜在需求实质上就是尚未满足的顾客需求，代表着在提高人们生活水平方面还有不足之处，也是企业可开拓的市场中的"新大陆"。创造市场需求可以使市场的现实需求不断扩大，提高顾客需求的满足程度；也可以使企业开创一方属于自己的新天地，大力发展生产；同时使企业在现有市场上可进可退，大大增强对市场需求变化的适应性。

(五) 协调平衡公共关系

企业作为一个社会成员，与顾客和社会其他各个方面都存在客观的联系。改善和发展这些联系，既可改善企业的社会形象，也能够给企业带来市场营销上的好处，即增加市场营销的安全性、容易性。按照杰克森的观点，商品销售只是企业与顾客之间营销关系的一部分。事实上，他们之间还可以发展经济的、技术的和社会的联系和交往。通过这些非商品交换型的联系，双方之间就可以增进相互信任和了解；可以发展为相互依赖、相互帮助、同甘共苦的伙伴关系，让企业获得一个忠实的顾客群；还可以将过去交易中的烦琐谈判改变为惯例型交易，节省交易费用。协调平衡公共关系需要正确处理好商品生产经营与企业"社会化"的关系，处理好获取利润与满足顾客需要的关系，以及满足个别顾客需要与增进社会福利之间的关系。

二、市场营销组织

营销组织(Marketing Organization)是企业制订和实施市场营销计划以实现企业营销目标的职能部门。通常,由于各个企业对于市场营销活动的重视程度不同或实际情况的差异,企业的市场营销组织形式或组织的名称也有所不同。企业的市场营销组织的形式主要受到宏观市场环境、国家经济体制、企业自身的营销管理哲学,以及企业自身所处的发展阶段、企业经营范围和特点等的影响。

(一) 市场营销组织的演变

随着企业营销观念的发展和企业经营管理的需要的演变,市场营销组织经历了从简单的营销部门到复杂的群体组织的过程。营销组织的发展大致经历了以下5个典型形态。

1. 单纯的销售部门

20世纪30年代以前,西方国家企业的市场营销活动主要以生产观念为指导,营销组织大都属于这种形态。其组织机构一般都是以财务、生产、销售和会计等基本职能部门为基础逐步发展起来的。其中,财务部门主要负责资金筹措,生产部门负责产品的生产制造,销售部门由一位副总经理负责管理销售人员,同时兼管市场调研和产品促销。此阶段的销售部门的主要责任就是推销生产部门生产出来的产品,生产什么就销售什么,而对于生产产品的种类、数量和规格等问题几乎没有话语权。

2. 兼有营销职能的销售部门

20世纪30年代,经历了大萧条以后,市场竞争激烈,多数企业开始奉行推销观念,经常会开展一些市场调研、广告宣传、促销等活动,且这些活动逐渐成为企业销售部门的专门职能。随着营销职能下工作量的日益增加,一些企业开始在销售部门中设立营销主管岗位,专门负责诸如市场调研、广告及其他促销活动等营销工作。

3. 独立的营销部门

随着企业经营规模和业务范围的进一步扩大,原来只作为辅助性职能的市场调研、广告促销、新产品开发和为顾客服务等市场营销职能的重要性进一步加强,原有的销售部门工作量和管理难度大大增大,于是市场营销部门随着一系列工作的独立而脱离出来,成为一个与销售平行的职能部门,由一位市场营销副总经理负责,其与销售副总经理同时直接由总经理领导。在具体工作中,营销和销售两个职能部门及其他部门之间要密切配合。这样的新型营销组织使得企业总经理能够对企业面对的良好发展机会和存在的问题有比较正确的全面的认识。

4. 现代市场营销部门

在独立的营销部门中,销售部门和营销部门需要相互协调和配合工作,但在实际工作中,因为二者开展活动的出发点有所不同容易产生经常性的矛盾和冲突,彼此间的关系往往是一种敌对、互相猜疑的关系。销售副总经理更关注和追求短期内单纯的销量的提升,趋向于短期行为;市场营销副总经理则更多地着眼于长期效果,侧重于制订适当的产品计划和市场营销战略、策略,以满足长期的市场发展需要。在探索协调销售部门与市场营销部门之间的矛盾冲突的过程中,形成了现代市场营销部门的基础,两者在矛盾中整合,即由市场营销副总经理全面负责下辖市场营销职能部门和销售部门。

5. 现代营销企业

设有现代市场营销部门的公司是不是完全意义上的现代营销企业,取决于企业中其他部门人员如何看待营销功能。现代营销企业要成为市场导向型组织,企业所有管理人员乃至每位员工在这一组织框架内都是以市场为导向,整个公司都是营销部门。企业在现代市场营销观念的指导下,内部各级管理者和员工形成全面为顾客服务,围绕满足顾客需求而开展企业各个环节的活动,这才能称为现代营销企业。在现代营销企业中,市场营销不仅仅是一个职能部门的名称,而是贯穿于整个企业的指导思想。

(二)市场营销组织的类型

市场营销组织必须与营销活动的职能、地域、产品和市场相适应,市场营销组织由此有以下几种具体类型。

1. 职能型组织

这是最常见的市场营销组织的形式,它强调的是市场营销各种职能的重要性。

2. 地区型组织

一个销售范围遍及全国的企业,通常都会按照地理区域来安排其营销机构。

3. 产品管理型组织

拥有多种产品或多个品牌的企业,往往按照产品或品牌建立管理组织。

4. 市场管理型组织

它是由一个总市场经理管辖若干细分市场经理,各细分市场经理负责自己所管辖市场发展的年度计划和长期计划。

5. 产品—市场管理型组织

这是一种既有产品经理,又有市场经理的二维矩阵组织。

水无常形,兵无常势。企业也要根据特定条件动态地调整自身的营销组织形式以适应新的市场要求。

任务三 至关重要的营销人员

一、市场营销类工作岗位及其职责

企业中的市场营销类工作岗位一般分为市场类、销售类、客服类、调研类。具体的市场类工作岗位有市场策划、市场督导、市场部经理、市场总监等,为销售的前端引导和中期服务监督部门。销售类主要是业务代表、高级业务代表、业务主管、销售经理、销售总监等岗位,依次晋升,为具体的销售环节。客服类岗位主要有客服代表、客服主管、客服经理,主要是销售业务后续的维护与沟通。也有如下职位:营销业务管理员、营销方案策划员、企业市场调查分析员、产品经理、广告企划主管、新媒体运营人员等。他们可在制造业、服务业、信息技术产业、金融贸易机构、非营利机构和政府部门等从事市场研究、营销管理、广告策划及其推广实施以及相关管理工作。

企业中的营销岗位都有相应的岗位职责和岗位要求。由于企业中的市场营销类岗位数量多,所以,我们挑选每一类型中的一个岗位予以了解。

市场类岗位中的市场总监,其主要工作是根据市场信息的变化为公司制定长远营销战略规划以及月度市场推广计划并负责配合销售总监推广实施。其职位要求是不仅策划能力、战略规划能力强还要具有项目组织实施的团队指挥能力。

销售类岗位中的销售经理,其岗位职责有:正确地掌握市场和合理地协助总经理设定销售目标;决定销售策略和建立销售计划,采取行动实施;善用推销员的能力、引发推销员的斗志;进行管理销售活动、职务分配和内部沟通;有效地组织销售事务、统计、分析和工作量测定。

客服类岗位中的客服经理,其岗位职责有:制定产品售后服务政策以及客户服务计划;设定客户服务制度与流程,保证企业声誉不受到侵害;处理客服部日常事务,处理客户投诉;根据市场的具体情况,制订客服改善计划;根据市场具体的服务行情,制定客服的合理收费金额;协调企业内部与销售部门的关系;与政府职能部门建立良好的关系;负责进行员工培训,提高员工的工作能力;负责员工的业绩考核工作;根据具体的客服计划和方案,领导和管理客服人员工作。

最后,市场调研主管的主要工作有制定、实施各项市场调研计划以及市场调研项目,为相关部门人员提供所需的市场信息支持。职位要求:熟练掌握调研方法与分析工具;熟练使用各种统计分析软件;熟练掌握市场研究项目的设计、管理、研究和客户服务;熟练操作办公软件;有敏锐的市场眼光;具有独立的工作能力、良好的人际交往能力与团队合作精神;积极主动、性格开朗、讲求效率、乐于接受挑战;沟通协调能力强;工作态度认真,能在较大的压力下保持良好工作状态,作风踏实严谨。

二、优秀的市场营销人员应该具备的素质和能力

(一) 优秀的市场营销人员应该具备的素质

优秀的市场营销人员应该具备的素质主要有以下四个方面。

1. 良好的品德与高尚的职业道德

良好的品德和高尚的职业道德是一个营销人员最基本的素质。一个合格的营销人员应以顾客需求为中心,站在顾客角度为顾客着想。要具有强烈的责任心,坚守职业道德,在满足顾客利益的前提下,推动企业目标的不断实现。

2. 强大的心理素质

营销人员面对企业的营销任务和不同顾客的不同需求时,需要承受较大的心理压力,

要有不怕失败、不怕被拒绝的勇气。另外,要有积极乐观的心态,一个营销人员在销售产品的同时也是在销售自己,所以首先要对自己有信心,相信自己的产品,相信自己的公司,用积极乐观的精神面貌去面对顾客。

3. 良好的身体素质

一个健康的身体对于营销人员来说是非常重要的。

4. 丰富的专业知识与法律法规知识

营销人员必须掌握丰富的专业知识,准确地传达市场信息与产品信息,以加深顾客对产品的了解。同时,还要熟悉与营销活动相关的法律法规,正确制定营销方案,规范营销行为,正确运用法律武器来解决营销活动中遇到的问题。

(二) 优秀的市场营销人员应该具备的能力

优秀的市场营销人员应该具备的能力主要有以下几个方面。

1. 良好的沟通能力

在与顾客打交道时,良好的沟通能力显得尤为重要。流畅的语言表达能力,能让顾客更好地了解企业信息及产品信息,有助于对顾客疑难问题的解决,增进与顾客之间的感情,加强顾客的信任感,从而促进交易的顺利完成。

2. 较强的执行力

在营销工作中,市场营销人员会遇到各种挑战和困难,这时候不能退缩,要积极地迎难而上。如果认为营销计划无法执行就轻易放弃,或者在面对动态的市场环境变化时,只是"纸上谈兵",不亲自去实地进行考察,最终这些执行力差的表现都会使企业丧失机会或者是做出错误的营销决策,不仅会影响到营销人员的销售业绩,更会影响到企业的长远发展。

3. 敏锐的观察力

市场营销人员要有敏锐的市场观察能力,及时发现市场的变化,捕捉对企业发展有利的信息,并及时将信息传达给公司,以利于公司领导及时制定营销决策,趋利避害。另外,在面对顾客时,要能够察言观色,透过顾客的外在表现,了解顾客内在的真实想法,以投其所好,灵活调整营销计划,来满足顾客的需要。

4. 较强的团队合作能力

营销人员作为团队的一员,要学会协调个人和集体的关系,要将自己融入整个团队中去,处理好团队成员之间的关系,成员间相互帮助,彼此信任,大家共同提高,利益共享,责任共担,共同为实现团队的营销目标而努力。

 知识拓展

一个完整的职业规划由职业定位、目标设定和通道设计三个要素构成。

首先要做的就是职业定位。职业定位是职业规划及职业发展的第一步,也是最基础的工作、最重要的一步。

早在1953年美国生涯教育大师舒伯提出的"生涯"概念及"职业发展阶段理论"中就已暗含了"职业定位"的理念。在杰克·特劳特"定位"理论的启示下,专注职业规划十九年的专业机构,向阳生涯进一步发掘了其在职业规划中的内涵和价值。职业规划中的职位定位就是找到内心认定的职业发展方向,并长期为此不懈努力。通过职业定位,找到每个人的独特竞争优势,确定最适合自己发展的独特的职业领域,从而实现与他人的差异化发展。只有找准职业定位的年轻人,在工作遇到困难时才不会轻易低头。

职业定位中要考虑到以下几个方面:

1. 自己的价值观:做自己认为有价值、有意义的工作。
2. 自己的爱好:做自己有兴趣的工作,长时间做这项工作也不烦躁。
3. 自己的特长:做自己擅长的工作。最好对自己的能力进行一次科学测评。
4. 市场的需要:不仅要考虑目前市场的需要,更要考虑未来市场的需要。

在进行职业定位时,首先,要想到自己喜欢哪种职业,或者对哪种职业比较感兴趣;其次,选择自己擅长的工作领域;最后,要了解当前的社会职业需求状况,预测职业随社会需要而变化的未来走向,使自己的职业定位富有一定的远见。

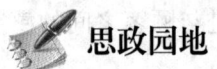

思政园地

实实在在、心无旁骛做实业的徐工

关于实体经济,徐工向全国发出了一个强烈的信号,也给徐州这座城市留下了一份殷切的期许。如今,这份"徐工答卷"做得如何?

本分,在坚守中攀登世界之巅

50岁的钟于,在徐工集团的焊接岗位上一干就是34年。当年,他每天要用掉90多根焊条。如今,车间里更换了全自动焊接设备,还有120多台智能焊接机器人全线上阵。设备更新了,效率提高了,但钟于的工作性质没有变,2.3万名徐工人对工程机械主业的坚守也没有变。

早在2000年前后,国内一些企业流行"多元化发展",而徐工从未动摇对主业的坚守。凭借深耕主业,聚焦创新,徐工集团以"徐工工业云"平台重构全球产业链,领跑"中国智造",成为中国实体经济由高速增长转向高质量发展的缩影。

在发展的"半山",徐工人以实实在在、心无旁骛的姿态,扎稳了实体经济的"根",留下一串串坚定的脚印。

本分,在创新中望见灿烂星河

"坚守"绝不是"抱残守缺","本分"也不是"吃老本"。徐工正是靠着创新,才能立足本业勇攀高峰。

从高速增长阶段转向高质量发展阶段——徐工正面临经济转型升级的重要关口。这关口的背后,有辉煌的记忆,也有沉痛的教训;而看向关口的对面,星汉灿烂,有着无限的可能。

走向未来的路上,要有勇敢的创新,要有踊跃的创业,也要有智慧的创造。

2016年,徐工信息发布国内首个具有自主知识产权的跨行业、跨领域工业互联网平台——Xrea。2018年,Xrea工业互联网平台品牌全面升级,命名为汉云工业互联网平台。如今,汉云工业互联网平台已赋能63个行业、64万个用户及近千家企业客户,为客户提质、增效、降本、增值,助推制造企业从卖产品到卖服务,从低端走向高端,实现转型升级、高质量发展。

2019工业互联网峰会上,徐工信息将四项大奖收入囊中:汉云工业互联网平台获"工业互联网平台功能性能评测"五星级平台荣誉,并通过"工业互联网平台可信服务评估";汉云工业互联网平台在新能源物流行业的应用获"2018年工业互联网优秀应用案例"奖项。基于人工智能技术的工程机械装备故障诊断与预测性维护测试床获"2018年工业互联网测试床"奖项。

中国百度执行长官李彦宏曾说过的"对于像我们这样一个拥有这么多的员工、资金和外面可能性投资的企业来讲,可以做的事,能够做的事实在是太多,但是我们宁愿专注,只做好中文搜索引擎",讲的就是专注。

潍柴集团董事长谭旭光也表示,过去十年里,潍柴集团迅速成长,心无旁骛专攻主业,实现了从小到大、由弱变强的历史性跨越,这也是专注。

专注力,指一个人专心于某一事物或活动时的心理状态,是把视觉、听觉、触觉等感知觉集中在某一事物上的能力。"世纪伟人"爱因斯坦的理解是:"一个人只有以他全部的力量和精力致力于某一事业时,才能成为一个真正的大师。"

 项目小结

市场营销活动在我们的生活中随处可见。市场营销适用于存在交换关系的所有领域。从广泛的角度说,市场营销的主体可以是个人、企业、城市、国家及社会等。

按照现代市场营销环境的要求,现代市场营销职能体系包括商品销售、市场调查研究、整体营销、创造市场需求和协调平衡公共关系五大职能。市场营销组织必须与营销活动的职能、地域、产品和市场相适应,市场营销组织有职能型组织、地区型组织、产品管理型组织、市场管理型组织和产品—市场管理型组织五种具体类型。兵无常势,水无常形。企业也要根据特定条件动态地调整自身的营销组织形式以适应新的市场要求。

企业中的市场营销类工作岗位一般分为市场类、销售类、客服类、调研类。优秀的市场营销人员应该具备良好的品德与高尚的职业道德、强大的心理素质、良好的身体素质,掌握丰富的专业知识与法律法规知识,应该具备良好的沟通能力、较强的执行力、敏锐的观察力和较强的团队合作能力。

项目知识结构图

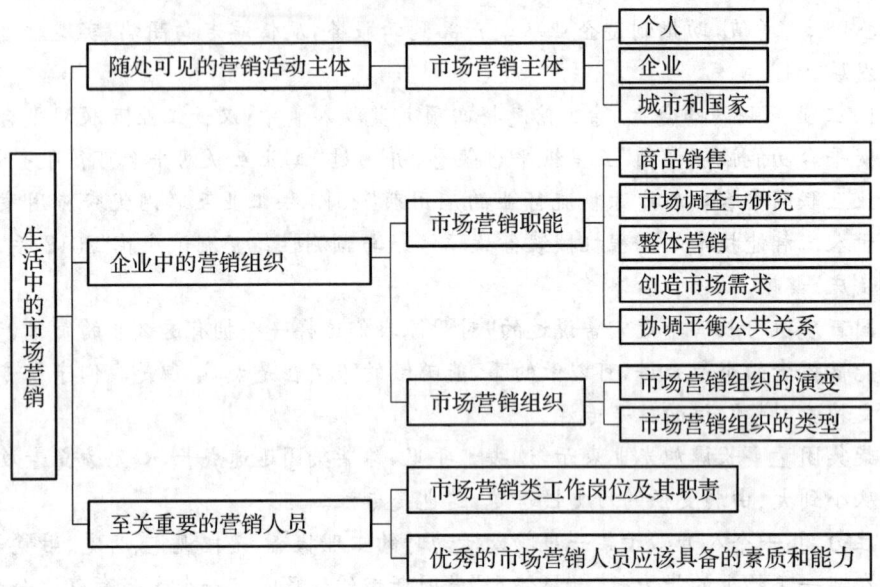

课后习题

项目二　认知市场营销概念

 引例

魏研究员与他的特种果蔬

　　魏先生是某省农业科学研究院的研究员,他是一个潜心科研的专家,整天忙于他的实验基地,经过多年的努力,他终于利用生物工程原理培育出160多种特种果蔬。其中有紫色的、巧克力色的、象牙白色的辣椒,有葡萄大小的红色的、黑色的、绿色的番茄,还有彩色的玉米、彩色的小南瓜以及比鸡蛋还要大的草莓等。

　　这些特种果蔬不添加任何人工化学成分,不需喷洒任何农药,自身具有较强的抗病虫害能力,是一种安全的绿色食品,既有营养价值又有观赏价值。可是,对于这些特种果蔬如何走向市场,魏先生却没有办法,他不知道怎样让广大消费者认识这些特殊的果蔬产品,也不知道哪些人会先来尝试。魏先生先试着将自己种的黑色番茄送给隔壁邻居品尝,告诉人家这种番茄营养价值很高,在国际市场非常贵重,邻居却说这东西很怪异,不敢吃。魏先生很尴尬。

　　还有一个问题困惑着魏先生,就是如何把他的特种果蔬投放到市场上去。光在试验田里是不行的,必须使这些产品能产业化、批量生产,这就需要一大笔资金投入,农科院的科研经费本就少得可怜,而魏先生本人也没有什么积蓄,这样这批特种果蔬就很难冲出试验田,对此魏先生一筹莫展。

　　(资料来源:彭石普,梁若冰.市场营销能力基础[M].北京:北京邮电大学出版社,2010.)

　　请分析: 魏先生的特种果蔬为什么无人问津? 如果你是魏先生,你如何经营特种果蔬?

知识准备与业务操作

　　知识准备: 了解营销活动主体,熟知企业中的营销组织以及至关重要的营销人员。

　　业务操作: 能够充分认识到市场营销活动对企业经营的重要影响,能识别出市场营销活动的要素及一些基本的营销活动,具备诚实守信和勇于创新的职业素养。

任务一 市场营销核心概念

一、市场

(一) 市场的概念

市场是商品经济发展的产物。正如列宁所指出："商品经济出现时,国内市场就出现了;国内市场是由这种商品经济的发展造成的。"

市场营销学不是研究市场本身,而是研究企业开展市场营销活动的学科,市场营销离不开市场,两者有密切的联系。因此,研究市场营销学必须首先界定市场的概念。

1. 市场的一般含义

市场的概念不是一成不变的,而是随着商品经济的发展而变化的,在不同的历史时期、不同的场合具有不同的含义。在商品交换尚不发达的时代,市场仅仅是商品交换的具体场所,即买者和卖者在一定时间聚集在一起进行商品交换的场所,是一个地理上、空间上、时间上的概念。如古代文献所述:"日中为市,致天下之民,聚天下之货,交易而退,各得其所。"这是市场的原始概念。

随着社会分工与商品经济的发展,商品交换日益频繁与广泛,不仅出现了以货币为媒介的商品交换,而且出现了以商人为媒介的商品交换,市场也就无处不在了。在现代社会中,商品交换关系渗透到社会生活的各个方面,特别是随着金融信贷和信息交通业的发展,商品交换打破了时间上和空间上的限制,交换关系日益复杂,交换范围日益扩大,一种商品形态的变化总是和别的商品形态的变化交织在一起。因此,市场就不再仅仅是具体的交易场所,而是指所有买者和卖者实现商品让渡的交换关系的总和,是各种复杂的交换关系的总体。这种交换关系既包括量的关系,也包括质的关系。从量的关系来看,表现为商品供应量和需求量的关系,商品的供应量与货币的持有量的关系;从质的关系来看,表现为买卖双方的利益分配关系,进一步表现为生产者、中间商、消费者之间的经济利益关系。

2. 营销学中的市场

市场营销学主要是研究企业的营销活动,即卖方的营销活动,对卖方而言,作为供应的一方,市场营销就是如何适应买方的需求,如何组织整体营销活动,如何扩大需求,以实现自己的经营目标。在市场营销学中,"市场"往往等同于"需求",西方营销学著作中经常交替使用这两个概念。因此,可以把市场理解为消费需求,是某种商品的现实购买者和潜在购买者的总和。所谓潜在购买者,是指有潜在购买兴趣、潜在需求和潜在购买能力,有可能购买这种商品的任何个人与组织。现代营销学认为,不能只看到现实的购买者市场,通过有效的促销活动,潜在购买者是可以转化为现实购买者的,因而也是市场。由此可见,对于一切既定的商品来说,现实市场包含三个要素:有某种需求的人(或组织),满足这种需求的购买能力和购买欲望。

市场＝人＋购买力＋购买欲望

构成市场的三个要素是缺一不可的,只有同时具备这三个要素,才能构成现实的市场,才能决定市场的规模和容量。市场上活动的主体是卖者与买者,站在卖方的营销市场上,同行的供应者,即其他的卖都是"竞争者",众多卖方组成一个产业,而众多的买者构成市场。

(二) 市场的功能

市场是一切商品生产的共同基础,是商品生产顺利进行的必要条件和发展的推动力量。市场的功能可以概括为以下三个基本方面。

1. 市场有实现不同商品生产者之间的经济联系与经济结合的功能

社会分工必须以分工后又能结合在一起为前提条件,否则分工就不能进行。市场既是社会分工的产物,同时又是社会分工得以存在和发展的保证。这是因为分工使生产者相互分离,而市场则可以使不同的生产者相互结合,正是由于不同的商品生产者可以通过市场实现自己商品的价值并取得他人商品的使用价值而相互结合在一起,社会分工和市场经济条件下的社会经济才得以正常运转。所以,社会分工愈深化,市场在社会经济生活中的地位就愈重要;市场经济愈是向前发展,市场在社会经济生活中的枢纽作用就愈突出。

2. 市场有指导商品生产面向消费需求,调节商品供求比例关系的功能

市场的这一功能,首先表现为市场的需求结构制约着产品品种的生产结构。一切产品只有符合市场上的消费需求,才能作为商品销售出去,实现自身的价值,否则生产中所耗费的劳动就会因产品卖不出去而成为无效劳动,资金不能收回,企业的再生产过程就会难以继。因此,市场总是迫使商品生产者在生产活动开始之前就必须考虑自己将要生产的产品是否适销对路。其次,还表现为市场需求的数量规模制约着产品的生产规模。对于多数产品来说,通常不是有无销路问题,而是销路大小的问题。因此,市场指导生产面向需求,更经常、更普遍地表现为市场容量规定着生产的发展规模。

所谓市场容量,就是在一定时期内、一定价格水平上某种商品可能的销售量。市场容量对商品生产的影响可以从两个层面进行分析:从社会生产来看,一种商品的市场容量大、市场饱和度低,消费需求增长趋势强,其生产就有可能在扩大规模上进行;反之,其生产规模就要适当缩小。对一个特定的商品来说,任何一种产品的生产规模,都只能根据该产品的市场容量、本企业的市场占有率以及规模经济等条件和要求适当地加以确定。

3. 市场具有劳动比较,促进社会生产力发展,提高社会经济效益的功能

由于每个商品生产经营者在生产条件、人员素质、技术能力、经济管理水平等方面不同,生产同一种商品所耗费的劳动时间就会不同,因而商品的个别价值也就不同。但是,商品的价值是由生产经营这一商品的社会必要劳动时间决定的,同一种商品一旦进入市场就只能按照通过市场竞争而形成的社会价值(市场价值)进行交换。如果商品的个别价值低于市场价值,该商品的生产经营者就可能获得超额利益,并提高其产品的市场占有率;反之,就会有一部分价值不能实现,生产经营者的收益水平就会因此而低于社会平均水平,甚至发生亏损。市场所起的这种劳动比较作用,促使商品生产经营者努力采用新技术、新材料、新方法,不断改善生产经营条件,加强经营管理,以提高劳动生产率,降低生产经营的成本费用,实现少投入多产出,取得良好的社会经济效益。

对市场功能的分析表明,任何企业都必须按照变化的市场需求开展营销活动,正确处理好与其他生产经营者之间发生的协调与竞争关系。市场是企业的目标所在,是企业存在的空间、竞争的阵地、发展的条件和动力,也是企业的生产活动与社会经济发展保持协调关系的调节器。

(三)市场的类型

1. 按供求关系的状况与供求力量的相对强度划分

从供求关系的状况与供求力量的相对强度出发,可以将市场划分为卖方市场和买方市场。

卖方市场是指卖方在交易关系中居于支配地位,在卖方力量的控制下运行的市场。卖方市场的基本特征是:市场上商品匮乏,供不应求,根本无法满足消费者和用户的需要;存在不同形式的垄断,排斥竞争,市场由卖方主导,买方处在被动和从属的地位上;生产者生产和销售什么,消费者就只能购买和消费什么,没有选择的余地;交易条件有利于卖方而不利于买方,消费者的正当权益难以得到有效的保护。

买方市场是指买方在交易关系中处于主导地位,在买方力量的指导下运行的市场。买方市场的基本特征是:市场上商品的供给量略大于需求量,供求关系基本平衡,买方在市场上有较大的选择余地和较多的购买机会;常态竞争得到了较为充分的发展,垄断受到了有效遏制;卖方在市场上处于从属地位,市场以买方为中心,买方的需求决定着企业生产经营活动的发展和变化,买方的权益受到卖方的尊重。在从供求关系状况和供求力量相对强度出发对市场进行考察时,为了深入地了解企业所处市场的形态,通常需要对市场进行多层次划分,并且要对这些市场的供求数量关系与结构状况做出具体判断,从而为企业制定营销战略与策略提供基本依据。例如,根据社会总供给与总需求状况可以将市场划分为总体性的卖方市场或买方市场;根据地区、行业或大类商品的供求状况可以将市场划分为局部买方市场或卖方市场;根据单项商品的供求状况可以将市场划分为单项商品的卖方市场或买方市场。

从宏观管理的角度来看,一般把形成有限的买方市场作为市场发育和运行的目标。这是因为有限的买方市场既有别于生产过剩的危机,同时对社会经济的发展比卖方市场产生更为积极的影响:

第一,在买方市场条件下,可以促使商品生产经营者重视市场需求,注重产需衔接和搞好服务工作,更好地满足消费者不断增长的物质和文化生活需要。

第二,在买方市场条件下,企业之间常态竞争的发展,有利于促进社会分工,提高专业化协作水平,有利于企业改善经营管理,提高技术水平以及产品和服务质量,增强竞争能力,从而取得较好的社会、经济等综合效益。

第三,在买方市场条件下,有利于发挥消费的反作用(生产决定消费、消费促进生产),提高市场信息的传导效率,促进产业结构、产品结构的合理化和资源的合理配置、合理利用,促进社会生产力的协调发展。

第四,买方市场条件下,消费者的权益易于受到保护。从长期发展来看,一个国家的市场以及大多数产品的市场不会永久地停留在卖方市场状态下。因此,企业必须着眼于在买方市场条件下开展营销活动。为了取得竞争的优势,企业可以把创建产品的行业、地区、全国乃至更大范围的卖方市场作为目标。在总体性买方市场条件下,企业以市场需求为导向,通过整体性营销活动创建产品的行业、地区、全国或更大范围的卖方市场,从微观和宏观的角度看都具有积极意义。

2. 按垄断与竞争的状况来划分

从垄断与竞争的状况来考察,可以将市场划分为完全竞争市场、垄断竞争市场、寡头竞争市场和纯粹垄断市场。

(1) 完全竞争市场。完全竞争市场存在的条件是:市场上有为数众多的卖主和买主,他们买卖的商品都只占市场上买卖商品总量的很小部分;产品是同质的、无差别的;生产要素在行业之间具有完全的流动性;卖主和买主对产品、价格等市场信息完全了解。这种市场的特点是:每个卖主和买主供需量的变化对市场价格没有明显的影响,他们只能按照市场总的供求状况决定的市场价格来买卖;不同卖主的产品在买主看来都完全相同,买方对卖方没有特别的选择。随着市场价格和利润的变动,企业可以自由进入和退出这一竞争市场;任何卖主和买主都不能控制市场,企业之间可以进行平等竞争;竞争主要表现为价格竞争,一般不采用非价格竞争,企业无须花很多精力于市场营销工作。完全竞争市场是一种理论抽象,其意义在于对竞争关系和过程进行典型分析。在现实生活中完全竞争市场几乎不存在,仅有某些农产品市场具备这方面的一些特征。

(2) 垄断竞争市场。垄断竞争市场也称为不完全竞争市场,其存在的条件是:市场上有很多的卖主和买主,他们买卖的商品只占市场上买卖的商品总量的一小部分;产品之间存在差异,即不同品牌的产品在质量、花色、式样、包装、服务等方面有所不同或购买者主观上认为它们有所不同;新企业进入这一市场较容易,交易双方能够得到较为充分的市场信息。这种市场的基本特点是:由于同行业企业较多,新企业有可能进入,产品具有替代性,因而竞争激烈;由于不同品牌的产品存在差异,购买者有所偏好,因此卖主对其产品有一定程度的垄断性;竞争主要表现为非价格竞争,各个企业为了在市场上取得优势地位,都十分重视市场营销工作,重视自己产品的特色,重视为自己的产品树立良好的市场形象。这种类型的市场大量存在,尤以日用品行业和服务性行业的产品市场为典型。

(3) 寡头垄断市场。寡头垄断市场存在的条件是:在一个行业中为数不多的几家大型企业控制着某种产品绝大多数的产销量,新企业进入这一行业较为困难。形成这种市场的主要原因是资源的有限性、技术的先进性、资本的集聚以及规模经济等所形成的排他性。寡头垄断主要有两种形式:一是完全寡头垄断(无区别的寡头垄断),即各个寡头垄断企业的产品都是同质的、无差别的,用户对这些企业的产品并无偏好,不一定非要买哪家企业或哪种品牌的产品;二是不完全寡头垄断(有区别的寡头垄断),即各个寡头垄断企业的产品存在某些差异,用户对这些企业的产品有所偏好,在购买时有所选择。

寡头垄断市场有三个特点:第一,控制市场的几家大企业是相互依存、相互制约的,其中任何一家企业营销策略的变化都会对其他几家企业产生较大的影响,并会引起相关的反应。因此,每家企业在制定或改变营销策略时,都要考虑对竞争对手的影响以及可能做出的反应。各个寡头垄断企业之间,常常在某些方面存在一定的默契。第二,企业之间的竞争激烈,但主要表现为非价格的竞争,各企业尤其注重树立企业与产品的市场形象,千方百计使自己变成有区别的寡头垄断,以取得竞争优势。第三,由于存在少数大企业的垄断,新企业进入这一行业十分困难,往往是投资多、风险大,收回投资的周期也比较长。

(4) 纯粹垄断市场。纯粹垄断市场存在的条件是:在一个行业中某种产品完全由一家企业独家经营和控制,由于各种条件的限制使新企业无法进入这一行业,没有相近的替代品。这种市场的特点是:由于一种产品只有一家生产者或销售者,不存在或基本不存在竞争,因而企业的营销活动相对来说比较简单,主要是根据已知的需求情况来安排产销,以获得最大的利润。在纯粹垄断的情况下,为了保护消费者和用户的利益,国家的法律限制和政府干预通常会多一些。这类市场在现实生活中是不多见的,典型的例子是公用事业,如城市供水、供电、通信等。当一家企业独自拥有制造某种产品的全部或绝大部分原材料以及通过专利权或通过树立极高的声誉而在某一行业某种产品的市场上占据垄断地位时,也可以视为纯粹垄断市场。

人们通常把市场集中度作为区分行业市场类型,特别是市场垄断程度的一个重要标志。所谓市场集中度,指的是一个行业中的少数大企业或某个企业对该行业的支配程度,一般用其产量、销售额和资产总额中的某一项指标占该行业总量的百分比来表示市场集中度,可以从行业或企业这两个方面进行考察。行业集中度越高,表明少数大企业对其所处行业的支配程度越强,垄断程度越大;企业集中度越高,表明该企业在其所有行业中的支配力量越强,地位越重要。企业在市场竞争中总是力求确立和加强自己在所处行业中的领先地位或优势地位,因而总是力求扩大自己的规模,但每个行业的市场容量总有一定的限度,这样一来,有限的市场容量与企业追求规模扩大之间的矛盾就必然要造成生产的集中和企业数目的减少。在不同的行业里,如何使企业达到合理的规模,限制垄断的消极作用,保持适当的集中度,以兼得规模经济和市场竞争之利,便成了宏观经济管理需要面对的一个重要问题,同时也是企业要注意的一个问题。

3. 几种特殊商品市场

(1) 服务市场。服务市场或称服务产品市场,是服务产品交换关系的集合。它既是市场体系的一个组成部分,又是商品市场形成、发展和完善的条件或经济环境。服务市场的类型可以按照其经济性质划分,分为产业服务市场、生活服务市场、流通服务市场、金融服务市场、知识服务市场和社会服务市场等类型。服务市场的特点主要表现在:第一,服务产品需求多样化,差异性大;第二,服务市场供求分散;第三,服务产品的销售方式单一;第四,服务产品需求弹性大。

(2) 金融市场,即货币资金融通的市场。金融市场的含义有广义和狭义之分。狭义的金融市场是指通过金融工具的买卖而实现资金的集中与配置的场所。它不包括银行通过存款和放款所形成的那部分交易。广义的金融市场泛指资金供求双方运用各种金融工具通过各种途径进行的全部金融性交易活动。金融市场的类型可按照不同的标准来划分,按偿还期限的长短划分,可分为资本市场和货币市场;按照营业的性质划分,可分为资金市场、外汇市场和黄金市场;按照金融交易的性质划分,可分为一级市场和二级市场;按照活动范围的大小划分,可分为地方性金融市场、全国性金融市场、区域性金融市场和国际性金融市场;按照金融交易对象的种类划分,可以分为票据市场、证券市场、黄金市场、外汇市场等。金融市场相对其他特殊商品市场而言,有如下特征:第一,金融对象为金融资产;第二,交易价格表现为资金的利率;第三,交易工具和交易方式的多样性;第四,高收益和高风险并存。

(3) 技术市场。按技术商品的性质和具体形态不同,可分为硬件技术市场、软件技术市场和科技服务市场;按技术商品的所有权关系和所有权的法律效应不同,可分为专利技术市场和专有技术市场。技术市场的特点主要表现在:第一,需求弹性较小;第二,购买方式灵活多样;第三,交易人员专业性较强;第四,交易方式比较特殊。

(4) 文化市场。文化市场是以文化艺术、精神产品和文化体育娱乐活动为主体的交易场所及其交换关系的总和。文化市场的种类可以按照文化产品的属性不同来划分,分为文化产品市场、文化服务市场和文化要素市场。文化产品市场主要提供商品形态的文化产品和文化劳务,包括艺术品、报刊、书籍、音像制品、影像制品、电影、演出和娱乐服务等;文化服务市场主要为其他产业提供文化附加值,包括创意、构思、咨询、设计、形象、宣传等;文化要素市场主要提供各类文化生产的要素,包括资金、技术、设备、劳动力,特别是具有知识产权性质的各类文化资源,包括品牌、商标、创意、剧本、剧目等。文化市场的特点主要表现在:第一,文化市场的产品是满足人们的精神需求的,这是更高层次的需求;第二,文化市场产品的生产者,必须是文化人力资本的拥有者,劳动者必须是具有创作才能的个人;第三,文化市场是通过创造供给来培育和创造消费需求;第四,文化产业的生产极具创造性和个性;第五,文化市场的产品创造的是无形资产,积累的是品牌效应;第六,文化市场产品与其他市场产品具有共生性和融合性。

二、市场营销

(一) 市场营销的概念

西方市场营销学者运用发展的观点从不同的角度对市场营销下了不同的定义。基恩·凯洛斯将其所收集的五十余则市场营销的定义分为三类:一是把市场营销看成一种为消费者服务的理论;二是强调市场营销是对社会现象的一种认识;三是认为市场营销是通过一定的销售渠道把生产企业同市场联系起来的过程。

美国市场营销协会于1985年对市场营销下了一个较为完整和全面的定义:"是对产品及劳务进行设计、定价、促销及分销的计划和实施的过程,从而产生满足个人和组织目标的交换"。这一定义完整与全面在于:第一,产品概念扩大了,它不仅包括产品与劳务,还包括思想;第二,市场营销概念扩大了,市场营销活动不仅包括营利性的经营活动,还包括非营利性的组织活动;第三,强调了交换的过程;第四,突出了市场营销计划的制订与实施;第五,市场营销是一种企业活动,是企业有目的、有意识的行为;第六,满足和引导消费者的需求是市场营销活动的出发点和中心。

企业必须以消费者为中心、面对不断变化的环境做出正确的反应，以适应消费者不断变化的需求，消费者的需求不仅指现实的需求，还包括潜在的需求。人们的潜在需求常常表现为一种意识或愿望，企业应通过开发产品并运用各种营销手段刺激和引导消费者产生新的需求。分析环境、选择目标市场、确定和开发产品、定价产品、分销、促销和提供服务以及它们间的协调配合，进行最佳组合，是市场营销活动的主要内容。市场营销组合中有四个可以人为控制的基本变数，即产品（Product）、价格（Price）、（销售）地点（Place）和促销方法（Promotion）。由于这四个变数的英文均以字母"P"开头，所以又叫"4P"。企业市场营销活动所要做的就是密切关注不可控制的外部环境的变化，恰当地组合"4P"，千方百计地使企业可控制的变数（4P）与外部环境中不可控制的变数迅速相适应，这也是企业经营管理能够成功、企业能够生存和发展的关键。

实现企业目标是市场营销活动的目的。不同的企业有不同的经营环境，不同的企业也会处在不同的发展时期，不同的产品所处生命周期里的阶段亦不同，因此，企业的目标是多种多样的，利润、产值、产量、销售额、市场份额、生产增长率、社会责任等均可能成为企业的目标，但无论是什么样的目标，都必须通过有效的市场营销活动来完成交换，与顾客达成交易方能实现。市场营销概念的演进可以通过营销主体、营销客体、营销内容和营销核心概念的变化加以体现（见图2-1）。

1. 营销主体的变化

营销主体从"企业"发展成"企业和利益相关者"。传统的市场营销将企业视为一种管理职能部门，认为市场营销是企业的活动；现代市场营销对这一概念进行了扩展，将"企业和利益相关者"视为主体，认为市场营销是指企业和利益相关者共同创造价值。

2. 营销客体的变化

营销客体从"产品"发展到"知识和技能"。传统的市场营销是产品的交换，现代市场营销交换的则是知识和技能，往往包括产品与服务特定组合问题的解决。

3. 营销内容的变化

营销内容由原来的"销售"活动发展到"构想、定价、分销和促销"活动；由"有目的、有计划的实施和管理过程"发展到"社会与管理过程"，进而发展到"建立、维持、巩固关系，实现双赢（多赢）"。

4. 营销核心概念的变化

营销管理从刚开始单纯地同顾客进行"交易"阶段逐渐发展到与顾客建立"关系"阶段。在最开始的交易阶段，企业更易功利化，不顾长期利益而只顾眼前利益。然而，在关系阶段，企业需要兼顾长期和短期发展目标，这更有利于企业的发展壮大。

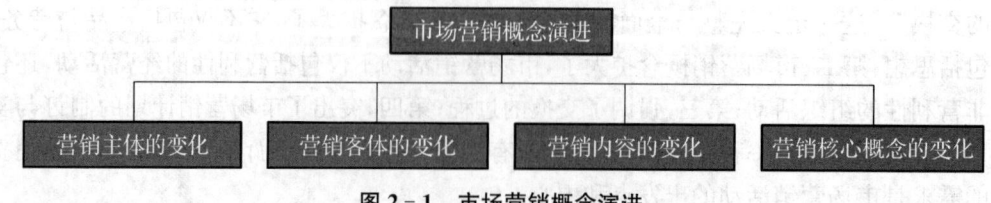

图2-1　市场营销概念演进

我们认为,所谓市场营销,指的是企业在变化的营销环境中,旨在通过变潜在交换为现实交换,满足市场需要,从而实现企业任务与目标所进行的与市场有关的一系列管理活动与业务活动。企业的整个市场营销活动过程包括三个相互联结的阶段,即企业在产品生产过程开始之前进行的产前活动,在流通领域内进行的活动以及在流通过程结束后所进行的售后活动。企业市场营销活动的具体内容,包括市场调查、市场分析、目标市场选择、市场定位、产品决策、产品开发、产品定价、渠道选择、产品储运、产品销售、售后服务、公关工作、信息收集和反馈等。

在了解市场营销的概念时,需要注意以下几个问题:

第一,现代企业市场营销是以目标市场为中心进行的,它以市场为营销全过程的起点,旨在深刻具体地了解市场的需要;它以市场为营销全过程的归宿,旨在千方百计地满足市场的需要,实现企业的生存与发展。

第二,现代企业市场营销学认为,企业市场营销是一种有机的完整性活动过程,它并不等同于销售或推销;推销是企业市场营销活动的一个组成部分,但不是最重要的部分;推销是企业营销人员的职能之一,但不是最重要的职能。这是因为,如果企业确立了正确的营销观念,努力搞好市场营销研究,真正了解购买者的需要,切实按照购买者的需求来设计和生产适销对路的产品,同时,合理定价,搞好分销渠道选择和信息沟通等促销工作,那么这些产品就能轻而易举地被销售出去;反之,如果企业不能生产符合市场需求的产品,无论怎样推销,即使能够得益于一时,也绝不可能收效长久。基于此,美国管理学大师彼得·德鲁克指出,市场营销的目的在于使推销成为不必要。

第三,市场营销全过程质的规定和市场营销的核心观念是商品交换。企业的市场营销不仅包括产品流通过程中的有关活动,而且包括产前和售后的有关活动,即市场营销并不局限于商品交换活动,但应该看到,企业的一切市场或销售活动都与商品交换有关,都是为了实现商品交换和商品价值。因此,企业市场营销全过程质的规定性和市场营销的核心观念是商品交换。

第四,市场营销学是一门科学。市场营销是企业的一种社会经济行为,同时也是一项复杂的经营管理艺术。这是因为企业的营销人员在营销工作中是没有一个固定的模式可以遵循的,而是要灵活地运用市场营销学以及相关学科中阐述的基本原则、思路和方法,在纷繁复杂、不断变化的营销环境中能动地处理各种具体问题。企业不仅要重视市场营销,而且要善于搞好市场营销。

(二)市场营销的几个核心概念

20世纪50年代以后,随着营销行业的发展,不断出现一些新的概念,促进了营销理论的不断发展。市场营销不仅涉及其出发点(即满足顾客的要求),还涉及以何种产品来满足顾客需求,如何才能满足消费者(即通过交换方式),产品在何时、何处交换,由谁来实现产品与消费者的联络。可见,市场营销的核心概念应当包含需求及相关的欲望、需要,产品及相关的效用、价值和满足,交换及相关的交易和关系,市场、市场营销及市场营销者等内容。

1. 需求及相关的欲望和需要

(1)需求,指消费者生理及心理的需求,如人们为了生存,需要食物、衣服、房屋等生理需求及安全、归属感、尊重和自我实现等心理需求。市场营销者不能创造这种需求,而只能适应它。

(2) 欲望,指消费者深层次的需求。不同背景下消费者的欲望不同,比如中国人需求食物则欲望吃大米饭,法国人需求食物则欲望吃面包,美国人需求食物则欲望吃汉堡包。人的欲望受许多因素,诸如职业、团体、家庭、宗教等影响,因而欲望会随着社会条件的变化而变化。市场营销者能够影响消费者的欲望,如建议消费者购买某种产品。

(3) 需要,指有支付能力和愿意购买某种物品的欲望。可见,消费者的欲望在有购买力做后盾时就变为需要。许多人想购买奥迪牌轿车,但只有具有支付能力的人才能购买。因此,市场营销者不仅要了解有多少消费者想要购买其产品,还要了解他们是否有能力购买。

2. 产品及相关的效用和价值的满足

(1) 产品,是指用来满足顾客需求和欲求的物体。产品包括有形与无形的、可触摸与不可触摸的。有形产品是为顾客提供服务的载体。无形产品或服务是通过其他载体,诸如人、地、活动、组织和观念等来提供的。当我们感到疲劳时,可以到音乐厅欣赏歌星唱歌(人),可以到公园游玩(地),可以到室外散步(活动),可以参加俱乐部活动(组织),或者接受一种新的意识(观念)。服务也可以通过有形物体和其他载体来传递。市场营销者切记销售产品是为了满足顾客需求,如果只注重产品而忽视顾客需求,就会患"市场营销近视症"。

(2) 效用和价值的满足。消费者如何选择所需要的产品,主要是根据对满足其需要的产品的效用进行估价而决定的。效用是消费者对满足其需要的产品的全部效能的估价。产品全部效能(或理想产品)的标准如何确定?例如,某消费者到某地去,可供选择的交通工具有自行车、摩托车、汽车飞机等。这些可供选择的产品构成了产品的选择组合。又假设某消费者对交通工具有速度、安全、舒适及节约成本等方面的不同需求,这些构成了其需求组合。这样,每种产品能满足其不同需求,如自行车省钱,但速度慢;汽车速度快,但成本高。消费者要决定一项最能满足其需要的产品。为此,应将产品按满足其需求的程度进行排列,从中选择出最接近理想的产品。如顾客到某目的地选择理想产品的标准是安全、速度,他就可能会选择汽车。

顾客选择所需的产品除效用因素外,产品价格高低亦是因素之一。如果顾客追求效用最大化,他就不会简单地只看产品表面价格的高低,而会考虑每一元钱能产生的最大效用。例如,一部好的汽车的价格比自行车昂贵,但由于速度快、修理费少、相对于自行车更安全,其效用更大,从而更能满足顾客需求。

3. 交换、交易和关系

(1) 交换。人们有了需求和欲求,企业亦将产品生产出来,还不能解释为市场营销,产品只有通过交换才能使市场营销产生。人们通过自给自足或自我生产方式,或通过偷抢的方式,或通过乞求的方式获得产品都不是市场营销。可见,交换是市场营销的核心概念。

(2) 交易。交易是一个过程,而不是一个事件。如果双方正在洽谈并逐渐达成协议,称为在交换中。如果双方通过谈判并达成协议,交易便发生。交易是交换的基本组成部分。交易是指双方价值的交换,它是以货币为媒介的,而交换不一定以货币为媒介,它可以是物与物交换。交易涉及几个方面,即两件有价值的物品,双方同意的条件、时间、地点,还有来维护和迫使交易双方执行承诺的法律制度。

(3) 关系。交易营销是关系营销大观念中的一部分。精明能干的市场营销者都会重视同顾客、分销商等建立长期、信任和互利的关系。而这些关系要靠不断承诺及为对方提供高质量产品、良好服务及公平价格来实现,靠双方加强经济、技术及社会联系来实现。关系营销可以减少交易费用和时间,最好的交易是使协商成为惯例化。处理好企业同顾客关系的最终结果是建立起市场营销网络。市场营销网络是由企业同市场营销中介人建立起的牢固的业务关系。交易型关系是指双方把交易视为零和游戏,一方的利益获取往往意味着另一方的利益损失,交易条款等细节取决于双方的谈判结果。合作型关系强调的是密切的信息、社会与过程联系以及相互投入和对长期利益的预期。交易型关系与合作型关系的比较如表2-1所示。

表2-1 交易型关系与合作型关系的比较

项 目	交易型关系	合作型关系
目标	达成交易(销售的终点和成功的标志)、顾客需求的满足(顾客购买价值)	创造价值(销售的起点和关系的标志)、顾客整合(与顾客共同创造价值)
对顾客的理解	匿名的、独立的买方和卖方	熟悉的顾客、买卖双方相互依赖
营销人员的任务和绩效目标	基于产品和价格的评价,关注获取新顾客	基于问题解决能力的评价,关注提升现有顾客的价值
交易的核心	关注产品、把销售视作征服活动、面向大众的沟通	关注服务、把销售视作一种协定、与顾客的个人对话

资料来源:王永贵.服务营销[M].北京:清华大学出版社,2019.

4. 市场、市场营销及市场营销者

(1) 市场(Markets)。市场是由一切有特定需求(或欲求)并且愿意和可能从事交换来使需求和欲望得到满足的现实顾客和潜在顾客所组成。一般来说,市场是买卖双方进行交换的场所。但从市场营销学的角度来看,卖方组成行业,买方组成市场。行业和市场构成了简单的市场营销系统。现代市场经济中的市场是由诸多种类的市场及多种流程联结而成的。生产商到资源市场购买资源(包括劳动力、资本及原材料),转换成商品和服务之后卖给中间商,再由中间商出售给消费者。消费者则到资源市场上出售劳动力从而获取货币来购买产品和服务。政府从资源市场、生产商及中间商那里购买产品,支付货币,再向这些市场征税及提供服务。因此,整个国家的经济及世界经济都是由交换过程所联结而形成的复杂的相互影响的各类市场所组成的。

(2) 市场营销及市场营销者。以上关于市场概念的阐述有助于我们更全面地了解市场营销的概念。市场营销是指与市场有关的人类活动,亦即为满足消费者需求和欲望而利用市场来实现潜在交换的活动,它是一种社会的和管理的过程。市场营销者则是从事市场营销活动的人。市场营销者既可以是卖方,也可以是买方。作为买方,他力图在市场上推销自己，以获取卖方的青睐，这样买方就是在进行市场营销。当买卖双方都在积极寻求交换时，他们都可称为市场营销者，并称这种营销为互惠的市场营销。

5. 顾客的新能力和企业的新能力

（1）顾客能力。在信息不太发达的时代，顾客能力是顾客在选择和购买产品过程中所表现出来的识别能力、评价能力、鉴赏能力、挑选能力、计算能力和决策能力的综合。然而在移动互联网时代，顾客逐渐表现出一些新的能力：购买能力、获取各种产品信息的能力、鉴别产品和服务的能力、影响同龄人和公众的能力等。具体来看，移动互联网、物联网、人工智能等技术重塑了顾客的消费行为，顾客可以借助手机、电脑等智能终端随时随地搜寻商品信息并完成购买，还可以借助VR（虚拟现实技术）、AR（增强现实技术）等体验虚拟场景消费。除此之外，顾客还可以在微博、微信、抖音等社交媒体上与他人进行分享互动，表达对产品的观点和对品牌的评价。围绕某一品牌，志同道合的用户会形成一个社区或群体，如华为花粉俱乐部、小米社区论坛等。再者，由于顾客的选择多了，当顾客对企业提供的产品或服务不满意时，他们就会更换目标企业。企业要对前述能力加以运用，扬长避短，提升顾客黏性。

（2）企业能力。相应地，企业在当代社会中也表现出一些新的竞争能力，如利用互联网渠道向消费者传递信息的能力，高效管理内部员工的能力，建立网络社区和品牌社区的能力，获取、分析和利用消费者信息的能力，利用社交媒体快速触达顾客的能力，以及满足消费者差异化的定制需求的能力等。企业要运用各种能力更好地满足顾客需求，如利用微博、微信、抖音等社交媒体上的资源来扩大产品的知名度和影响力，构建出可持续竞争优势。

6. 付费媒体、自有媒体和免费媒体

（1）付费媒体。付费媒体是指企业支付费用后才能为其进行品牌广告宣传的媒体，如传统的电视、报纸、杂志等媒体。

（2）自有媒体。自有媒体与付费媒体相对，是指企业自身拥有的传播渠道，如公司网站、微博账号以及手机App等。

（3）免费媒体。免费媒体是指消费者、大众媒体等自愿为企业进行口碑宣传，既包括在微信朋友圈、微博、抖音短视频等的转发、评论等，也包括线下的口头传播。随着移动互联网和数字技术的不断发展，社交媒体在营销活动中的地位和作用越发凸显。这些社交媒体既可以作为企业与消费者、消费者与消费者之间沟通互动的平台，还可以为企业收集消费者行为数据提供便利。在数字化营销时代，利用新兴媒体开展营销活动是企业应该具备和掌握的新能力。

（三）市场营销的基本功能

市场营销的基本功能可概括为以下三个方面。

1. 交换功能

交换功能包括购买与销售。购买是在市场集中或控制商品与劳务，并实现所有权的转移。购买的职能不仅包括购买哪些类型的产品和向谁购买的决策，也包括进货数量和进货时间的决策。销售是协助或动员顾客购买商品与劳务,并实现所有权的转移。销售的职能不仅包括为产品找到市场,还包括通过推销宣传战略唤起消费者的需求,并安排好售后服务工作。定价是市场销售中必不可少的因素,它包含在购买与销售之中,而不作为一个独立的市场营销功能。

2. 供给功能

供给功能包括运输与储存。运输是货物实体借助于运力在空间上的移动,使产品从制造场所转移到销售场所。储存是指商品离开生产领域但还没有进入消费领域,而在流通领域内的停滞。储存的设施可将产品保留到需要时供应,使企业可以制订长期的生产计划,从而更有效地工作,并使全年的生产保持均衡的进度。储存使得产品从生产期保存到销售期,可以调节商品的销售,以适应需求。运输和储存都属于供给功能,是实现交换功能的必要条件。

3. 便利功能

便利功能包括资金融通、风险负担、市场情报与商品标准化和分级等。借助资金融通,可以控制或改变商品与劳务的流转方向,实行信用交易,能给市场交易过程中各个环节的买卖双方带来方便。风险负担是商品或劳务交易中必然包含的一部分因素。在供求关系的变动中,在运输和储存的过程中,企业均可能因商品损坏、腐烂、短少、浪费等,以及货物在一定时期内滞销,要承担财务损失的风险。市场情报的收集、分析与传送,是一种通信职能,对消费者、生产者和营销机构都是重要的。商品的标准化和分级,指决定制成品必须符合的条件,作为基本尺度或标准,使产品必须符合其要求,保证产品质量,便于比较和交易。

(四)市场营销学

市场营销学是研究企业市场营销活动的理论、原则、方法及其一般活动规律的学科,是研究企业如何适应市场、引导市场、创造市场的学问,是企业的经营之道和生财之路。

1. 市场营销学的学科性质

市场营销学是从经济学中分离出来作为一门独立的学科,是20世纪初于美国形成的。20世纪50年代是市场营销的黄金时代。这一时期,市场营销学又开始从经济系转入商学院,它又吸收了经济学、企业管理学、社会学、心理学、运筹学、经济计量学、系统工程学等学科的有关成就,并与之互相渗透、互相促进,形成了一门实用性很强的学科,成为一种帮助企业建立和保护市场的知识体系。由此可见,市场营销学是一门企业市场营销管理学,属于工商管理范畴,是一门边缘交叉的应用科学。

2. 市场营销学的研究对象

现代市场营销学着重研究卖方(企业)在不断变化的市场营销环境和激烈的市场竞争中,如何寻找市场机会,如何满足目标顾客的需求,如何提高企业经济效益,以求长期生存和发展,因此,现代市场营销学的研究对象应是:企业(卖主)在动态市场上如何有效地管理其交换过程和交换关系。也就是说,市场营销整体经营活动过程,最终目的是提高企业经济效益,实现企业目标。

3. 市场营销学的学科特点

根据市场营销学的学科性质和研究对象,我们可以看出该学科具有以下特点:

(1) 全程性。市场营销学的研究范围在实践中不断扩大,它不仅研究企业产销的过程活动,而且上延到生产领域的产前活动,下伸到消费领域的售后服务。因此,该学科有别于研究市场供求关系和流通规律的贸易经济学,也不同于研究广告、推销技巧和方法的广告学和推销学。

(2) 综合性。市场营销学以经济学、管理学为基础,综合地吸收、借鉴了自然科学、社会科学等其他学科的理论与研究方法,形成了自成一体的营销知识体系。

(3) 实践性。与其他社会科学相比,市场营销学具有极强的社会实践性。一方面,市场营销学的基本原理、方法和策略来源于企业的营销实践;另一方面,这些原理和方法对企业的营销具有指导意义,因而有很强的实用价值。

任务二　市场营销观念

一、营销观念的演变

企业市场营销观念是企业从事市场营销活动的思想观念体系,西方企业界又称之为经营哲学,它概括了一个企业的经营态度和思维方式。思想是行动的指南,没有正确思想指导的实践是盲目的实践。同样,一个企业的市场营销水平如何,能否达到预期的目标,关键在于营销观念正确与否。

(一) 营销观念的重要性

营销观念是企业的灵魂,企业必须花大力气在营销管理者、营销人员和全体员工中强化现代市场营销观念的灌输,使企业形成共同的市场营销意识,以适应现代市场经济的客观规律。具体说来,营销观念的重要性表现在以下几个方面。

1. 营销观念指导着企业营销战略和策略的制定

在现代市场条件下,任何企业的营销活动都必须与市场实行有效的转换,为此,企业就要制定一定的营销战略与策略去主动开拓和引导目标市场。企业的营销战略和策略的制定,建立在企业决策者对市场运行规律的领悟、对营销环境的客观认识和分析的基础上,是他们生动活泼的思维方式的体现。一个企业营销战略与策略的成功,蕴含着企业经营者们丰富的经营谋略,是他们对市场和企业的现状与发展有着与众不同见解的反映。因此,树立现代市场营销观念的实质是企业管理决策者的一个哲学底蕴问题,也就是能否正确运用辩证唯物主义世界观来认识市场经济,并主动开创经营新局面的问题。

2. 营销观念制约着对企业、顾客(客户)和社会关系的正确处理

企业的经营活动,必须在摆正顾客和社会关系的基础之上才能达到预期目的。当三

者的利益发生冲突时,企业将在一定的市场营销观念的引导下来进行处理。如果企业的市场营销观念不正确,利益冲突是处理不好的,这将危及企业在公众中的形象。

3. 营销观念是企业开拓创新经营的前提

企业的决策者思想观念陈旧、僵化保守、不思进取、不敢开拓创新,是无法适应现代市场经济发展的。一个企业在市场经济下从事经营活动,犹如在汪洋大海中越行,只有在敢干、敢闯、勇于开拓创新的导航员的带领下才能到达彼岸,否则将在波涛汹涌的竞争狂潮中沉没。

(二) 营销观念的演变过程

支配企业营销活动的观念是随着社会经济的发展和市场形势的变化不断演变的。从西方经济发达国家(以美国为例)的情况来分析,现代企业的营销观念经历了五个阶段的演变过程(见图 2-2)。

1. 生产观念

生产观念也称为生产导向,是企业营销行为的最古老观念之一。在 19 世纪末到 20 世纪 20 年代这段时间内,它是支配企业营销的主要观念。在这一段时间内,生产效率不是很高,市场商品供不应求,基本上是"卖方市场"。在这种市场形势下,消费者的需求是被动的,消费者没有选择余地,企业只要提高生产效率,增加产量,降低成本,就能获得利润。于是,卖方的主要精力都集中在扩大生产规模、提高产量方面。生产观念是在稳定的市场环境条件下形成的一种营销观念。随着科技水平的提高和社会生产力的发展,生产观念已经无法适应时代的发展,必将为其他观念所代替。

2. 产品观念

与生产观念同时存在的还有一种产品观念,产品观念也是一种古老的观念。持这种观念的决策者认为,企业只要有高质量的产品,就不怕买者不识货,所谓"酒香不怕巷子深""花香自有蝶飞来"。他们有种盲目的自信,总认为自己的产品是最好的,甚至到了迷恋的程度。但是,产品观念者犯了"营销近视症",他们忽视了市场的消费需求,他们不知道再好的产品,消费者不认识、不了解、不接受,也是销售不出去的,只有适应消费者需求又为消费者认可的产品,才销售得好。

生产观念和产品观念是一种典型的以产定销的观念,企业本着"我能生产什么,就生产什么;生产什么,就卖什么"的观念从事营销活动,但是一旦市场形势发生了变化,竞争变得激烈,这种观念就无法适应了。

3. 推销观念

推销观念产生于 20 世纪 20 年代末到第二次世界大战结束这段时间内。在这段时间内,资本主义社会经济发生了深刻的变化。一方面,由于科学技术的进步、科学管理的实施和生产规模的扩大,社会产品的数量和品种日益增加,商品市场逐渐出现供过于求的现象;另一方面,由于资本进一步积累和集中,垄断加深了资本主义国家的基本矛盾,在需求增长缓慢的影响下,生产过剩的矛盾加剧,尤其是 1929—1933 年席卷整个资本主义社会的经济危机的出现,使资本主义企业间的竞争更加激烈,企业面临的首要问题不是如何提高生产效率、扩大生产规模,而是如何把过剩的产品销售出去。在这种形势下,企业开始重视产品的销售工作,采用培训销售人才、研究销售技巧与技术、开展广告促销等方法和手段,千方百计推销自己的产品,期望通过大量销售来获取更多的利润。

推销观念的实质是生产观念在新市场形势下的一种延伸,秉持这种观念从事营销,考虑的是"我如何把自己生产出来的产品推销出去""我推销什么,人们就买什么",甚至强行推销,损害了消费者(或客户)利益。所以,这仍然是一种"以产促销"的旧营销观念的体现。

4. 市场营销观念

市场营销观念是20世纪50年代中期才产生的一种新营销观念。这一营销观念的产生称得上是市场营销发展史上的一次革命。

第二次世界大战结束之后,资本主义世界的市场形势又发生了深刻的变化。随着以电子计算机技术为中心的第三次技术革命的推进,各主要资本主义国家的生产效率进一步提高,产品的花色品种越来越丰富,而且产品的寿命周期越来越短,新产品层出不穷;随着战争的结束,许多为战争服务的产业迅速转向对民用产品的开发,这又极大地增加了社会产品的总量。另一方面,战后资本主义国家采取刺激需求的政策,使消费者的社会购买能力有了一定程度的提高,但由于消费者文化观念和消费观念的变化,企业再千方百计地推销,也难以引起消费者的购买欲望。在这种形势下,企业认识到,只有分析和研究市场需求,并千方百计地去满足市场需求,企业才能得生存与发展。因此,在营销实践中逐步抛弃传统的生产观念和推销观念,树立了市场营销观念。企业树立市场营销观念,体现在他们所提出的一系列营销口号上。例如,"发现欲望,并满足他们。""生产你能够出售的东西,而不是出售你能够生产的东西。""一切为了顾客的需要。"

市场营销观念本质上是一种以顾客(客户)需求和欲望为导向的观念,是通过赢得和保持顾客(客户)的满意度来获取利润的观念。这一观念建立在西方经济学中的一个著名观点"消费者主权论"之上。这一观点认为,企业生产什么产品,决定权不在企业手中,也不在政府手中,而在消费者手中。企业应该生产消费者满意的东西,使消费者满意最大化,才能有利润。

5. 社会营销观念

社会市场营销观念产生于20世纪70年代,是对市场营销观念在新形势下的修正和补充,是对市场营销观念的新发展。

20世纪70年代以后,西方市场环境发生了很大变化,以美国为例,70年代以来出现了环境恶化、资源缺乏、通货膨胀、失业率提高等一系列问题,许多工商企业为了盈利,片面强调迎合消费者的需要,而忽视了社会的长远利益。例如,清洁剂行业为了满足美国人对洁白衣服的偏爱,推出了一种增白剂,这种产品污染了江湖河流,杀死了鱼虾,并破坏了生态环境再生的可能性。这些问题的出现,说明了一个企业在服务和满足消费需求方面虽然干得很出色,但往往忽视了消费者个人需求与社会长期利益之间的矛盾。这样就出现了许多新观念,诸如"人类观念""明智的消费观念""生态准则观念"等,菲利普·科特勒将这些新观念统称为"社会市场营销观念"。

社会市场营销观念就是要求企业不仅要坚持以市场营销为导向,以满足顾客(客户)的消费需求为己任,并以此获取利润,而且要兼顾顾客(客户)的长远利益。因此,企业在制定营销战略和策略时,要权衡三方面利益,即企业利益、消费者需要的满足和社会利益。

从西方企业营销观念的变化来看,企业的市场营销观念的演变是由外部市场环境变化引起的,每一个新观念的产生都是企业适应外部环境变动的结果。随着我国社会主义市场经济的发展,我国的社会经济,人们的生活方式、价值观念、消费观念正在或将要发生极深刻的变化,因此,我国的工商企业的市场营销观念也要不断更新。

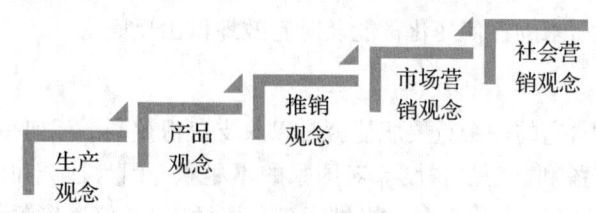

图 2-2　营销观念的演变过程

(三) 现代营销观念与传统营销观念的根本区别

以生产导向和推销导向指导企业营销活动的观念称为传统营销观念;以市场营销导向和社会市场营销导向指导企业营销活动的观念叫作现代营销观念。这两种经商思想体系有着根本的区别。

1. 营销导向不同

传统营销观念支配下,企业营销导向是产品,企业能生产什么,就生产什么,生产什么,就推销什么。企业不顾及消费者的需求和欲望,把营销与高压式推销和广告混为一谈,为了把自己生产出来的产品卖出去,甚至强买强卖,危害顾客(客户)的利益。

现代营销观念支配下,企业营销导向是市场需求。企业营销活动的出发点和归宿点都围绕着市场需求。为此,企业坚持在产品或项目开发之前就进行营销调研、需求评价、可行性分析,然后再决定产品(或项目)开发与否;企业不仅研究顾客(客户)的现实需求,而且要研究他们的潜在需求,以便引导和开发市场;企业不是简单地把产品销售给顾客(客户)就行了,而是要让顾客(客户)达到满意为止。

2. 营销重点不同

传统营销观念支配下,企业以自我为重点,一切都围绕着企业自身利益。企业的营销战略和策略的制定,偏重于企业内部的条件,不善于对顾客(客户)需求的变化及竞争态势及时做出反应,当企业与社会和顾客(客户)三者利益发生冲突时,往往采取单方面维护企业利益的措施。

现代营销观念支配下,企业以顾客(客户)为重点,真正实行"顾客第一""用户至上",一切营销活动都必须为顾客(客户)带来利益,全心全意为顾客服务。企业注重对市场需求的研究,能够对市场的变化和竞争状态做出灵敏的反应,当企业与社会和顾客发生利益冲突时，能妥善处理三者关系，自觉维护社会和顾客的利益，保持企业良好形象。

3. 营销手段不同

传统营销观念指导下的企业营销手段主要靠推销和促销，企业片面地认为，只要向顾客（客户）说好话，就会产生购买行为，只要进行狂轰滥炸式广告宣传，顾客就会产生信任感。为此，企业不惜重金投入广告宣传、公关活动和推销活动。但是，在消费者的消费越来越理性的情况下，光凭推销和促销活动来从事营销越来越难奏效了。

现代营销观念指导下的企业营销手段是整体营销。所谓整体营销，是指营销不仅仅是营销部门的事，而是企业内部所有部门的事，企业内部的产品开发、生产制造、技术研究、质量管理、营销服务等都以市场为导向。现代市场营销观念已扎根于企业的各个部门，整个企业对市场需求的任何变化都能及时有效地做出反应。

4. 盈利观不同

企业是经济组织，它的一个重要职能就是以收支获得盈利。任何一个企业，在正常的经营条件下，如果不盈利，就是对社会、对国家的不尽职。因为社会和国家对企业尽了大量的义务，为企业提供了人才，为企业提供了各种资源，包括信息资源、物资资源、人才资源，所以，企业只有盈利，为国家缴纳税收，才能为社会尽职。但是，企业盈利必须讲究方法，也就是说"君子爱财，取之有道"。

传统营销观念指导下企业的获利方法是追求最大的销售额以获取最大利润。这一盈利促使企业注重一次性交易的成功，热衷于"一锤子买卖"，急功近利，利大大干，利小小干，无利不干，甚至强行推销，损害顾客（客户）利益。这样做，必然会失去顾客（客户），带来市场萎缩，这是一条"自杀"之路。

在现代营销观念的指导下，企业着眼于开拓市场、占领市场、提高市场占有率而获取长期利润。这一盈利观使企业注重于赢得顾客（客户）信任，只要有利于开拓市场，不计较一时一地的得失。持此观念的企业致力于取信于顾客（客户）的工作，注重产品质量和服务质量，坚信只要在顾客中树立起产品（劳务）信誉和企业的整体形象，培养出大批忠于企业的顾客（客户），就不怕没有钱赚。

（四）现代企业的营销观念体系

作为企业从事营销活动的宗旨和灵魂的营销指导思想是由一个个具体的营销观念组合而成的。每一个观念都是企业处理复杂多变的营销实践所需要的具体指导思想，也都是现代营销思想观念的体现。根据我国目前社会生产力的发展状况和我国社会经济制度的客观实际，为了适应和促进社会主义市场经济的发展，我国工商企业必须树立以下一系列营销观念。

1. 市场观念

现代市场营销学重点是从微观角度（企业或卖主）来研究市场营销问题的。这里要求企业树立的市场观念也是十分具体的。所谓市场观念，就是指企业树立一切为顾客（客户）利益着想的营销观念，真正做到"顾客第一""客户至上"。

自1984年以来，我国工商企业就提出"顾客第一""顾客是上帝""信誉至上"等口号。

当初，许多企业并不理解这些口号的含义，经过二十多年的改革开放和1992年以来的社会主义市场经济的实践，企业界才真正明白"顾客第一""顾客是上帝"是企业尊重需求、适应需求的体现。现代企业的市场观念的实质就是以顾客（客户）的需求为导向来决定企业的营销方针。企业的出发点和归宿点都是以消费者需求为中心。

2. 战略观念

战略观念是指企业为了长期的生存和发展，树立着眼未来、立足长远的观念，能够高瞻远瞩地围绕企业的战略目标不断开拓创新。"人无远虑，必有近忧"，企业从事营销也必须有长远的打算；否则，就会在各种威胁面前惊慌失措，难以应付未来挑战。

树立战略观念是时代对企业营销决策者的客观要求，现代企业面临复杂多变的营销环境和广阔的国际、国内市场，营销决策者就要运用自己的胆识和智慧，促使企业能够运筹帷幄之中、决胜千里之外。所以，是否具有战略观念是衡量一个营销管理决策者根本素质的关键标准。

3. 竞争观念

竞争是市场经济的客观规律，任何企业都回避不了。企业在营销实践中树立竞争观念，是适应市场经济客观规律的必然行为。

竞争观念是指企业要树立优胜劣汰的营销意识，主动迎接市场的挑战，在市场上勇于竞争，善于竞争，不断提高竞争技术和艺术。企业要正确认识现代企业竞争的特点。信息产业的发展，促使各国经济迅速与国际市场接轨，就是不发达国家，近二十年来也迅速参与国际市场的竞争，这使企业竞争的范围不断扩大，竞争的结构调整日益深化。这种变化带来当代竞争的新特点，这就是竞争已由原来传统的比资本、比技术、比实力的较量转为比战略、比胆识、比毅力、比智慧的智能型竞争。营销管理决策者和广大营销人员的知识、智慧、经验已成为企业竞争中的重要资源条件。

4. 创新观念

所谓创新观念，就是指企业的营销管理决策者勇于思索、敢于开拓，能够根据市场环境的变动和各种变化的现象创造性地为企业不断捕捉发展新机会。但凡成功的企业无不渗透着营销决策者们独具匠心、生动活泼的思维创新。

（1）创新观念的体现。创新观念在企业营销实践中体现在五个方面：① 技术创新。技术创新是指企业积极运用新的生产工艺，在企业管理和营销等方面进行更新改造，以改革企业产品或劳务，提高档次、增加竞争力。② 产品创新。产品创新是指企业开发新的产品和对原有产品进行改革，使产品能不断满足消费者新需求。产品创新是技术创新在企业中的具体落实，企业能够不断开发出具有竞争力的产品，才是竞争力的所在。③ 市场创新。市场创新是指不断开拓新的市场面，或开发新的顾客（客户）群体，促使产品进入新的营销领域，面对国际、国内广阔的市场空间和庞大的顾客（客户）群体，总是能挖掘到没有得到很好满足的消费需求。只要营销管理者创新思维，一定能别具慧眼，捕捉到开发新市场的契机。④ 组织创新。组织创新不仅仅是企业内部组织机构的设置问题，从营销角度讲，组织创新主要是指企业内部生产要素动态组合上的更新，也就是说，对内部的资源配置，企业要根据市场动态和企业的生产要素状况进行合理的优化组合，充分发挥每一种资源要素的极大效用。众所周知,石墨是由碳分子构成的,金刚石也是由碳分子构成的,同样的元素只是由于排列组合的结构不同,却形成了价值悬殊、性质各异的两种物质,这就是组合的力量。⑤ 制度创新。制度上的创新主要是指为了实现营销目标,企业内部在管理体制、用人机制、分配制度和各项管理制度方面不断改进和更新,以保证企业充满创新的活力。制度上的创新最根本在于要认识到:制度不是为了制约、管辖人的行为,而是为了激发人的想象力和创造力。

(2) 创新的模式。创新的模式一般有:① 自主创新。自主创新是指由企业自主进行研发投入,进行科技研发,创新产品。它包括原始的科技创新,即将某一种新技术、新原料或新工艺用于产品的开发,创造出全新的产品;还体现在关键技术的集成创新,即把很多技术创新集成在一起,形成一个全新的产品。② 扩散创新。扩散创新是指在引进技术的基础上,进行消化吸收再创新。这种创新亦被称为模仿创新,这种创新模式最适宜于中小企业。自主创新需要的研发投入一般都非常大,而且风险不可控。对于中小企业来说,创新投入和创新人才都非常匮乏,因此,其创新应该是低成本的,应采取扩散创新模式,先吸收消化,再转化成自己的。改革开放以来,我们引进了很多新技术,但存在的最大问题是没有很好地消化吸收,而是照搬别人的。很多发达国家在发展过程中都是从学习和模仿开始创新,再慢慢过渡到自己原创性的创新。

二、营销观念的新发展

(一) 形象营销观念

1. 形象营销产生的背景

形象营销的产生起源于引进和导入 CIS(Corporate Identity System)。CIS 又称企业形象识别系统,它最早产生于美国,是高速公路背景下的企业营销行为。当初,它只是以扩大企业和产品认知程度为目的,20 世纪 60 年代后期传入日本,日本人对 CIS 有自己独特的见解,他们认为要树立企业的良好形象,不仅要扩大对企业的认知度,更重要的是让广大消费者能对企业产生好感和信赖。为了获取消费者的好感,企业不仅要在外在视角识别上下功夫,更重要的是树立正确的经营理念和积极开展各种社会活动,提供可靠的产品和优质的服务。日本人将企业形象识别称为 CIS 战略,我国企业在 20 世纪 80 年代末引入企业形象识别策划。

形象营销的目的在于使企业在社会公众中树立良好的形象,使广大公众对企业产生一致的看法和认同,以赢得消费者的信赖和好感,从而达到预期的营销目的。形象营销观念要求企业强化整体形象意识,重新塑造企业形象,以形象力来全面提高企业的竞争力。

2. 重视企业形象,树立形象营销观念的必要性

(1) 形象营销观念适应了现代市场经济的客观要求。现代市场经济是高度发达的商品经济,面对广阔的国内、国际市场,其竞争结构和竞争程度相当复杂和激烈,这种情况下,产品的品牌商标形象和企业形象变得比产品本身价值更为重要。

(2) 形象营销观念适应了当代科学技术发展的客观需要。我们处在高科技突飞猛进

的时代,随着科学技术的进步,产品之间的技术含量差异日益缩小,所以,产品在性能、寿命、可靠性方面的技术指标"大同小异"。在这种科技水平下,产品形象和企业形象在消费者的心目中起着至关重要的作用。

(3) 企业以形象营销观念为导向,适应了人们消费心理的变化。随着人们生活水平的提高,人们的消费观念、消费心理已发生了深刻的变化,人们购物不仅是满足生理需要,而且是满足心理的需要。社会经济越发展,人们生活水平越高,人的心理、精神上的满足感要求就越强烈,而良好的企业形象和产品品牌体现了企业和产品的文化品位可以满足消费者变化了的心理需要。

(4) 企业以形象营销观念为导向,适应了当代竞争的客观需要。企业形象力是企业综合的竞争力。这种力量在于能争夺消费者的情感,获取消费者的偏爱。企业的良好形象是企业产品质量、品牌商标、优质服务、营销战略、策略和艺术的综合体现,集中反映了企业经营管理水平和整体素质。因此,企业形象是企业重要的无形资产,而且在企业营销战略中,这一无形资产随着时间的推移不断增值。由此可以说明企业形象是现代企业在竞争中极其重要的手段。

3. 形象营销观念对市场营销活动实践的客观要求

形象营销是企业整体营销的反映,是企业精神文明和物质文明的综合体现,涉及企业各个部门、各个环节的工作。只有企业内部管理者和全体员工上下一致,共同努力,才能塑造良好的企业形象。

(1) 设计企业经营管理识别系统,形成外界公众和内部员工所认同的共识。经营理念是企业文化的精髓,其包括以下几个方面:① 企业使命,反映企业积极的社会价值观,对社会所负的责任。② 企业精神,反映企业对全体员工精神风貌、价值观念、道德风范的基本要求。③ 企业营销观念,即企业的经商指导思想,反映企业对产品或服务的质量的追求,是企业正确处理与目标顾客(客户)和相关社会公众之间关系的准则。④ 企业行动的规范,反映企业的作风、惯例、风格和全体员工行为规范,如考勤纪律、服务公约、工作守则、操作要求等。企业的经营理念通过企业的活动表现出来,使命、观念、风格、规范都是抽象的,企业只有通过一系列活动,打上使命、观念、规范、风格的"烙印",才能为社会上广大公众所认识。社会公众正是通过企业经营理念的统一性和独特性来识别各个企业的。

(2) 设计企业活动,不断地向社会公众传播企业的经营理念。确定企业经营理念是端正企业形象的开始,而一旦确立,就要把理念信息传播出来,让社会公众认识企业、了解企业、对企业产生好印象,逐步在广大消费者心中树立良好的企业形象。传播企业经营理念有两种途径:一是静态的,即企业外在的视觉识别;二是动态的,即企业的活动识别。企业活动识别是通过对企业内部全体员工的教育和培训,促使全体员工来提供优质产品和优质服务,包括以下几个方面:营造良好的服务工作环境;提供对目标顾客的利益保证和利益追加;规范文明礼貌待客和语言技巧;规范员工的仪表、仪容和精神风貌。这一系列服务活动是企业活动识别的基础。任何企业,只有通过员工的优质服务活动才能真正获得消费者的好感和信任。当然,为了树立良好的企业形象,企业也要开展多种多样的社会公益性活动和各种促销宣传活动;但是,企业全体员工的服务活动是传播企业经营理念的基础。因为,虽然企业对外活动搞得轰轰烈烈,但消费者享受不到员工提供的优质服务,这将降低社会活动的效果,从而影响企业形象。

(3) 设计企业的视觉识别系统,系统地、有组织地传播企业的经营理念。视觉识别系统是企业静态地传播经营理念的形式,因为视觉是人们获取信息的主要渠道。企业把抽象的使命、观念和行为规范加以形象化,形成企业的标语、口号、标识等视觉形象,让凡是看过这些形象的人都能过目不忘,从而达到理念的沟通效果。

视觉识别系统包括企业的名称、企业产品的品牌商标、企业标识、企业吉祥物和标准字、企业标语和口号等。企业这些系统的视觉形象设计,无论图案和色彩都要充分反映企业的经营理念和文化内涵,并要体现企业的独特性和风格。例如,泰国正大集团的标志为一个方框和一个圆环套在一起,代表了正大集团的神——方和圆的精神,即政策原则坚定不变和执行政策的灵活性。

(4) 提高全体员工的素质水平,人人对企业形象负责。企业的良好形象,是企业决策者高超经营管理艺术的体现。经营管理者必须具有高瞻远瞩的战略意识和开拓进取的精神,才能根据企业的内在优势和劣势以及在竞争结构中的地位,审时度势为企业设计出经营理念。这需要领导者的知识、智慧、经验、才干和勇气。因此,塑造企业形象首先需要高素质的企业决策者。

企业经营理念的形成还是企业内部上下反复酝酿的过程,要经过企业的全员参与,得到每个人员的理解和认同。确定理念之后,就要以企业的经营理念培训教育职工,让每个员工都能深刻地理解经营理念,成为指导每个人行为规范的指南。每个员工都要充分认识到,自己就代表了企业,每个人一走进企业,上了岗位,自己的一言一行就要对企业的形象负责。每个人都要有敬业精神,甘愿把自己的热忱和干劲都奉献给企业,为企业树立良好形象而努力工作。所以,塑造企业形象必须有一支素质高、事业心和责任心强的员工队伍做保证。

(二) 绿色营销观念

20世纪80年代末90年代初,一场以保护环境、保护地球为宗旨的环境保护运动(也称绿色运动)在全球掀起高潮。1992年6月,联合国召开环境与发展大会,通过了有关环境保护的公约、宣言和行动纲领,标志着绿色运动的发展进入了新阶段。

1. 绿色运动兴起的原因

"绿色"运动的真正含义是人类生存的环境必须受到保护。人类应该将自己与自然环境、社会环境统一起来,寻求三者同步、协调、健康地发展。人类赖以生存的环境包括自然环境和社会环境。自然环境是指大气、海洋、陆地及生存在地球上的动植物等生物构成的物质环境。社会环境则是由人口、健康、教育、就业、工作条件、衣食住行条件、经济发展与经济关系等因素综合构成的人类生存的社会条件。这两种环境是互相联系、互相影响。绿色运动不仅是对自然资源、自然环境的保护,还包括提高人民生活质量和生活标准,改善人类社会环境的内容。工业革命开创了人类改造自然的新纪元。工业革命以来,工业生产出现了史无前例的增长,但是,人类财富增长的同时,环境也遭受了极大的破坏。在很长的一个时期,人类对环境污染的危害性尚未有足够的认识。20世纪70年代初,人们对地球资源进行研究时,发出了关于未来人类生存环境的警告。1972年,世界上第一个绿色团体在新西兰建立,标志着绿色运动的兴起。20世纪80年代末,绿色运动在全球形成高潮。80年代以来全球发生了重大的环境灾难,例如,1986年苏联切尔诺贝利核电站事故,造成重大人员、财产损失和环境污染;80年代以来大气臭氧层空洞化日益严重;全球整体生态环境恶化,全球变暖、酸雨危害森林、废弃物难以处理、资源衰竭等问题加剧。这些事件促使了人们环境保护意识的提高。

2. 绿色营销对市场营销观念的发展

绿色营销观念是指企业引入环境保护意识,在营销活动中将顾客(客户)、竞争者、社会、自然环境并重,所制定的营销战略和策略与环境保护相协调、和谐。

绿色营销观念对市场营销观念的发展主要有以下几个方面:

(1) 使营销服务的对象从消费者扩展到"消费者和社会"。在绿色营销观念指导下,在满足消费者需要的同时,企业行为还必须符合环境保护的要求,符合社会合理有序发展的要求。当消费者的需要与社会需要相冲突时,企业的营销不能损害社会的利益,不能破坏人类环境的良好状态,而应妥善地处理好这些矛盾、协调好两者关系。

(2) 使企业的营销目标变为追求可持续发展。可持续发展无论是对国家还是对企业来说,都是极其重要的目标,因为环境污染或粗放式经营,本质上都是对资源的低效甚至无效使用。实施可持续发展战略就是要提高资源的利用效率,这是提高发展中国家及其企业竞争力的必由之路。如果不走可持续发展道路,贫穷的国家将会一直贫穷下去,并且随着资源的耗竭、环境的恶化,还会变得更加贫穷。绿色营销就是在可持续前提下从事营销活动。企业的营销目标是在追求充分满足消费需求的同时,提高消费质量,减少物质消耗的数量。

(3) 要求企业必须维护和推进绿色消费。绿色消费是一种成熟的消费观念,是指消费者在可持续消费的前提下来承担社会责任。企业在绿色营销观念指导下,应维护和推进这一消费方式。为此,企业必须做到以下几点:① 绝不生产或经营危害消费者或者他人健康的产品;② 在生产经营或处置产品时,避免严重破坏自然环境;③ 在生产经营、使用或处置产品时,不可大量、过高比例地消费资源;④ 不可过度使用资源,如产品标准过高或使用寿命过短从而造成不必要的浪费;⑤ 不允许从濒临危险物种或恶化环境的材料中获得原料生产产品;⑥ 决不允许残忍地杀害珍奇动植物产品;⑦ 不能对其他国家(或地区),尤其是发展中国家施加或转移有污染环境的项目或产品。

(三) 关系营销观念

1. 关系营销的概念

20世纪90年代,关系营销的概念兴起。关系营销是市场营销学中出现最早但容易被人们忽视的一个概念。

关系营销就是企业同顾客(客户)结成长期的、相互依存的关系,发展目标顾客(客户)与企业及其产品之间的连续性交往,借以巩固市场,促进产品的持续销售。市场营销核心概念就是交换,交换必然伴随双方互动的影响,就存在关系,所以营销活动向来就是相互发生关系的活动。但是,传统的市场营销理论认为,企业营销是企业利用内部可控因素,对外部不可控因素做出积极反应,进而促进其产品销售的过程。企业内部可控因素主要是指企业的产品、价格、分销和促进决策。企业市场营销活动的核心是制定并实施有效的市场营销组合策略。然而,随着社会经济条件的发展,特别是市场竞争的日益激烈和市场营销组合策略的广泛运用,人们逐渐发现,许多精心策划的市场营销组合计划在实施过程中困难重重,难以达到预期的目标。于是,西方企业界和学术界一批颇具发展眼光的人士大胆突破传统市场营销的框架和桎梏,积极寻求适应当代竞争要求的营销理论和方法,关系营销学就此脱颖而出。

关系营销以系统论为基本指导思想,认为企业是社会经济系统中的一个子单位,将企业置身于社会经济大环境中来考察企业的市场营销活动。企业营销是一个与消费者、竞争者、供应商、分销商、政府机构和社会组织发生互动的过程,正确处理与这些个人和组织的关系是企业营销的核心,是企业成败的关键。因此,关系营销将与目标顾客(客户)以及相关组织等方面的关系视为企业市场营销的关键变量,这样,就把握了现代市场竞争的特点,被西方舆论界视为"传统营销理论的一大变革"。

2. 关系营销的基本特征

关系营销不仅将注意力集中于与顾客的关系上,而且扩大了营销视野。企业作为开放的系统从事市场营销活动,需要与外界保持各种联系,也需要内部各层次、各部门员工的共同努力。为此,企业要进一步深刻认识关系营销的本质特征(见图2-3)。

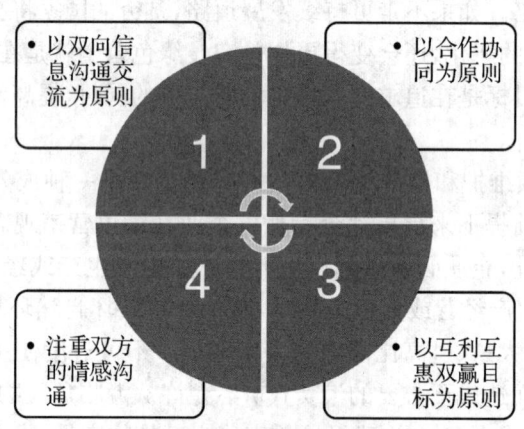

图 2-3 关系营销的基本特征

(1) 关系营销以双向信息沟通交流为原则。关系是信息和情感交流的有机渠道,在建立关系的过程中,不仅仅是简单地传递信息和感情,而且能有机地影响和改变信息和感情的发展。广泛的信息交流和信息共享,可以使企业赢得支持与合作。例如,惠普公司经常把顾客、供应商和许多业务部门的经理召集在一起,召开旨在创新市场的会议,每一次活动都为公司的经理人员提供了一个广阔的视角。

(2) 关系营销以合作协同为原则。关系营销意识促进了企业与企业之间的合作关系,公司认识到保持企业之间的协同是企业自身发展的需要,现代企业市场营销成功的关键就在于与公司营销网络中各成员建立长期、良好、稳定的伙伴关系。这种良好的合作关系,不仅有利于交易,还能保证销售额和利润额的稳定增长。例如,新加坡航空公司、瑞士航空公司和美国三角洲航空公司合作,制定共同的订票系统和维护系统,统筹安排营运时间,建立统一的行李运输等地勤服务制度,通过对核心资源的共享,大大降低了各航空公司的运营成本,提高了工作效率。

(3) 关系营销以互利互惠的双赢目标为原则。关系营销产生的最主要原因是买卖双方相互之间有利益上的互补。企业用产品或服务从消费者那里获得利润,消费者用货币从市场上购得企业提供的自己所需产品或服务。如果没有各自利益的实现和满足,双方就不会建立良好的关系。如一方提供伪劣产品,另一方利益受损,双方就会发生利益冲突。所以,关系营销坚持互利互惠原则,使双方利益取得一致,双方的利益都能得以满足。只有使双方达到双赢,这种关系才可以持久。

(4) 关系营销注重双方的情感沟通。市场营销活动涉及的各方关系能否得到稳定和发展,情感因素起着重要作用。企业要认识到,关系营销不仅仅只是物质利益的互惠,还包括关系连接中的亲和力。企业应重视关系各方的情感交流,真诚地对待,并通过联谊、经常的拜访等活动,达到相互理解、信任和默契。

3. 关系营销要有专门职能部门来维护和控制

企业要建立专门的职能部门来负责客户关系以及相关关系的管理。这个职能部门的职责是跟踪客户、分销商、供应商及营销系统中的其他参与者,了解各方态度,把握各关系方的动态变化,采取积极措施消除关系中的不稳定因素和不利于各方关系发展的因素,以维护企业与各关系方的良好关系。

4. 关系营销不是庸俗关系

关系营销观念涉及"关系"二字,很容易与当前社会上流行的"庸俗关系"相混淆。人们往往错误地认为,关系营销就是强调在营销活动中通过吃、喝、玩等手段拉近关系、互相利用,开展非正当交易活动。这种视关系营销为庸俗关系的认识,是对关系营销的扭曲。法兰克·K.索能伯格提出密切合作的十条准则,这是关系营销的真谛。这十条准则是:

(1) 诚恳守信,坦诚相待。

(2) 互相尊重,和谐一致,富有人情味。

(3) 共存共荣,双方从合作中获得成功与利益。

(4) 在建立合作关系之前就要有明确的奋斗目标。

(5) 深入了解双方的文化背景,做到知己知彼。

(6) 经常沟通,及时解决问题,消除误会。

(7) 致力于长期合作,强调合作关系的建立不是基于短期优势,而是基于长期机会。

(8) 双方都要为形成最佳合作状态努力。

(9) 双方共同决策,不可强加于人。

(10) 力求关系的长期延续。

(四) 全员营销观念

当企业之间的市场竞争进入争夺顾客资源的阶段,就需要企业内部各个部门协调一致,全过程、全方位地参与整个企业的营销活动,使顾客满意程度达到最大化,这就是全员营销兴起的原因。在全员营销观念指导下,企业要做到以下几个方面(见图2-4)。

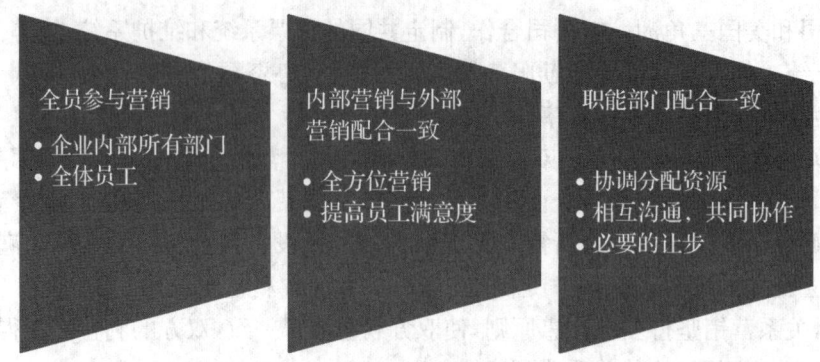

图 2-4 全员营销的主要内容

1. 全员参与营销

全员营销概念的关键是协调企业内部所有职能资源来满足顾客的需求,要让企业内部所有部门、全体员工都为顾客着想,大家在营销观念、质量意识、行为取向等方面形成共同的认知和准则,一心一意为顾客提供优质产品与优质服务,从而进一步提高顾客的满意度。

全员参与营销活动并不是要求企业的全体人员都离开本职工作去搞销售,而是要求企业员工以认真负责的态度做好本职工作,清楚知道企业目标对本职工作的要求,明白本职工作是企业整体营销活动的一部分。如 IBM 公司的会计员、原材料采购员,都懂得他们的工作是如何帮助顾客,他们在礼貌接待和应答顾客方面都受过训练和激励。

2. 内部营销与外部营销配合一致

全员营销观念要求企业由内及外实行全方位营销。企业内部营销是指领导者要视"员工为顾客",通过培训、激励来提高员工的满意度。员工满意度提高了,才能更好地为顾客服务。企业内部营销还要求树立相互服务的意识,上道工序(流程),配合下道工序(流程),为顾客提供服务,强化内部环节服务,只有内部营销与外部营销相互配合,才能形成全员营销的优势。

3. 职能部门配合一致

企业内部研究开发、采购、生产、财务、人事各部门协调一致地配合营销部门争取顾客才称得上是全员营销。职能部门的配合要做到以下几点:

(1) 协调分配资源。公司内部的人、财、物与发展资源是有限的,在企业内部争取顾客才能达到最大限度地利用资源和赢得市场。

(2) 相互沟通,共同协作。各部门间实现了横向沟通,才能相互配合,协调一致。反之,相互推诿,或者封闭信息,将产生重复劳动,加大信息成本,滋生矛盾,造成效率低下。

(3) 必要的让步,取得一致。为了达到不断开拓的目的,有时某些部门必须牺牲本部门的短期利益。例如,为了支持新产品进入市场,生产部门可能必须降低现有的成熟产品的生产量,以适应新产品的生产。

三、市场营销道德

(一) 市场营销道德的含义

市场经济是一个法制经济,奉行的是竞争规律和等价交换原则,同时市场经济也是一个德制的经济,讲究的是在市场上从事经营活动的任何人、任何企业都必须遵循游戏规则,都必须公平和公正。因此,道德和法制在企业营销中是相辅相成的,可以说,市场经济下的企业营销离不开道德和法律。

市场营销道德是指为调整企业与所有利益相关者之间的关系而遵循的准则、行为规范的总和,是客观经济规律和法律以外的制约企业行为的另一重要力量。也就是说,企业在自身的营销活动中必须遵循一定的道德标准,否则,虽然可能会得逞于一时,却会严重损伤企业的公众形象。一个优秀的企业应该是道德高尚的楷模,它不但遵守社会公认的道德标准,而且形成了具有自己特色的良好的道德体系,并通过各种途径向公众传达,以提高企业美誉度。例如,美国通用公司制定了长达20页的道德规范,以下为几则销售人员的道德准则:① 如果必须从事不道德或非法的活动来得到合同,就不应再进一步接洽;② 为了避免私下的解释和谅解,所有提供的产品和服务的有关信息应当正确;③ 禁止接受贿赂、招待和其他有价值的东西;④ 对于规则、行为约束比通用公司宽松的国家和地区,销售人员亦应遵守公司的标准;⑤ 在任何情况下,每位员工均不得提供或赠送任何东西给顾客或其业务代表,以企图影响他们。又如,IBM公司规定推销人员在任何时候、任何情况下都不得批评和贬低其竞争对手的产品;如果客户自己将订单交给公司的竞争对手,切勿游说其改变主意。这些规定及其有效执行都为公司树立了一个正大光明的企业形象。

(二) 市场营销道德状况

从目前中国经济生活来看,无论是资本市场上的黑庄、欺诈,银行体系中的不良贷款,商品市场中的假货,还是人才市场上的假文凭、足球的黑哨等无一不与市场的不讲诚信、缺乏起码的道德有关。这说明我们有些企业在营销道德方面还存在问题,主要表现在以下几个方面。

1. 对环境的污染

许多企业在向市场推出其产品时,忽视产品本身及产品包装物、制造过程对自然环境和社会环境的污染。例如,生产含铅汽油、以氟利昂作为冷却剂、自然界难以分解的口香糖残渣及一次性包装物、各种有毒副作用的化学物(如农药)及工业"三废"(废水、废气及固体废物),对生存环境造成了严重的威胁。近年来,诸如臭氧层日渐稀薄,不良空气、不良水质及被化学污染的食物所引起的健康问题日益受到世人的关注。

2. 增大社会成本

企业推出的一些产品在满足消费者个人某方面需要的同时,往往会造成较大的社会成本,而企业在这方面往往没有承担相应的社会责任,进而增加了社会负担。例如,香烟损害了吸烟者自身的健康,并侵犯了不吸烟者的权利,致使吸烟所导致的疾病及死亡率增加,进而增加社会医疗费用的支出。

3. 不道德的竞争行为

随着企业竞争的加剧,许多厂商为了谋求竞争优势,采取各种不道德的竞争手段,既破坏了正常的竞争秩序,损害了同行利益,又增大了成本。

(1) 以不道德的方式获得竞争对手的知识产权和商业秘密。近年来出现了多起商标抢注案例,有的抢注并非是为了生产、销售产品,而是为了投机,获利;又如有些企业采用有悖道德的手段获取竞争对手的商业秘密,以合作、洽谈、考察为幌子,趁机窃取对手商业秘密,甚至在对手企业安插"侦察员",或贿赂、收买对方工作人员,以获取对手的商业秘密。

(2) 恶性竞争。前些年不少商家开展"有奖销售战""价格战",结果不仅使商家两败俱伤,而且损害了消费者的长期利益。一些厂商在国际市场互相杀价、"窝里斗",大大降低了利润水平,给外商以可乘之机。个别企业为了达到挤垮竞争对手的目的,制造谣言,诋毁对方企业形象和产品形象。

(3) 其他不公平竞争行为。账外回扣、贿赂、权力营销等行为污染了社会环境,为各种腐败现象提供了温床,也给正派经营者造成了冲击,使他们处境困难。

4. 营销组合策略中的不道德行为

营销组合的不道德行为主要表现在以下三个方面:

(1) 产品质量。产品质量上以次充好、以假乱真现象屡屡发生。目前,我国市场上还有相当多的劣质品和不安全产品,对消费者的健康和人身安全造成威胁,如家用电器漏电造成人员伤亡、酒瓶爆炸伤人、燃气热水器漏气使人中毒等。

(2) 产品价格。价格欺骗现象存在,以虚假的方式宣传产品"出厂价""批发价";以虚假的折扣价名义来诱骗消费者;还有的企业故意抬高标价,明码标"假",然后声称"特价优待""酬宾大减价""清仓大出血",这些所谓优惠都是虚假的。

(3) 产品促销。有的企业设计和播放虚假、误导性广告以及内容和形式不健康的广告;传播文化污染的印刷品;夸大产品功能,刊登虚假案例。

(三) 市场营销道德建设

1. 强化诚信建设

诚信是诚实和信用的概括。诚实表现在人的品行、品德之中,信用则表现为个人对责任、义务、契约、承诺兑现的可靠程度。诚信建设既是道德问题,又是市场法则所决定的,所以企业要强化诚信建设。

(1) 树立诚信理念。企业要从思想观念上抓诚信建设,要让员工认同并理解"人无信不立,事无信不成","诚信"是企业的立市之本。为此,企业要不断地对员工进行教育,使诚信成为企业员工必备的基本素质。

(2) 加强诚信的制度管理。诚信不仅是伦理道德问题,还是市场经济运行法则,企业可以是讲诚信的最大受益者,也可能是不讲诚信的最大受害者,因此,要从制度上来保障诚信的建设。特别是政府应建立起整个社会的信用评价系统,用统一的标准考核政府、企业、中介机构和个人,让诚信的企业和个人受到尊敬并得到商业利益,让不诚信的企业和个人付出高额代价。

(3) 加强信用管理。在社会经济生活中还存在不讲诚信的情况下,在入世之后企业面临国内国际环境复杂多变的条件下,企业还存在信用风险。因此,企业信用管理显得极其重要。我国企业的信用管理水平将决定其今后在新的市场环境下的竞争力。在加强信用管理方面：一是要加强自身信用控制能力，防范企业自己可能出现的偿债能力不足、不履约等情况的发生；二是提高信用风险的防范能力。企业通过建立客户资信管理、内部授信管理等制度办法，提升企业信用管理水平，降低信用风险。

2. 加强监督和引导，净化市场秩序

国家近几年加大了整顿市场交易秩序的力度："质量万里行"，让不合格产品在媒体上"集中曝光"；各地技术监督部门严格监控和把关产品质量；工商行政执法部门对损害消费者利益的行为进行惩治和处罚。这一切净化市场交易环境的举措使不诚信的行为受到抨击和鞭打，既保护了消费者的权益，又保护了合法经营者的利益。今后，对这方面的工作还应进一步加大力度，坚决打击违背营销道德的经营行为，表彰诚信经商、公平交易的典型，使市场交易真正做到公开、公正、公平。

3. 加强法制建设，严格依法治市

法治和德治是净化市场的两把"利剑"，进一步健全和完善法律、法规，严惩违法经营，约束企业的不正当竞争行为和不道德举动，制裁那些欺骗和损害消费者权益的不法经营者，这不仅能切实保护消费者的利益，而且能起到警示作用，引导广大经营者遵循营销道德，做一个有社会责任感和严守营销道德的企业经营者。

4. 解决营销过程中的信息不对称问题

市场交易过程中，营销者掌握的信息量大，而消费者一般了解的信息较少，这也是出现欺诈等不良营销行为的重要原因。为此，要解决营销中的这种信息不对称问题，一方面，企业要公开、透明、真实地传播自己的信息；另一方面要培育消费者，消费者可以通过媒体渠道接收商品信息和各种辨别产品真伪的知识，增强自我保护意识，使自己成为理性消费者，使违法或不道德的营销行为难以得逞。

 知识拓展

数字化营销这一概念兴起于 2000 年前后，是指以数字化技术为基础，企业、合作伙伴以及顾客共同参与创造、沟通、传递和维系所有利益相关者价值的过程。不同于传统营销，数字化营销的核心要素是数字技术和数据信息。在数字化时代，企业能够依据"技术＋数据"双重驱动，通过数字化平台为消费者提供产品和服务。数字化营销的特征主要包括四个方面：一是大数据驱动产品营销全过程，用户参与产品开发的全过程。同时，借助大数据，企业还能为客户定制个性化产品和服务，如红领集团的个性化大规模定制就是由数据驱动的。消费者可以在企业的 App 上自行选择衣服每个细节的样式，这些汇总的个性化数据会传到数据库中，之后由计算机对生产工序进行分解并传达给一线工人，完成衣服的定制生产。二是定价由标准化向动态转变。不同于传统的标准化定价，数字化时代的定价以市场需求为依据。以某网约车平台为例，该平台会根据顾客用车时段的不同，动态调整计费价格，如在出行早晚高峰时段，用车单价明显高于其他时段，这一举动的目的在于实现供需的实时平衡。除此之外，该网约车平台还针对专车推出司机和消费者分别计价的创新计价模式，以保证司机和消费者互不影响，计价方式更为透明。三是点对点渠道兴起。共享经济的兴起催生了点对点渠道营销，即产品和服务的提供形式由企业—企业(B2B)、企业—消费者(B2C)扩展到个体—个体(P2P)，产品和服务的供给方式更加便捷。共享经济背景下，小猪短租、爱彼迎等新兴模式的出现，冲击了传统酒店等产业，涌现了一批个体服务提供者。以共享住宿为例，共享住宿的服务提供者多为拥有闲置房源的房东，且与标准化、流程式的酒店服务相比，消费者不但可以选择多样化、个性化的房源，还可以享受"家"一样的服务，如在租住的房间里做饭，像朋友一样与房东交谈、互动等。除此之外，有的消费者还会主动打扫卫生，保持房间的整洁，以作为对房东提供服务的回馈。四是多元互动实现促销。得益于微博、微信、抖音等一系列社交媒体，传统促销概念在数字化营销时代有了新的内涵。首先，促销不再仅由企业单方面向顾客传递信息，顾客在参与企业的促销活动时，可以与其他顾客共享产品信息；其次，促销的手段和渠道更加丰富，如微信H5、直播平台等，企业还可以借助虚拟现实技术，为消费者营造多场景立体化的极致消费体验。

思政园地

"四川烟草希望小学，中南海爱心小学，迎客松希望小学，红塔希望小学……"12月中旬，一位控烟专家抛出一张烟草企业赞助、冠名的希望小学名单，炮轰这些企业沽名钓誉，名为做公益，实为推销烟草产品。根据不完全统计，我国目前以烟草冠名的希望小学多达17家。众所周知，烟草对未成年人的危害非常大，未成年人吸烟也是有关规定明令禁止的。烟草企业冠名希望小学的做法让人觉得，他们的公益行为和社会责任有些目的不纯，他们不是在无私地赞助，而是利用广告促销和赞助美化其形象。烟草企业冠名希望小学的热情，也让人开始思考慈善与名利该保持怎样的距离。

市场营销道德建设归根到底是营销观念更新的问题，一个企业如果真正树立了现代营销观念，时时处处以顾客(客户)的利益为中心，那么必然注重企业的信誉和形象，会以充满社会责任感的营销态度，自觉遵守营销道德，并发扬光大；反之，一切以自身利益为主，唯利是图，那注定会践踏营销道德。

项目小结

市场是一个现实的或者潜在的购买者群体。市场包括人口、购买欲望、支付能力三要素。从不同的角度可以将市场分为多种类型。

市场营销是一种经营管理活动，也是一门经营管理学科。市场营销既是一门科学，也是一门艺术。市场营销是个人和团体通过创造以及与别人交换产品和价值以满足其需要和欲望的社会性管理过程。市场营销的本质是创造、传播和交换价值。

市场营销观念是指导市场营销活动的基本思想。市场营销观念经历了生产观念、产品观念、推销观念、市场营销观念等发展阶段。当代市场营销观念是一种全方位的营销观念。营销在企业组织中的作用越来越重要，市场营销不仅是一种经营管理活动，也是一种思维模式。

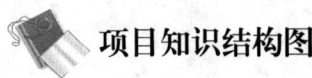
项目知识结构图

```
认知市场营销概念
├── 市场营销核心概念
│   ├── 市场
│   │   ├── 市场的概念
│   │   ├── 市场的功能
│   │   └── 市场的类型
│   └── 市场营销
│       ├── 市场营销的概念
│       ├── 市场营销的几个核心概念
│       ├── 市场营销的功能
│       └── 市场营销学
└── 市场营销观念
    ├── 营销观念的演变
    │   ├── 营销观念的重要性
    │   ├── 营销观念的演变过程
    │   ├── 现代营销观念与传统营销观念的根本区别
    │   └── 现代企业的营销观念体系
    ├── 营销观念的新发展
    │   ├── 形象营销观念
    │   ├── 绿色营销观念
    │   ├── 关系营销观念
    │   └── 全员营销观念
    └── 市场营销道德
        ├── 市场营销道德的含义
        ├── 市场营销道德状况
        └── 市场营销道德建设
```

课后习题

模块二

分析市场需求

>>>>> **知识目标**

熟记企业营销环境的概念与内容，掌握构成宏观和微观环境的主要因素。牢记市场营销调研的主要内容，以及市场需求测量与预测的主要方法。明确消费者购买动机的产生及消费者购买动机的分类，掌握消费者购买行为的类型。熟记市场细分的基础知识和基本理论依据，理解选择目标市场和目标市场定价策略。

>>>>> **能力目标**

能够利用SWOT分析企业的营销环境，分析营销环境对企业的影响及对策；能够运用市场营销调研的主要方法；能够分析消费者购买行为模式，正确区分消费者购买决策过程的各个阶段；能够运用市场细分方法，分析和解决目标市场定位与目标市场选择中的实际问题。

>>>>> **素质目标**

培养系统观和普遍联系的哲学思维，具备善于应变的能力和勇于创新的职业精神。

>>>>> **典型工作任务**

项目三　市场营销环境
项目四　市场调研与预测
项目五　市场分析
项目六　STP战略

项目三　市场营销环境

引例

海底捞的渐行渐远，都是疫情惹的祸？

一提到火锅，很多人都会联想到天花板级别的"大咖"——海底捞，甚至以吃一顿海底捞为奢侈的享受。然而，当海底捞业绩下滑，2022年上半年净亏损2.25亿的消息一出，在为其扼腕叹息的同时，又让人陷入深思：曾经的火锅天花板，为何会走下神坛？海底捞是否还会迎来高光时刻？

在过去的很多年里，海底捞一度成为火锅界的中流砥柱，占据着举足轻重的地位，创造了令人赞叹的财富传奇。海底捞于1994年创立之后就一路突飞猛进，后来在全国多个城市都有其直营店，大型现代化物流配送基地、原料生产基地更是成为海底捞不断发展壮大的"左膀右臂"。2018年，海底捞在港交所上市；2020年，位列"2019年中国餐饮企业百强"第3位；2021年，入选艾媒金榜发布的《2021年上半年中国火锅品牌排行Top15》，排名第一。可见，海底捞曾经拥有十分辉煌的业绩，即使大街小巷出现了大大小小的火锅品牌，而它的"大咖"地位也是无法撼动的，以前的海底捞可谓是"高光无限"。

8月14日，海底捞发布2022年上半年的营收数据，预计上半年净亏损2.25亿元至2.97亿元。早在2020年，海底捞的营业收入就有所下降，当年的净利润为3.093亿元，同比下降86.8%，并于2021年11月决定逐步关停300家海底捞门店。对于这样的状况，有人认为全都是因为突如其来的疫情造成了强大冲击。真的只是这个原因吗？

毋庸置疑，四处蔓延的疫情的确给餐饮业带来了重创。消费者很少外出就餐，小吃快餐、烧烤火锅门可罗雀，关门歇业倒闭的不在少数，服务人员由此失业……

可就是在这样的风口浪尖上，海底捞竟然反其道而行之——大量开新店！2020年6月，海底捞创始人张勇表示："疫情将在3个月内结束"，而后在2020年、2021年陆续新开了544家和421家门店。结果，在2021年的亏损金额高达41.63亿元，这个数字相当于海底捞上市3年的总利润。由此可知，海底捞的亏损，疫情是导火索，门店扩张是"帮凶"。

有些网友谈道："其实海底捞和别的火锅并没有太大的差别，只是服务好而已。"一顿火锅吃下来，完全不用自己倒水；水果拼盘免费续、柠檬水免费续；生日表演、美甲服务花样百出……正是因为"服务好"，无数人被海底捞圈了粉。

然而，曾经以"吃服务"为享受的消费者变了，当今的年轻人吃火锅聚会图的是轻松自由，而不是被服务所打扰。同时，人们的消费理念也在发生变化，吃顿饭会考虑它的经济价值，会看它是否值得，人们更为注重的是理性消费，而非盲目跟风。

有人可能会问："如今的海底捞还会再现昔日辉煌吗？"答案是未知的。在市场环境风云变幻的今天，谁又能百分之百地预知未来之事？然而，可以肯定的是，海底捞如果想在火锅界成为"常青树"，那么就需要做到与时俱进，立足当下局势不断调整发展战略。

知识准备与业务操作

知识准备： 了解市场营销的核心概念，熟知不同的市场营销观念。

业务操作： 能够充分认识到市场营销与推销的差别，能够区分不同市场营销观念对企业经营活动的重要影响，具备一定的逻辑思维。

任务一 营销环境概述

一、营销环境的含义

营销环境是指在营销活动之外，能够影响营销部门建立并保持与目标顾客良好关系的能力的各种因素和力量。营销环境既能够提供机遇，也能造成威胁。营销活动要以环境为依据，企业要主动地去适应环境；企业可以了解和预测环境因素，不但主动地适应和利用环境，而且通过营销努力去影响外部环境，使环境有利于企业的生存和发展，有利于提高企业营销活动的有效性。因此，重视研究市场营销环境及其变化，是企业营销活动的最基本课题。

市场营销环境是一个不断完善和发展的概念。在20世纪初，工商企业仅将销售市场作为营销环境；到20世纪30年代以后，又把政府、工会、竞争者等对企业有利害关系者也看作营销环境因素；进入60年代以后，进一步把自然生态、科学技术、社会文化等作为重要的环境因素；随着政府对经济干预的加强，70年代以来，现代企业开始重视对政治、法律环境的研究。这个不断扩大的过程，国外称之为"企业的外界环境化"。可见，随着商品经济的发展，发达国家的企业已越来越重视对市场营销环境的研究。

营销环境由微观环境和宏观环境组成。微观环境是指与企业关系密切、能够影响企业服务顾客的能力的各种因素——企业自身、供应商、销售渠道、顾客、竞争对手及公众。宏观环境是指能够影响整个微观环境的广泛社会性因素——人口、经济、自然环境、技术、政治和文化因素。

二、营销环境的特征

(一) 客观性

企业总是在特定的社会经济和其他外界环境条件下生存、发展。这种环境并不以营销组织或个人的意志为转移,有自己的运行规律和发展特点。企业营销管理者虽然能分析认识营销环境,但无法摆脱环境的约束,企业的营销活动只能主动地适应和利用客观环境,不能改变或违背环境。只有客观地检测环境因素,才能减少营销决策的盲目和失误,赢得营销活动的成功。

(二) 动态性

营销环境总是处在一个不断变化的过程中,它是一个动态的概念。动态性是营销环境的基本特征。任何环境因素都不是静止的、一成不变的。相反,它们始终处于变化甚至是急剧的变化之中。例如,顾客的消费需求偏好和行为特点在变,宏观产业结构在调整等。企业必须密切关注营销环境的变化趋势,以便随时发现市场机会和预测可能受到的威胁。

(三) 相关性

市场营销环境是一个系统,在这个系统中,各个影响因素是相互依存、相互作用和相互制约的。这是由于社会经济现象的出现往往不是由某一单一因素所能决定的,而是受到一系列相关因素影响的结果。例如,价格不仅受到市场供求关系的影响,还受到科技进步及财政金融政策的影响。因此,要充分考虑企业各种因素间的相互作用。

(四) 差异性

营销活动的差异性,不仅表现为不同的企业受不同环境的影响,而且表现为同一种环境因素的变化对不同企业的影响也是不同的,更表现为同样的环境因素在同一企业的不同发展阶段,其影响也是不同的。例如,不同的国家、民族地区之间在人口、经济、社会文化、政治、法律、自然地理等各方面存在广泛的差异,这些差异对企业营销活动的影响显然是不同的,企业应根据自身行业的特点、竞争范围等因素采取相应的对策。

图 3-1 市场营销环境的特征

三、企业市场营销与市场营销环境

(一) 企业须善于分析环境

它的意义在于提高企业对于环境的适应性。现代管理学中所阐明的"组织—环境适应理论"指出,任何组织都必须与环境相协调,否则,企业将面临被淘汰的危险。这是因为以下两个方面。

1. 环境给企业带来威胁

营销环境中会出现不利于企业生存和发展的因素,由此形成挑战。如果企业不采取相应的规避风险的措施,威胁会导致企业营销的困难。为保证企业的正常运行,企业应能及时预见环境威胁,将危机减小到最低程度。

2. 环境给企业带来机会

营销环境在变动中也会形成对企业有吸引力的领域,这就给企业带来了发展的机会。对企业来讲,环境机会是开拓营销新局面的重要基础。当环境机会出现的时候,企业应善于捕捉和把握,以促进企业的发展。正因为环境制约着企业的营销,所以企业与所处的环境应该是相互协调、相互适应的。

(二)发挥企业营销主动性

企业营销活动必须与所处的直接环境和间接环境相适应,但是企业在环境面前也绝不是无能为力地被动适应,应该采取积极主动的态度,制定一系列营销策略去影响环境。菲利普·科特勒在20世纪80年代提出的"大市场营销"观念,就是指导企业以积极的姿态去影响和改变环境,以争取主动权。"大市场营销"观念认为,企业针对贸易保护主义,为了进入特定的市场,必须协调地运用心理的、政治的、经济和公共的手段,和其他国家或地区达成有关方面的合作,使企业能顺利进入壁垒很高或封锁很严的市场。

(三)从环境中获取企业营销的资源

营销环境不但是企业营销的制约因素,而且是企业营销赖以生存的条件。企业营销活动所需的各种资源,如资金、信息、人才与资源,都需要在环境的许可下取得,企业生产经营的产品或服务也需要环境的接纳。所以,分析研究营销环境因素是企业制造营销战略和策略的前提和基础。

任务二 微观营销环境

一、供应商

供应商是指为企业及其竞争者提供生产产品和服务所需资源的企业或个人。提供的资源主要包括原材料、设备、能源、劳务、资金等,这些资源的变化直接影响到企业产品的产量、质量以及利润,从而影响企业营销计划和营销目标的完成。

供应商对企业营销活动的影响主要表现在以下几个方面。

(一)供应的稳定性

原材料、零部件、能源及机器设备等货源的保证,是企业营销活动顺利进行的前提。例如,葡萄酒厂不仅需要葡萄等原料来进行酿造加工,还需要具备设备、能源等其他生产要素,任何一个环节的供应出现了问题,都会导致企业的生产活动无法正常开展。

(二)供应的价格

供应物资的价格变动会影响企业的生产成本的变化,如果供应商提高原材料价格,生产企业亦将被迫提高其产品价格,由此可能影响到企业的销售量和利润。

（三）供应物资的质量

供应物资的质量直接影响企业产品的质量,进一步会影响销售量、利润及企业信誉。

（四）供应时间和履约程度

供应方的物资货源在时间上和连续性上要得到切实保证,防止因断档而延误企业的正常生产。

二、企业内部

企业开展营销活动也要充分考虑企业内部的环境力量。企业内部设立了行政、财务、研发、采购、生产、营销、物流等诸多部门,营销部门又由品牌、管理、营销研究人员、广告及促销专家、销售经理及销售代表等组成。

企业营销部门与企业业务部门之间既有多方面的合作,也存在争取资源方面的矛盾。所以在制订营销计划、开展营销活动时,必须考虑到与企业其他各部门的合作和协调。由于营销管理系统内部所肩负的职能各不相同,财务营销高层管理行政系统内的各部门也要协调一致,服务于营销目标。现代企业管理中没有协调就难以避免内部摩擦与消耗,因此,如何通过内部有效沟通,协调好企业各职能部门和营销管理系统的内部关系,就成为营造良好微观环境,实现营销计划的关键。

三、营销中介

营销中介帮助企业推广及分销产品,包括营销中间商、服务代理商、实体分配企业以及金融机构等。

（一）中间商

营销中间商是指协助销售、分配产品至最终顾客的企业,如代理商、经销商等,它们直接向企业取货,利用自身已经建立的销售机制,将产品推销给下一级消费者。中间商对企业产品从生产领域到消费领域的流通具有极其重要的影响。企业要选择合格的中间商,在建立合作关系后,要随时了解和掌握其经营活动,并采取一些激励性措施来推动其业务活动的开展,而一旦中间商不能履行其职责或市场环境变化时,企业应及时终止与中间商的关系。

（二）服务代理商

服务代理商指广告公司、广告媒介经营公司、市场调研机构、市场营销咨询企业、财务代理、税务代理等专门提供各种营销服务的企业。它们协助企业确立市场定位,进行市场推广。一些大的集团公司往往有自己的广告和市场调研部门,而大多数公司一般以合同方式委托专业公司办理这些事务。服务代理商服务质量的好坏直接影响到企业的营销活动效果。

（三）实体分配企业

实体分配企业是指担任仓储、运输活动的物流机构,它们协助制造企业将产品实体运往销售目的地,完成产品空间位置的移动,到达目的地之后,还有一段待售时间,还要协助保管和储存。物流的安全性和方便性直接影响营销的质量。

（四）金融机构

金融机构包括银行、信贷、信托公司、保险公司等，企业应与这些公司保持良好的关系，以保证融资及信贷业务的稳定和渠道的畅通。

四、顾客

企业的营销活动应以满足顾客需要为中心，顾客是企业产品及服务的对象，也是影响企业营销的重要力量，任何企业的产品和服务，得到了顾客的认可就取得了市场。所以，分析顾客的心理，了解顾客对企业产品的态度是企业营销管理的核心。

一般来说，企业的顾客来自五种市场：① 消费者市场，指为满足个人或家庭消费需求购买产品及服务的个人和家庭；② 生产者市场，指为生产其他产品及劳务，以赚取利润而购买产品与服务的组织；③ 中间商市场，指购买产品及服务以转售，从而从中盈利的组织；④ 政府市场，指购买产品及服务以提供公共服务或把这些产品及服务转让给其他需要它们的人的政府机构；⑤ 国际市场，指国外购买产品及劳务的个人及组织，包括外国消费者、生产商、中间商及政府。

上述五类市场的顾客需求各不相同，要求企业以不同的方式提供产品和服务，它们的需求、欲望和偏好直接影响企业营销决策的制定。

五、公众

公众是指对企业完成其营销目标的能力有着实际或潜在利益关系和影响力的群体或人。公众对企业的态度会对企业的营销活动产生巨大的影响，它既可能有助于增强企业实现自己营销目标的能力，也可能妨碍这种能力的提升。所以企业必须采取一定的措施，成功地处理与主要公众的关系，争取公众的支持和偏爱，为自己营造和谐宽松的社会环境。

企业所面临的公众主要有以下几类。

（一）金融公众

金融公众主要包括银行、投资公司、证券公司、股东等，金融公众对企业的融资能力有重要的影响。

（二）媒介公众

媒介公众指的是报纸、杂志、电台、电视台等传播媒介，它们掌握传媒工具，有着广泛的社会联系，能直接影响社会舆论对企业的认识和评价。

（三）政府公众

政府公众指与企业经营活动有关的各级政府机构部门。企业在开展营销活动时必须认真研究政府政策方针与措施的发展变化情况，从中寻找企业营销的限制或机遇。

（四）社团公众

社团公众指与企业营销活动有关的非政府机构，如消费者组织、环境保护组织以及其他群众团体。企业营销活动涉及社会各方面的利益，来自社团公众的意见、建议对企业营销决策有着十分重要的影响。

（五）社区公众

社区公众指企业所在地附近的居民和社区团体。社区是企业的邻里，企业保持与社区的良好关系，为社区的发展做一定的贡献，会受到社区居民的好评，他们的好口碑能帮助企业树立好形象。

（六）内部公众

内部公众指企业内部的管理人员及一般员工。企业的营销活动离不开内部公众的支持。

六、竞争者

企业很少能够单独为某一顾客市场服务，它总会面对各种各样的竞争对手。企业的竞争对手不仅包括同行业竞争者，还包括非同行竞争者。从消费需求的角度，菲利浦·科特勒将企业的竞争者划分为以下四类。

（一）愿望竞争者

愿望竞争者指提供不同的产品以满足不同需求的竞争者。例如，消费者要选择一种万元消费品，他所面临的选择就可能有电脑、电视机、摄像机、出国旅游等，这时电脑、电视机、摄像机以及出国旅游之间就存在竞争关系，成为愿望竞争者。

（二）普通竞争者

普通竞争者指提供不同的产品以满足相同需求的竞争者。例如，面包车、轿车、摩托车、自行车都是交通工具，在满足需求方面是相同的，它们就是普通竞争者。

（三）产品形式竞争者

产品形式竞争者指生产同类但规格、型号、款式不同产品的竞争者。例如，自行车中的山地车与轻便车，男式车与女式车，就构成产品形式竞争者。

（四）品牌竞争者

品牌竞争者指生产相同规格、型号、款式产品但品牌不同的竞争者。以电视机为例，索尼、长虹、夏普等众多生产商之间就互为品牌竞争者。

上述四种不同的竞争者与企业构成了不同的竞争关系，企业在制定营销策略前必须先弄清竞争对手特别是同行业竞争对手的生产经营状况，做到知己知彼，才能有效地开展营销活动。

任务三　宏观营销环境

一、宏观营销环境分析概述

对外部宏观营销环境的分析通常会运用 PEST 分析和 PEST-LED 分析。其中，

PEST 分析是一种综合分析环境中的政治(Political)、经济(Economic)、社会(Social)与技术(Technological)四种因素的模型。在该模型的基础上,再将法律(Legal)、自然环境(Natural Environmental)和人口统计(Demographic)等因素归纳进来,就形成了 PEST-LED 模型。进行市场研究时,利用这类工具可以有条理地把不同组织的宏观营销环境中的不同因素展示出来。

二、政治环境

企业的政治环境是指企业市场营销的外部政治形势。概括而言,政治环境对一个组织营销活动的影响主要表现为政府制定的方针政策,如人口政策、能源政策、物价政策、财政政策、货币政策等。例如,国家通过降低利率来刺激消费的增长,通过个人所得税调节消费者收入的差异等,进而影响消费者的购买行为。如果涉及国际市场,还必须考察国际市场中对营销产生影响的各种因素。例如,国际的政治形势、企业母国与东道国之间的关系等。同时,还要注意不同国家干预外国企业在本国开展营销活动的政策,如进口限制、税收政策、价格管制、外汇管制等。

2017年,习近平总书记在联合国日内瓦总部的演讲中提出构建人类命运共同体的思想,这是中国面对全球局势不断变化、从全球人类共同利益和发展角度提出的中国方案。在这一整体方案的指导下,企业也应承担起社会责任,立足和平发展与合作共赢的主旋律,在推动中国经济发展的同时为世界发展提供新的契机。2020年,党的十九届五中全会通过了《中共中央关于制定国民经济和社会发展第十四个五年规划和二〇三五年远景目标的建议》,该建议指出:我国发展环境面临深刻复杂变化,一方面,企业面临新时代带来的前所未有的发展机遇;另一方面,国内外错综复杂的形势和日趋激烈的国际竞争也为企业发展带来了相应的挑战。对于国内企业而言,辩证地看待国内外政治经济形势的深刻变化,合理统筹利用好国际国内两个市场,提前洞察有利的市场机会与可能存在的危机,并努力化危机为先机,是其在新发展阶段应该具备的战略理念和发展能力。

三、法律环境

法律环境是指政府的法律法规及其他有关规定,特别是涉及企业市场营销活动的有关立法。在营销过程中,研究并熟悉企业所在地的法律环境,既有利于保证组织行为的合法性,也有助于运用法律手段保障组织自身权益。从法律环境对营销的影响来看,一方面,法律环境可能限制了市场营销人员的活动;另一方面,市场营销人员可以采取一定的措施,如利用行业协会,使法律环境朝着有利于本组织发展的方向转变。对从事国际营销活动的中国企业来说,不仅要遵守中国的法律法规,还要了解和遵守国外的法律制度和有关的国际法规,以确保制定切实有效的营销对策并在"走出去"的过程中获得成功。

以中国为例,"互联网+"模式带来了新兴业态和传统行业升级,为了进一步规范市场发展环境,国家陆续颁布了《互联网信息服务管理办法》《中华人民共和国网络安全法》《网络食品安全违法行为查处办法》等法律法规。再者,大数据等信息技术的发展强化了顾客信息和数据对企业成功开展营销活动的关键作用。基于此,有关顾客隐私保护的问题也愈发得到重视。2017年12月,国家发布了《信息安全技术个人信息安全规范》,明确提出企业收集、使用和分享用户个人信息的要求,并规定了企业落实用户个人信息控制权、制定隐私政策的责任。这一规范与网络安全法等法律法规相结合,在为企业合规开展市场营销活动指明方向的同时,也有利于顾客隐私的保护,为顾客更好地参与营销过程提供了制度保障。

需要指出的是,作为新发展阶段的主旋律,创新和绿色两大主题为国内企业的发展确立了明确的目标。相较于一般技术创新,绿色创新往往需要更多的资源投入且获利周期相对较长、风险相对较大。同时,绿色技术的溢出加剧了企业之间的竞争,在一定程度上阻碍了企业的持续创新投入。因此,企业必须明确:"创新是引领发展的第一动力,保护知识产权就是保护创新。"作为一种鼓励和规范创新行为的重要制度,构建完善的知识产权保护体系至关重要,有利于不断推动企业进行绿色创新,进而提升绿色消费观念,最终实现经济社会发展的全面绿色转型。党的十八大以来,我国更加重视知识产权保护工作并将其摆在突出位置,进而推出了一系列相关政策和行动,为企业开展创新活动和绿色产品营销构建了良好的市场环境。尤其是在数字化时代,一方面,需要在借鉴传统知识产权保护的基础上不断推动新领域、新业态的知识产权保护制度,以便优化市场环境和激发企业活力;另一方面,需要在产品创新和营销活动实践中,以社会主义核心价值观作为制度建设的基点,培育并践行以"诚信""公正""法治""平等"为核心的正确、积极的营销价值观,致力于营造健康的市场竞争。

四、经济环境

经济环境一般是指影响市场营销活动的经济因素,如收入与支出状况和经济发展状况等。

(一)收入与支出状况

1. 收入

(1)人均国内生产总值。一国的国内生产总值(GDP)反映了该国市场的总容量和总规模,人均 GDP 是对一个国家核算期内(通常是一年)实现的 GDP 除以这个国家的常住人口数得到的。人均 GDP 从总体上影响和决定消费结构与消费水平。

(2)个人可支配收入。个人可支配收入是指从个人收入中减除缴纳税收和其他经常性转移支出以后所剩余的实际收入,即能够用以作为个人消费或储蓄的数额。《中国统计年鉴 2022》相关数据显示,2021 年,我国城镇居民人均可支配收入为 47 411.9 元,农村居民人均可支配收入为 18 930.9 元,两者相差 28 481 元,差距较大。

(3)个人可任意支配收入。在个人可支配收入中减去维持生活所必需的支出后就是个人可任意支配收入,这是影响消费需求变化的最密切因素。《中国统计年鉴 2020》相关数据显示,2021 年,我国城镇居民人均全年消费支出为 30 307.2 元,农村居民人均全年消费支出为 15 915.6 元,两者差距较大。

2. 支出

支出主要体现在消费者支出模式和消费结构上,它在很大程度上受收入的影响。德国统计学家恩斯特·恩格尔曾经对英国、法国、德国和比利时等国家不同收入水平的家庭进行调查,发现工人家庭收入变化与各方面支出变化的比例关系具有规律性,这就是著名的恩格尔定律。其中,食物支出占总支出的比例称为恩格尔系数。一般认为,恩格尔系数越大,生活水平越低;恩格尔系数越小,生活水平越高。《中华人民共和国2021年国民经济和社会发展统计公报》显示,2021年中国居民恩格尔系数为29.8%。其中,城镇为28.6%,农村为32.7%。同时,消费者支出模式与消费结构不仅与消费者收入有关,而且受家庭生命周期所处的阶段和家庭所在地等情况的影响。例如,有子女和没有子女的年轻家庭的支出情况是不同的。类似的,所在地不同的家庭在住宅、交通和食品等方面的支出也有所不同。

3. 消费者储蓄与信贷

储蓄来源于消费者的货币收入,最终用于消费,其主要形式包括银行存款、购买债券或手持现金等。一般而言,较高的储蓄率会推迟现时的消费支出,加大潜在的购买力。另外,储蓄的增减变化会引起市场需求规模和需求结构的变化,从而对一个组织的市场营销活动产生影响。因此,只有把握消费者的储蓄动机,才能为消费者提供恰当的产品和服务,并成功诱发消费者的购买动机。此外,消费信贷使消费者可利用贷款先取得商品使用权,再按约定期限归还贷款,即消费者预先支出未来的收入提前消费,如支付宝推出的"蚂蚁花呗"、京东商城推出的"京东白条"以及网易考拉推出的"网易白条"等,改变了消费者以往的消费方式,创造了新的购买力。

(二)经济发展状况

一个组织的市场营销活动不仅受到一个国家或地区经济发展状况的制约,在经济全球化的条件下,还受到国际经济形势的影响。

1. 经济发展阶段

美国学者罗斯托将世界经济发展历程分为六个经济成长阶段,即传统社会阶段、起飞准备阶段、起飞阶段、成熟阶段、大众消费阶段和超越大众消费阶段。我国国家统计局发布的数据显示,2021年全年国内生产总值为1 143 669.7亿元。尽管增速有所放缓,但整体仍处于稳中有进的良好态势,是世界经济增长的主要动力源泉。不过,伴随着举世瞩目的成就,传统发展方式的不协调、不平衡与难以持续等问题日益突出,如内外需求与消费之间的关系不协调,城乡区域发展不平衡和居民收入差距扩大,资源消耗中污染物排放量高,生态环境压力日益增大,服务业发展滞后和产业结构不合理等,这些问题都在一定程度上反映了中国经济发展的阶段性特征。目前,我国作为世界第二大经济体,正在成为拉动世界经济增长的最大引擎。我国正积极发展新兴产业,这不仅可以创造市场需求,而且将为全球经济复苏做出贡献。

2. 经济形势

2008年的全球金融危机已过去十多年,世界经济开始触底回升,整体呈温和增长态势,但增长动能有所放缓且存在下行风险。尤其2020年新型冠状病毒感染疫情暴发,对全球产业链和供应链造成巨大冲击,国际经济经济增速大幅减弱,整体持续衰退。再来看我国,经济运行整体上保持稳中有进的发展态势。一方面,自改革开放以来,我国积极顺应经济全球化态势,通过实施出口导向型发展战略,鼓励企业走出去,参与全球价值链分工,实现了经济的有效增长。"一带一路"倡议的实施,为中国经济新一轮发展注入了动力,进一步提升了国家对外开放水平,这无疑给企业的市场营销带来了新的契机。另一方面,全球贸易摩擦、逆全球化危机等也给中国企业的发展带来了巨大挑战和阻碍。面对外部市场环境带来的不确定性和挑战,我国经济发展战略也开始从出口导向转向扩大内需。供给侧结构性改革的提出、推进和深化,提升了经济的供给质量,有效改善了国内市场的供需关系。在国内市场规模和潜力不断提升、经济平稳健康发展的态势下,党的十九届五中全会提出"加快构建以国内大循环为主体、国内国际双循环相互促进的新发展格局",完善并部署了"十四五"和未来更长时期我国经济发展的整体战略。在这一新发展格局下,企业应及时调整营销战略,合理布局国内国际两个市场,抓住新发展阶段带来的机遇。再者,党的十八大以来,伴随着我国将"实现全体人民共同富裕"的宏伟目标放在了更加重要的位置上,脱贫攻坚战不断推进并取得全面胜利。在脱贫攻坚实践中,国内企业积累了一系列营销实践经验。对于企业,尤其是国有企业而言,应该在现有理论认知和实践经验之上,继续承担起巩固脱贫成果的时代责任,结合企业自身特色,创新与贫困地区产业发展融合的方式,采取特色营销活动,推动电商扶贫和旅游扶贫等新业态的不断发展,实现更加稳固、持续的脱贫效果,助力全体人民共同富裕目标的实现。

五、社会文化环境

社会文化环境是指社会的特征以及影响价值和利益的社会文化等因素。无论是在国内市场还是国际市场,营销人员都必须了解当地居民的风俗习惯、信仰和价值观等,这些因素不但影响人们的需求,而且会影响人们对一个组织的营销活动的反应。社会文化是指一个社会的民族特征、价值观念、生活方式、风俗习惯、伦理道德、教育水平、语言文字、社会结构等的总和(见图3-2)。社会文化内容十分广泛,主要由两部分组成:一是全体社会成员所共有的基本核心文化;二是随时间变化和外界因素影响而容易改变的社会次文化或亚文化。人类在某种社会中生活必然会形成某种特定的文化,不同国家、不同地区的人民,不同的社会与文化,代表着不同的生活模式。这种差异对企业营销的影响极为复杂,有时甚至可能成为某次营销活动成功或失败的关键。因此,对于市场营销人员来说,社会文化环境是又一个不可忽视的重要因素。

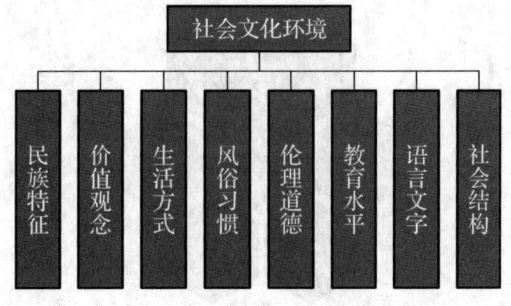

图3-2 社会文化环境的主要内容

(一)语言

语言是人类重要的交际工具,也是不同文化间最明显的标志。要想进入某个市场就必须掌握市场所在地区的语言,通过用当地语言交流,向顾客介绍自己的产品和服务,了解顾客的需求,来刺激顾客的购买欲望。例如,美国百事可乐公司著名的广告语"Come alive with Pepsi"被译成德文后是"从坟墓中复活";美国通用汽车公司的雪佛兰品牌车"神枪手"的英文"NOVA"译成西班牙语成了"跑不动"的意思。如果不懂当地语言,不能做出正确的翻译,就会严重影响营销效果。

(二)价值观

价值观念的不同,对人们的消费行为、消费方式也会产生重大影响。例如,在西方国家中,许多人的价值观念是"能挣会花",用明天的钱追求今天的享受。因此,分期付款、赊销等形式在西方国家非常通行,人们普遍习惯于借债消费;而中国人多数崇尚"节俭",消费原则是"量入为出",不习惯于借债消费。当然,价值观除了与传统文化有关,还要受到社会发展程度的影响,但不论怎样,价值观念影响着消费者的目标选择和购买决策。因此,企业营销活动过程中,如在产品的设计、造型、颜色的选择、广告、推销方式等方面都应充分考虑不同的价值观念的重要影响,采取不同的策略。

(三)宗教信仰

不同的宗教信仰有不同的文化倾向和戒律,其影响人们的生活方式、价值观和行为准则,影响人们的消费行为,带来特殊的市场需求,与企业的营销活动有密切的关系。特别是在一些信奉宗教的国家和地区,宗教信仰对市场营销的影响力更大。

(四)风俗习惯

风俗习惯是人们根据自己的生活内容、生活方式和自然环境,在一定的社会物质生产条件下长期形成,并世代相袭而成的一种风尚和由于重复、练习而巩固下来并变成需要的行动方式等的总称。如图3-3所示,它在饮食、服饰、居住、婚丧、信仰、节日、人际关系等方面,都表现出独特的心理特征、伦理道德、行为方式和生活习惯。不同的国家、不同的民族和地区有不同的风俗习惯,它对消费者的消费嗜好、消费模式、消费行为等具有重要的影响。企业营销者应了解和注意不同国家、民族和地区的消费习惯和爱好,做到"入境随俗"。可以说,这是企业做好市场营销尤其是国际营销的重要条件,如果不重视各个国家、各个民族之间的文化和风俗习惯的差异,就可能造成难以挽回的损失。

图3-3 风俗习惯涉及的主要内容

六、技术环境

科学技术是第一生产力,科技的发展会对经济发展产生巨大影响。一般来说,技术不仅会直接影响组织内部的生产和经营,还会通过与其他环境因素的相互作用对营销活动产生有利或不利的影响。具体来看,一种新技术的应用可以为企业创造前所未有的利益,但也可能会迫使企业放弃传统产品,甚至完全退出市场。当然,新技术的应用也会引起企业市场营销策略的变化以及企业经营管理的变化,甚至会改变消费习惯。在这方面,互联网技术的出现是很好的例证。互联网技术的发展颠覆了传统的商业形态、商业模式和商业逻辑,互联网+零售、餐饮、教育、旅游、医疗、交通等喷涌而出,这种大融合打破了产业间原有边界和壁垒,重新定义了产品和服务、经营业态和商业模式,蕴含着无穷无尽的商业机会。2018年12月,新型基础设施(简称新基建)这一概念被首次提出。从狭义角度来看,新基建主要强调对以5G、人工智能、云计算、物联网、工业互联网等为代表的数字基础设施的投资建设。显然,新基建是布局并推动数字经济发展的基础保障和关键动力,有利于实现我国经济的高质量发展和企业的数字化转型。可以说,新基建的推动离不开企业的创新实践,同时也为企业构建竞争优势和实现可持续发展带来了新的机遇,越来越多的企业开始尝试数字平台企业的转型实践。新技术是一股可以给市场营销环境带来巨大变化的力量,企业必须随时关注其发展动向,以便在激烈的市场竞争中站稳脚跟。在数字经济时代,大数据、云计算、人工智能、物联网、区块链等数字化技术不断发展,对企业的营销实践产生了深远的影响。基于已有学术研究和企业营销实践,应用在市场营销方面的数字化技术主要包括以下五个方面:人工智能技术(以数字或机器人形式呈现)、应用于医疗保健的技术(如基于物联网的可穿戴设备、传感器等)、会话代理和聊天机器人、移动互联网和社交媒体以及店内零售技术(如增强现实、虚拟现实、智能显示器等)。对企业而言,数字化技术是一把"双刃剑",一方面,企业可以基于对顾客消费数据的分析来改善顾客体验,提升顾客满意度;另一方面,大数据分析带来的信息安全和潜在隐私风险也会增加对顾客的影响。

(一)对顾客的影响

技术对顾客的影响并不只限于为其带来多种多样的差异化的产品和服务。更重要的是改变了顾客的消费模式。举例而言,移动互联技术的应用打破了营销渠道的壁垒,企业和消费者可以全渠道(购物渠道的多样化,线上、线下和线上+线下的渠道融合),甚至全天候(购物的随时性)、全频道(购物的随地性,消费者可以在任何场景完成购物)地完成交易,如苏宁打造的24小时不打烊的实体+互联网超市,同时满足了消费者线上和线下的购物需求。移动支付以及商品数字化、二维码技术的发展不断丰富交易方式和手段,如消费者在实体店购买一件商品后,可以在手机、电脑等智能终端设备上通过扫描二维码,借助支付宝、微信钱包、QQ钱包、京东闪付等方式完成支付。

在数字化时代,消费者已从被动接受产品营销转变为在市场经济中占据主导地位。因此,企业需要确立真正的顾客导向,将"以顾客为中心"的思维贯穿经营活动的始终。另外,企业还应该在条件允许的情况下,在价值创造与交付的任何一个环节都尽可能地把顾客纳入其中。随着社交媒体(如微博、微信、在线社区等)的不断发展,营销人员越来越重视通过社交媒体平台来增加顾客的参与。以小米为例,通过建立小米社区,用户可以参与到产品的研发和设计过程中,随时反馈自己对产品的使用意见。小米可以此为依据,持续更新手机产品和服务,抓住无数"发烧友"的心。

(二)对企业营销管理的影响

科学技术进步给企业营销管理带来的影响越来越大。例如,大部分产品的生命周期明显缩短,这促使企业必须加快新产品的研发速度,并努力跟进适当的营销措施。企业要懂得如何利用现有资源在快节奏的生活环境下捕捉顾客需求并迅速转化为生产力。

数字化时代,顾客在消费产品和服务的同时,也在时刻生成大量的数据信息。借助数字化技术,企业能够更为有效地分析并运用所获取的顾客数据,通过对顾客进行高效、精准的定位,为其提供更好的产品或服务,满足个性化需求,而这也是大数据、人工智能等数字化技术为企业带来的最显著的价值体现。再者,从企业内部来看,通过使用数字化技术(如社交媒体),内部沟通得到显著改善。营销管理者和相关部门能够快速捕捉新市场需求并迅速感知可能的市场风险,从而有助于企业更好地开发新的产品和服务,拓展新的顾客和市场。

诚然,数字化技术有助于企业基于顾客需求来增强产品和服务,改善整体顾客体验,但其对企业营销实践带来的负面影响也不容忽视。以大数据技术的应用为例,一方面,随着社交媒体的增多,企业和顾客的互动渠道越来越丰富,使得企业借助大数据技术除了获取顾客的交易行为数据外,还能获得有关顾客在微博、微信、抖音等平台上的社交行为数据。这些不同类型、不同渠道的海量顾客数据会增加企业处理和分析数据的难度以及数据管理的成本。同时,如何确保所获得的数据的真实性和安全性也是企业进行数据分析面临的挑战。另一方面,借助数字化技术广泛访问、获取和使用顾客的个人信息会增加顾客的隐私担忧。已有研究表明,顾客会将个人信息披露的后果与企业提供的价值进行权衡,只有当感知到的收益超过感知到的成本时,顾客才愿意主动提供个人信息。否则,顾客可能会提供虚假信息,或者当感知到个人信息泄露或被非法使用时,会引发顾客一系列的消极反应,如拒绝点击商品广告、负面口碑传播影响商家等。因此,如何以合理、透明的方式收集和使用顾客数据,增加顾客在消费过程中对个人信息的感知控制权,进而消除顾客的担忧,是数字化时代企业进行营销管理要解决的关键问题。

七、自然环境

自然环境主要是指自然资源因素,包括矿物和动物群体、自然界的其他方面以及生态系统的变化等。对自然资源的利用会对当地的营销活动产生深远的影响。例如,石油矿藏丰富的地区可能会致力于煤油和石蜡等相关产品的生产和销售。当然,有利的自然环境对营销活动的开展是有益的,不利的自然环境会阻碍组织的营销活动。因此,既然营销活动受到自然环境的影响,那么管理者就对自然环境负有一定责任。例如,当前的全球自然环境面临资源短缺和环境污染严重等问题,这已经引起国际社会的广泛关注,唤起了人们的生态环境保护意识,许多国家政府对自然资源管理的干预日益加强。在这一大背景下,越来越多的组织担负起社会责任,努力开展生态营销或绿色营销,引导公众可持续消费。这既是维护世界人民长期福利的必然要求,也是企业获得成功的必然选择。

八、人口统计特征信息

人口统计特征信息主要指从人口数量、年龄、性别、种族、收入、受教育程度、职业和家庭结构等方面测量人口特征的数据,是了解社会特征的关键环节。显然,人口统计特征信息的获取有助于预测未来,如果加以利用,一个组织往往可以从中极大获益。具体而言,人口状况的变化对人们的购买选择和购买数量都有重大影响,各地市场的人口数量、具体构成和分布情况也会对营销产生影响。因此,深入观察社会人口的变化往往可以帮助管理者和投资者准确进行目标市场的定位,从而适应市场的变化。所以,对人口统计特征的探究有助于营销人员开展营销工作和做出正确的营销决策。

(一)人口规模与增长速度

相关数据显示,目前,全世界人口总数约为 76 亿人。我国人口总数位列全球第二,约为 14 亿人,美国、印度尼西亚和巴基斯坦分别位列第三、第四和第五。从某种程度上说,我国是世界上最大的消费市场之一。

(二)人口结构与家庭结构

人口结构决定了消费结构,人口结构的变动也决定了消费结构的变动。美国人口学家曾经依据出生年代的不同,把美国人口划分成三个主要的世代,即生育高峰的一代、X世代和新新人类。很多美国知名企业成功抓住了社会人口结构变化的契机,及时调整营销战略,获得了成功。

《中国统计年鉴 2020》抽样调查数据显示,2019 年我国 65 岁以上的抽样人口约占总抽样人口的 12.6%。按照联合国的标准,如果 65 岁以上老人占总人口的 7%,即视该地区进入老龄化社会。由此可见,我国已步入老龄化社会的初期,80 后、90 后逐渐成为社会的主导力量。在企业的营销活动中,要仔细甄别年龄结构带来的差异,巧妙、准确地定位目标市场,只有这样才能获得成功。在我国,针对老年人的市场开拓才刚刚开始,老年特色旅游、老年医疗保健、老年养老护理、老年教育等市场的潜力巨大,有待深入激发。

由于家庭是商品购买消费的基本单位,所以家庭结构是营销活动的重要影响因素之一。目前,大家族式的家庭已慢慢消失,取而代之的是小型化的家庭模式。这种家庭模式带来了家政服务等方面的强大需求,为企业提供了巨大的市场机会。

任务四 营销环境分析方法

市场营销环境是一个多因素、多层面而且不断变化的综合体。现代营销学认为,企业经营成败的关键,在于企业能否适应不断变化着的市场营销环境。如果企业不能很好地适应外界环境的变化,则很可能在竞争中失败,从而被市场所淘汰。所以,企业应在充分收集各种市场信息的基础上,认真分析所处环境,通过对内部环境要素积极主动地调整与控制,能动地去适应外部环境;同时,通过对外部环境施加一定的影响,最终促使某些环境因素向预期的方向转化。

一、营销环境的 SWOT 分析

SWOT 分析是市场营销环境分析中常用的方法,又称态势分析法,20 世纪 80 年代由美国旧金山大学的管理学教授韦里克提出,S(Strength)代表优势,W(Weakness)代表劣势,O(Opportunity)代表机会,T(Threat)代表威胁,通过 SWOT 分析,企业可以分清自身优势与劣势,识别环境机会与威胁,更好地把握市场营销环境。

(一) 外部环境分析

机会和威胁是外部环境变化的两大趋势。环境机会是指对企业营销活动有利的、能够促进企业营销活动发展的因素;环境威胁则是指对企业营销活动不利或限制企业营销活动发展的因素。市场营销环境中总是机会与威胁并存,营销者要多方位考察营销环境,弄清机会、威胁以及可能带来的影响,从而对外部环境做出准确的判断。

1. PEST 分析法

PEST 分析是指社会环境的分析,P 是政治(Political System),E 是经济(Economic),S 是社会(Social),T 是技术(Technological)(见图 3-4)。在分析一个企业集团所处的背景的时候,通常是通过这四个因素来分析企业集团所面临的状况。

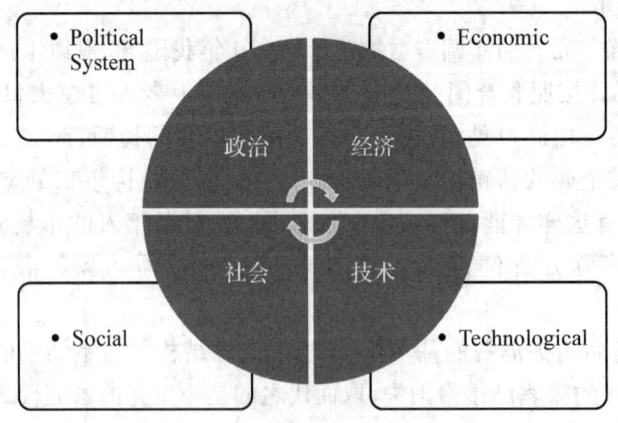

图 3-4 PEST 分析法的主要内容

2. 五力分析法

行业环境分析可用五力分析法。五力分析模型是迈克尔·波特(Michael Porter)于 20 世纪 80 年代初提出,可以有效地分析行业的竞争环境。五力分别是:供应商的讨价还价能力、购买者的讨价还价能力、潜在竞争者进入的能力、替代品的替代能力、行业内竞争者现在的竞争能力(见图 3-5)。五种力量的不同组合变化最终影响行业利润潜力变化。

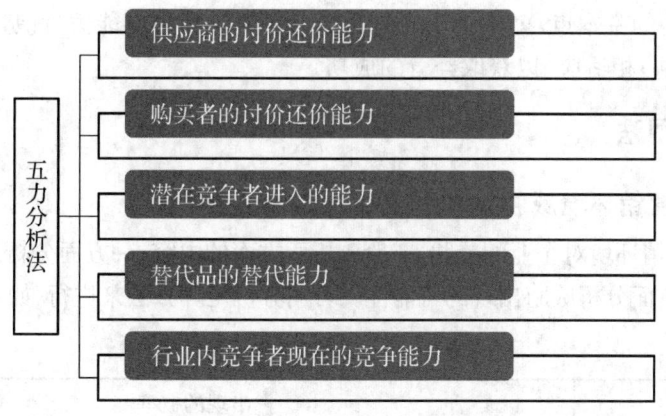

图 3-5 五力分析法的主要内容

(二) 内部环境分析

和机会与威胁不同,优势与劣势的分析着眼于企业自身,重点是企业内外部各种条件的分析与竞争对手的比较。优势即一个企业超越其竞争对手的能力,它包括一个企业或其产品有别于其竞争对手的任何优越的东西,如品牌质量、服务、企业形象等。劣势则是指企业与竞争对手相比较的不足之处。明确了自身的优劣势,才能扬长避短,更好地开展营销活动。

(三) 应采取的对策

SWOT 分析作为选择和制订战略的一种方法,它提供了四种战略,即 SO 战略、WO 战略、ST 战略和 WT 战略,如表 3-1 所示。

表 3-1 SWOT 分析矩阵表

外部因素	内部因素	
	优势	劣势
机会	SO 战略	WO 战略
威胁	ST 战略	WT 战略

SO 战略:依靠内部优势去抓住外部机会的战略。如一个资源雄厚(内部优势)企业发现某一国际市场未曾饱和(外部机会),那么它就应该采取 SO 战略去开拓这一国际市场。

WO 战略:利用外部机会来改进内部劣势的战略。如一个面对计算机服务需求增长(外部机会)的企业,却十分缺乏技术专家(内部劣势),那么就应该采用 WO 战略培养自己的技术专家,或购进一个高技术的计算机企业。

ST 战略:利用企业的内部优势去避免或减轻外部威胁的打击。如一个企业的销售渠道(内部优势)很多,但是由于各种外部限制又不允许它经营其他商品(外部威胁),那么就应该采取 ST 战略,走集中型、多样化的道路。

WT 战略:直接克服内部劣势和避免外部威胁的战略。如一个质量差(内部劣势)、供应渠道不可靠(外部威胁)的企业就应该采取 WT 战略,强化企业管理,提高产品质量,稳定供应渠道,或走联合、合并之路以谋求生存和发展。

SWOT战略的基本点,就是企业战略的制定必须使其内部能力(优势和劣势)与外部环境(机会和威胁)相适应,以获取经营的成功。

二、矩阵图法

(一)分析营销环境威胁

研究市场营销环境对企业的威胁,一般分析两方面的内容,一方面分析威胁对企业影响的严重性,另一方面分析威胁出现的可能性。可用分析矩阵方法来进行,如表3-2所示。

表3-2 威胁分析矩阵表

威胁的严重性	出现的概率	
	高	低
高	I	II
低	III	IV

第I象限内,环境威胁的严重性高,出现的概率也高,表明企业面临严重的环境危机。面对危机,企业应处于高度戒备状态,积极采取相应的对策,避免威胁造成的损失。例如,污水排放量很大的造纸厂在国家政府提倡环境保护而限制排污量的时候,企业面临的环境威胁就很大了,甚至面临倒闭的危险。对此,企业就需要转变经营策略,或者把污水治理外包给污水处理公司,或者工厂自己加大其治污力度。

第II象限,环境威胁严重性高,但出现的概率低。企业不可忽视,必须密切注意其发展方向,制定相应的措施准备面对,力争将危害降低。这种情况也有,例如,流行性病毒对于餐饮行业的打击是惨重的,这样的病毒出现的时候,餐饮行业只能选择加大消毒和宣传力度或者是创新,否则只能关门。但是,这种情况出现的概率是很低的。

第III象限,营销环境威胁影响程度小,但出现的概率高。虽然企业面临的威胁不大,但是,由于出现的可能性大,企业也必须充分重视。这样的情况也经常见到。

第IV象限,环境威胁严重性低,出现的概率也低。在这种情况下,企业不必担心,但应注意其发展动向。这样的情况很多,也有很大一部分情况是随机的,所以企业不能一有风吹草动就草木皆兵,这样不仅使企业员工和消费者无所适从,也会使得企业丧失很多机会。

(二)分析环境机会的方法

研究营销环境机会应从潜在的吸引力和可能性两方面进行分析。分析的矩阵图,如表3-3所示。

表3-3 机会分析矩阵图

机会的吸引力	成功的可能性	
	大	小
大	I	II
小	III	IV

第Ⅰ象限营销的机会,机会潜在吸引力和成功的可能性都很大,表明营销机会对企业发展有利,同时,企业有能力利用营销机会。企业应采取积极的态度,分析把握。比如说,当 Sars 来临时,导致板蓝根、84 消毒液和纱布都供不应求,则很多销售板蓝根、84 消毒液和纱布的商家就面临很大的机遇,而且成功的把握很大。企业就可以利用这次机会实现短期利润的增长。

第Ⅱ象限营销的机会,机会潜在吸引力很大,但是可能性很小,说明企业暂时还不具备利用这些机会的条件,应当放弃。面临国人对健康的追求和渴望,企业可以开发出保健功能的产品,这对企业无疑是有很大潜在吸引力的,但对有的企业来说实现的可能性太小。这时,企业就应该好好分析当前的形势,尤其要注意企业的微观条件是否能够支持。

第Ⅲ象限营销的机会,机会潜在吸引力很小,成功的可能性大,虽然企业有利用机会的优势,但不值得企业去开拓。这样的情况很多,比如说更换或改进产品的包装会对消费者形成新的刺激,但这种刺激的程度往往是有限的,虽然说成功的可能性很大,但要考虑成本和收益的比较。

第Ⅳ象限营销的机会,机会潜在吸引力很小,成功的可能性也小,企业应当主动放弃。面对这种情况,企业就应该有所取舍了。

找出主要环境因素后,还必须确定其重要程度。因为并不是所有的市场威胁因素对企业的威胁程度都一样,也不是所有的市场机会对企业都具有同样的吸引力。因此,企业可以用市场"威胁—机会"矩阵图加以分析、评价(见表 3-4)。

表 3-4 威胁机会综合分析矩阵图

机会的吸引力	威胁水平	
	低	高
高	Ⅰ	Ⅱ
低	Ⅲ	Ⅳ

营销环境带来的对企业的威胁和机会是并存的,威胁中有机会,机会中也有挑战。

第Ⅰ象限为理想业务。这类企业机会水平高,威胁水平低,说明企业有非常好的发展前景。这样的企业是很少的,比如说面对全球环境保护声音的提高,绿色企业就成了理想企业,它们前期投入很大的人力、物力在这方面,就可以在有这种门槛出现的时候最先满足条件从而进入市场,占取先机。针对这样的要求,那么企业就应该往这方面发展,这样就会迎来比较宽松的环境和广阔的前景,而不会被绿色壁垒等所限制。

第Ⅱ象限为冒险业务。这类企业机会水平和威胁水平都高。也就是说,在环境中机会与挑战并存,成功和风险同在,因此,这类企业应抓住机会充分利用,同时制定避免风险的对策。

第Ⅲ象限为成熟业务。这类企业机会和威胁水平都低,说明企业发展的机会已经很少,自身发展潜力也很低,企业应该研究环境营造的新机会,进一步开拓,否则,将影响企业的生存。这样的企业有很大一部分集中在大企业身上,比如我国的服务行业、服装行业、工艺品行业等劳动密集型行业,都已经形成了比较完备的格局了,一般情况下,不会面临很大的威胁和机会。

第Ⅳ象限为困难业务。这类企业面临较大的环境威胁,而营销机会也很低,这种企业如果不能减少环境威胁将陷入经营困难的境地。譬如说在绿色经济的呼声中,污染大的企业就很可能成为困难企业。

(三) 企业营销对策

市场营销环境变化给企业营销带来的影响是多样、复杂的,企业应持全面、具体的评价原则,对影响企业营销的相关环境及其权重做出准确评析,并在环境分析与评价的基础上对威胁与机会水平不同的各种营销业务分别采取不同的对策。

对理想业务,应看到机会难得,甚至转瞬即逝,必须抓住机遇,迅速行动;否则,丧失战机,将后悔不及。

对冒险业务,面对高利润与高风险,既不宜盲目冒进,也不应迟疑不决,坐失良机,应全面分析自身的优势与劣势,扬长避短,创造条件,争取突破性的发展。

对成熟业务,机会与威胁处于最低水平,可作为企业的常规业务,可以维持企业的正常运转,并为开展理想业务和冒险业务准备必要的条件。

对困难业务,要么是努力改变环境,走出困境或减轻威胁,要么是立即转移,摆脱无法扭转的困境。

分析评价市场营销环境,目的是为了制定应变对策。由于各个企业的具体情况不同,在同样的市场营销环境变化中,应变对策也不能一样,因此很难确定一种固定模式。这里仅根据威胁与机遇两种情况,为企业适应环境变化,选择合理的对策提供几种思路供参考。

1. 应付环境威胁的对策

一是促变。即企业采取措施抑制或扭转不利因素的发展,化不利为有利,促进环境因素转变。例如,因木材资源减少,威胁到木器加工企业的生产,企业可主动与林业部门联营,实现林业生产—木材供应—木器生产一条龙。木器加工企业扶植林业生产,增加木材资源供应,就是一种促变对策。二是减轻。立即主动调整营销计划,改变经营战略,去适应市场环境变化,减轻环境威胁的严重程度。例如,面临木材资源短缺的企业,可以改进木材加工工艺,增用辅料或代用材料,减少木材消耗;也可以开展综合利用,提高木材利用率,以减轻资源短缺带来的困难。三是转移。即企业抽出部分资金转移到其他部门,实行多元化经营;也可以全部转产,或者全部采用新材料代替木材作为原材料;等等。

2. 把握市场机会的对策

一是准确把握时机选择。如果看准了市场环境趋势,就应当机立断,尽早做出决策,不能等到停工待料时,再去寻找市场机遇。二是慎重行事。美国著名市场学学者西奥多·李维特曾告诫企业家们,要小心地评价市场营销机会。他说:"这里可能是一种需要,但是没有市场,或者这里可能有一个市场,但是没有顾客;或者这里可能有顾客,但目前实在不是一个市场。"他的告诫说明,机会决策必须准确地预测市场需要和估价企业的能力,不然从表象出发,难免导致决策失误。三是逐步到位。实施决策应分步骤、边试验、边总结,以进一步摸清市场环境,然后全面实施。

 知识拓展

"知乎"是一个基于专业生成内容(Professional Generated Contend,PGC)和用户生成内容(User Generated Content,UGC)的知识回答社区,这里连接了各行各业的精英,分享彼此的专业知识、经验、见解,为中文互联网源源不断地提供高质量的信息。根据知乎官方网站统计,截至2021年,在知乎上已经有超过4 000万名答主,全站问题总数超过5 500万个,回答总数超过2.5亿条。目前,知乎已经覆盖问答社区、会员服务体系"盐选会员"、搜索、热榜等一系列产品和服务,并建立包括图文、视频、直播等在内的多元媒介形式。通过多年的积累和实践,知乎逐渐建立起自身的整合营销方式,从多角度实现了知识变现和平台的营业收入。知乎整合营销的特点之一是:具象与抽象相结合,整合品牌形象。就具象元素而言,个性化的视觉符号是识别品牌的首要条件。知乎图标以蓝色作为主基调,给人以镇静、理性之感,是"知识海洋"的精神表征。从品牌图形上看,知乎的吉祥物是"知乎吉祥物设计大赛"中募集而得的北极狐——刘看山,刘看山以呆萌、亲和的形象深得人心,它被用户亲切地称为"知乎的刘看山"。知乎的品牌代言人采用赫本、海明威、毕加索、薛定谔四位分别在演艺界、文学界、美术界、科学界卓有成就的名家,促使大众形成"知乎——广而认知"的品牌认知。知乎的核心优势在于其区别性的社区定位,围绕"知识、经验、见解"等优质内容的分享,通过问答、专栏、知乎圆桌等方式引起用户参与讨论。不同于微信公众号封闭式的内容分发,知乎更开放,所以知乎上大多数自媒体都将知乎的流量导入公众号。同时,用户可以通过点赞、评论、转发等互动方式增强参与度,并获得高度归属感。于是,由受众共鸣引发的内容促使知乎社区形成了知识探讨氛围,这也在一定程度上有助于知乎的品牌传播。知乎整合营销的特点之二是:数字阅读闭环,构建站内知识生态圈。互联网知识问答平台的内容生产多基于UGC模式,即由用户或平台抛出议题,通过互动和共享形成碎片化内容。在知乎主题活动中,包括常识科普、消费决策、个人提升、职场选择、个人兴趣、生活品质等内容。所以,知乎虽然存在内容生产鱼龙混杂等问题,但仍拥有不少可提供优质内容的精英型用户。而对于知乎的PGC模式而言,精英型用户不可或缺。然而,虽然知乎每日站内搜索请求量达到6 000万次,知乎每天有23万条内容被分享到站外,通过二次消费人数日均已上亿,但是知乎内容的变现一直没有明确的实现途径。直到2017年知乎市场建立,逐渐形成了书店、LIVE、私家课等板块。就电子出版而言,2016年知乎书店成立,这个举动对站内的原生态内容资源进行了深度加工和整理。为此,平台邀约的专业人士共享站内精品内容,实现了创造、传播、延伸、再创造的完整过程,并顺势推出系列电子书产品,基本满足了用户不同层次、不同场景的阅读需求。

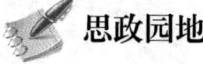 **思政园地**

当今世界充满动荡性、不确定性、复杂性和模糊性,国际政治关系变幻莫测,经济增长

动能有所放缓,技术日新月异,这些使得组织面临的内部与外部营销环境更趋复杂。2015年10月,中国汽车工业协会车内环境质量控制论坛在北京召开,同时中国汽车工业协会车内空气质量工作委员会也宣告成立。截至2015年6月底,我国汽车保有量已达1.63亿辆。由于汽车快速步入百姓生活,因此人们对车内环境的要求也越来越高。而随着我国汽车工业的发展和国家车内空气质量标准的实施,车内空气质量问题受到了政府有关部门的重视。2015年年底,国家出台强制性的车内空气质量控制标准。为此,中国汽车工业协会决定成立我国汽车行业车内空气质量的专业组织——中国汽车工业协会车内空气质量工作委员会。

委员会首批会员由汽车整车厂、客车厂、汽车内饰件和内饰材料企业、车内空气净化器企业和国家室内车内环境及环保产品质量监督检验中心组成,同时由国内室内车内空气质量相关专家组成专家委员会,在中国汽车工业协会领导下,主要研究车内环境质量控制方面的问题,从而促进企业乃至中国汽车行业的健康发展。中国汽车工业协会对我国车内污染状况做了详细说明,《乘用车内空气质量评价的强制标准》出台在即,治理车内空气污染刻不容缓,从源头上控制车内空气污染,探索使用散发较低的环保材料,将是未来前景,以及相关主机厂和零部件企业的应对之道。

除了相关领域的专家学者建言献策之外,论坛还吸引了奔驰、宝马、沃尔沃、大众等整车厂,以及锦湖日丽、汉高股份等汽车产业链企业方代表等共同探讨解决车内空气质量问题。有分析人士指出,中国汽车工业协会车内空气质量工作委员会的成立,标志着车内空气质量控制将成为新常态下中国汽车行业管理的重要工作之一。随着消费者对自身健康的越发重视,购车将不仅仅关注动力、外观,车内空气是否安全,是否采用环保内饰材料也将成为重要的选择因素。

 项目小结

营销环境是指企业在营销活动之外,能够影响营销部门建立并保持与目标顾客良好关系的能力的各种因素和力量。营销环境既能够给企业提供机遇,也能带来威胁。因此,重视研究市场营销环境及其变化,是企业营销活动的最基本课题。

微观环境是指与企业营销活动直接相关的各种环境因素的总和,包括企业内部环境、供应商、营销中介、市场、竞争者和各种公众。

宏观环境是指那些给企业造成市场营销机会和形成环境威胁的外部因素。这些因素主要包括人口环境、经济环境、自然环境、科学技术环境、政策法律环境以及文化环境。

项目知识结构图

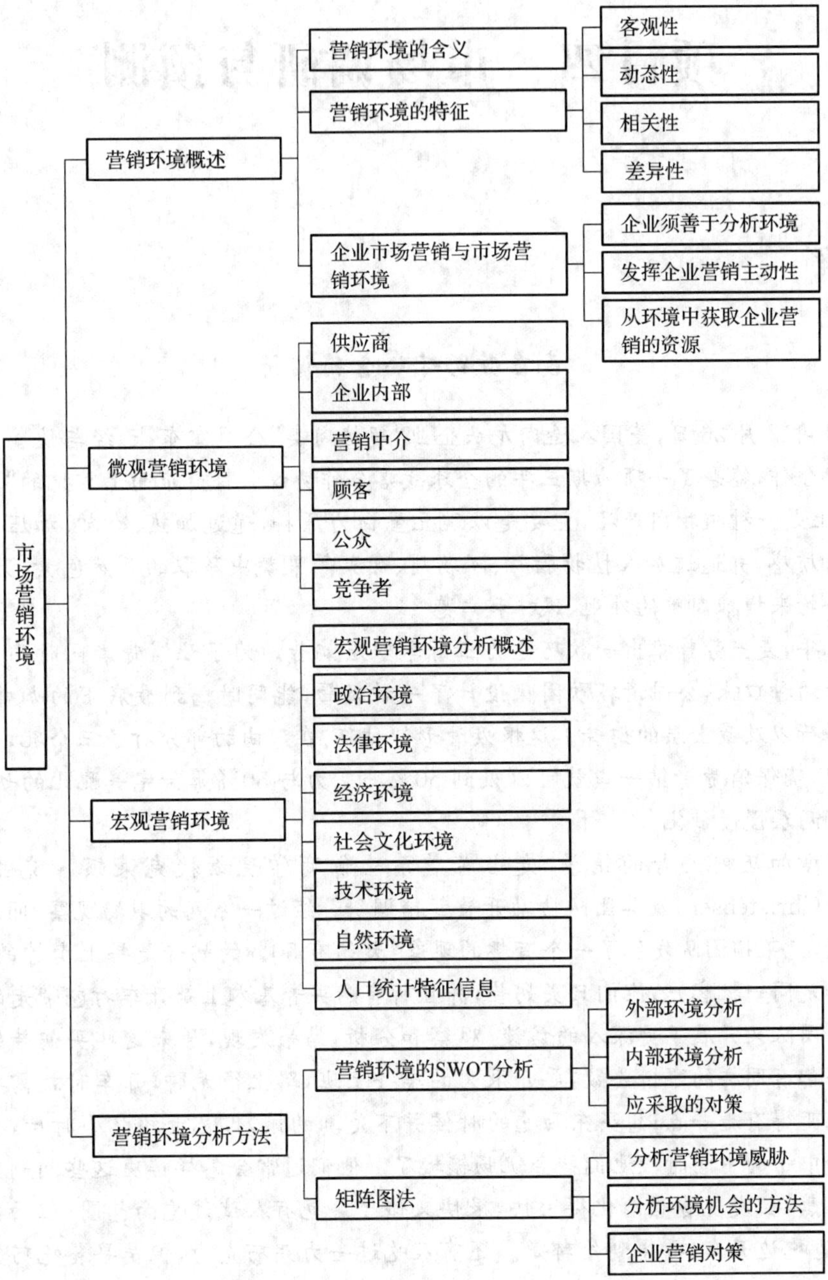

```
市场营销环境
├── 营销环境概述
│   ├── 营销环境的含义
│   ├── 营销环境的特征
│   │   ├── 客观性
│   │   ├── 动态性
│   │   ├── 相关性
│   │   └── 差异性
│   └── 企业市场营销与市场营销环境
│       ├── 企业须善于分析环境
│       ├── 发挥企业营销主动性
│       └── 从环境中获取企业营销的资源
├── 微观营销环境
│   ├── 供应商
│   ├── 企业内部
│   ├── 营销中介
│   ├── 顾客
│   ├── 公众
│   └── 竞争者
├── 宏观营销环境
│   ├── 宏观营销环境分析概述
│   ├── 政治环境
│   ├── 法律环境
│   ├── 经济环境
│   ├── 社会文化环境
│   ├── 技术环境
│   ├── 自然环境
│   └── 人口统计特征信息
└── 营销环境分析方法
    ├── 营销环境的SWOT分析
    │   ├── 外部环境分析
    │   ├── 内部环境分析
    │   └── 应采取的对策
    └── 矩阵图法
        ├── 分析营销环境威胁
        ├── 分析环境机会的方法
        └── 企业营销对策
```

课后习题

项目四　市场调研与预测

 引例

麦当劳奶昔的营销调研

2021年2月26日，美国人造肉龙头企业"超越肉类"公司宣布，已经与快餐企业麦当劳达成了合作，签署了一项为期三年的全球战略合作协议。目前市面上常见的"人造肉产品"实际上是一种植物肉产品，主要是以豌豆蛋白为原料，通过加热、冷却、加压来模拟肉类纤维的质感，并通过加入植物脂肪、矿物质、甜菜等果蔬中萃取的天然色素、天然香料、碳水化合物来模拟肉类的外观、风味和口感。

前几年，麦当劳曾推出一款巧克力三叶草双层奶昔。为了让消费者同时品尝到巧克力和薄荷两种口味，公司请谷歌团队设计了一种吸管，能同时喝到最底下的咖啡、中间层的奶油薄荷以及最上层的奶昔。这根吸管形似秸秆，在弯曲的部分打了三个孔，借助流体力学原理，确保消费者第一口就可以吸到50%巧克力与50%薄荷完美配比的奶昔，而不用等上下两层慢慢融化。

为了增加店内奶昔的销量，麦当劳曾请哈佛商学院教授克莱顿·克里斯坦森（Clayton Christensen）及其团队协助开展营销调研。经过一系列的现场观察、问卷调查和深度访谈，克莱顿团队发现了一个有趣的现象：大约有50%的奶昔是早上卖掉的，而买奶昔的几乎是同一批客户，他们只买奶昔，并且所有购买者基本上是开车打包带走的。

调研团队又开展了更深入的访谈、观察和分析，结果发现，原来这些买奶昔的顾客每天一大早都有同样的事情要做：要开很久的车去上班，路上很无聊，开车时就需要做些事情让路程变得有趣一点；想买东西吃的时候并不是真的饿，但是大约2小时后，也就是大致上午和中午的中间时段他们就会饥肠辘辘了。他们通常会怎样解决这些问题呢？有人试过吃香蕉，但发现香蕉消化得太快，很快又饿了。也有人试过吃面包圈，但面包圈太脆会掉屑，边吃边开车，弄得到处都是。还有人吃过士力架巧克力，但是早餐吃巧克力总觉得对健康不利。而奶昔无疑是最合适不过的。用细细的吸管吸厚厚的奶昔要花很长时间，并且基本上能抵挡住阵阵来袭的饥饿感。有位受访者说："这些奶昔真够稠的！我一般要花20分钟才能用那根细细的吸管吸干净。谁会在意它的营养成分呢！我就不在乎。我就知道整个上午都饱了，而且奶昔杯刚好能与我的水杯座配套。"

在掌握以上需求信息之后，麦当劳对如何改进奶昔感觉轻而易举。如何才能帮顾客更好地打发无聊的开车时间呢？那就是，让奶昔再稠一些，让顾客食用时间更长一点。为

此，可以考虑加上一点果肉，虽然不一定让每个消费者都觉得健康，却能给顾客无聊的旅程增添小小的惊喜。还可以把制作奶昔的机器搬到柜台前，让消费者不用排队，刷卡自助取用等。这些创意付诸实施之后，极大地提高了奶昔的销量。

知识准备与业务操作

知识准备：了解市场营销概念，理解不同的市场营销观念，熟知市场营销环境。

业务操作：掌握二手资料获取途径；学会设计调查问卷，组织实施市场调研；学会撰写调研报告。

任务一　市场营销信息系统

一、市场营销信息系统的内涵

营销信息系统是指由人、机器和程序组成的，为营销决策者收集、挑选、分析、评估及时准确、有价值的信息的系统。营销人员为了分析、计划、实施和控制营销工作，需要各种有价值的信息，而提供信息的任务由营销信息系统完成。

企业营销信息系统是企业管理信息系统的一个重要的子系统，它的基本任务是搜集顾客对产品质量、性能等方面的要求，分析市场潜力和竞争对手情况，及时准确地提供信息，用于企业营销决策。这些信息应能满足以下要求：① 及时性。在激烈的市场竞争中，信息传递的速度越快就越有价值，收集到的信息要有一定的时效性，这样才能更好地指导企业的营销决策活动。② 目的性。收集到的信息应该是及时相关联的必要的信息，尽量减少杂乱无关的信息。③ 准确性。准确性要求信息来源可靠，收集整理信息的方法科学，信息能反映客观实际情况。④ 广泛性。广泛性指的是信息收集的范围应该是很广阔的，不仅局限微观层面的信息，还要有宏观层面的信息。⑤ 系统性。营销信息系统是若干个具有特定内容的同质信息在一定时间和空间范围内形成的有序集合。在时间上具有纵向的连续性，是一种连续作业的系统。

二、市场营销信息系统的分类

市场营销信息系统由内部报告系统、营销情报系统、营销调研系统和营销决策支持系统四个子系统组成。它处于营销环境和营销管理人员（也就是信息使用者）之间，各种营销数据由环境流向企业市场营销信息系统，经过加工、处理和转换成为有用的营销信息，通过市场营销信息流程传递给营销管理人员，作为制定营销方案的依据，营销方案中产生的各种数据信息又经过市场营销沟通流程回到营销环境中。

（一）内部报告系统

企业内部报告系统是使用最频繁的信息系统。该系统的主要作用是向管理人员提供有关销售、成本、库存情况、应收账款等各种反映企业经营状况的信息。内部报告系统应向企业决策制定者提供及时、全面、准确的生产经营信息，以利于掌握时机，更好地处理进、销、存、运等环节的问题。通过分析这些信息，管理人员能正确认识营销活动的现状，发现重要的机会和问题。

（二）营销情报系统

内部报告系统为管理人员提供历史数据，而营销情报系统则提供正在发生的数据。营销情报系统是反映营销环境发展状况的各种信息来源和程序。营销情报系统所要承担的任务则是及时捕捉、反馈、加工、分析市场上正在发生和将要发生的信息，用于提供外部环境"变化资料"，帮助营销主管人员了解实时动态并指明未来的新机会及问题。获取情报信息的途径有：① 公开出版物中提供的信息；② 销售部门和人员提供的信息；③ 批发商、零售商提供的信息；④ 专门的信息咨询公司提供的信息。

（三）营销调研系统

营销调研系统也可以称之为专题调查系统。营销调研系统是设计、收集、分析和提供与特定的营销问题相关的数据资料的信息系统。它的主要任务是收集、评估、加工、传递信息，供管理人员制定决策时使用。市场需求调查、销售研究、广告评估等活动都属于营销调研系统的范畴。

（四）营销决策支持系统

越来越多的企业为帮助营销管理人员正确决策，设立了营销决策支持系统。营销决策支持系统是指帮助管理者决策的系列系统模型。假定一位营销经理需分析一个问题并采取相应的行动，他只要把问题及影响问题解决方案的各种信息输入该系统模型，模型就能给出比较接近解决问题的标准化数据；然后，营销经理应用新生成的数据制订最合适的行动计划。营销决策支持系统使用大量的程序和统计预测方法，以保证信息的科学性。

任务二　市场营销调研

一、市场营销调研的含义与作用

（一）市场营销调研的含义

市场营销调研是指运用科学的方法，有目的、有计划地收集、整理和分析研究有关市场营销方面的信息，获得符合客观事物发展规律的见解，提出解决问题的建议，供营销管理人员了解市场营销环境，发现机会与问题，从而作为市场预测和营销决策的依据。

（二）市场营销调研的作用

1. 有利于优化营销组合

企业根据营销调研的结果，衡量产品、价格、渠道、促销的效果，分析和研究产品的生命周期,开发新产品,制定产品生命周期各个阶段的营销组合策略,比如根据消费者对新产品的反馈情况,改进产品,开发新用途等;测量消费者对产品价格变动的反应,分析竞争者的价格策略,确定合适的定价;综合运用各种营销手段,加强促销活动、广告宣传和售后服务,增进产品知名度和顾客满意度;尽量减少不必要的中间环节,节约物流成本,降低销售成本,提高竞争力。

2. 有利于发现市场机会和存在的问题

通过对消费者需求、消费者行为等方面的调研,企业可以发现市场存在的营销机会,企业经过对市场机会进行全面评价与理性分析之后,产生新产品开发的创意,从而研发出能够满足市场需求的创新产品。另外,市场调研人员对顾客满意度、忠诚度等方面的调研,可以明确公司在经营过程中存在的问题,从而使管理者及时反应、迅速纠正。

3. 有利于监控营销活动的绩效

了解市场的真实反馈,及时调整营销策略,在企业营销活动中占据重要位置,为此,开展定期或不定期的市场调研活动,掌握市场营销活动中的各项有利或者不利因素,及时做出调整,提高市场营销活动的绩效。

4. 有利于提高企业竞争力

企业在市场中有各种各样的竞争对手,在面对竞争对手时,可以通过产品质量、价格或者投放市场的时间,取得领先优势,这些都需要靠掌握竞争对手的一些信息,做到"知己知彼,百战不殆"。因此,企业必须关注竞争对手,研究竞争对手的营销策略,才能在强手如林的市场竞争中立于不败之地。

二、市场营销调研的原则

(一) 客观性

市场调研的客观性指的是调研信息必须是客观的,不存在主观偏见的。从事市场调研的人员应当是公正和中立的,对所有的信息资料均应保持客观的态度,对发现的结果应保持坦诚、公正的态度,避免主观和偏见,从中立原则出发,对调研数据去伪存真。

(二) 系统性

市场调研的系统性指的是调研必须能全面反映市场情况。在市场调研过程中必须充分考虑影响预测结果的各种因素,多角度、多方面地调研各种数据、信息,尽最大可能提供反映调研项目的客观情况。

(三) 经济性

市场调研的目的是为了更好地为企业服务,调研的成本需要考虑到,所以在实际的调研活动中,应该将调研成本控制在一定范围内。

(四) 时效性

市场调研的时效性指的是调研的信息必须是及时的,能够准确反映当前的市场情况。时效性强的调查资料能够为企业实时调整策略创造条件;而时效性差的调查资料除了失去其自身价值外,还有可能误导企业的营销决策。

三、市场调研的类型

市场营销调研是针对特定的营销问题进行的信息收集、记录、分析、评价活动,其目的是为管理决策提供依据和参考。市场营销调研是营销活动的重要内容,营销人员必须掌握科学合理的市场调研方法。

(一)探测性调研

探测性调研用于探寻企业所要研究问题的一般性质。研究者在研究之初对欲研究的问题或范围还不是很清楚,不能确定到底要研究些什么问题。例如,某企业近几个月销售额一直在下降,企业想知道什么原因造成的,是整个经济环境的影响,还是竞争者抢走了自己的生意,还是消费者需求发生了根本性的变化?很明显,影响企业销售额下降的因素非常多,企业无法一一查知,企业只能采用探测性研究方法寻求一些最可能的原因。

(二)描述性调研

描述性调研主要进行事实资料的客观收集、整理等工作,通过详细的调查和分析,对市场营销活动的某一方面进行客观描述,是对已经找到的问题做如实的反映和具体回答。大多数的市场调研都属于描述性调研。比如,对企业市场占有率情况的调研、对消费群体基本情况的描述、对产品情况的描述等。与探测性调研相比,描述性调研的目的更加明确,研究的问题更加具体。

(三)因果性调研

因果性调研的目的是找出关联现象或变量之间的因果关系,一般是为回答调研中"为什么"的问题提供资料。例如,要了解企业的产品价格降价与销售量之间的变化关系和影响程度,需要通过因果性调研得知。因果关系调研是在描述性调研的基础上,进一步分析问题发生的因果关系,弄清原因和结果之间的数量关系,揭示和鉴别某种变量的变化究竟受哪些因素的影响和影响程度。实验法是因果关系调研中的一种主要研究方法。

四、市场调研的内容

(一)宏观环境因素调研

1. 经济发展情况调研

在宏观经济发展中,经济发展情况对企业有显著影响。消费者实际收入水平会显著制约其购买的欲望,了解当地的经济状况,有助于企业开展营销活动。

2. 社会文化因素调研

社会文化因素调研是对一些对市场需求变化产生影响的社会文化因素,诸如文化程度、职业、民族构成、宗教信仰以及风俗习惯等进行的调研。

3. 科学技术调研

科技对企业的发展会产生重要的影响,了解本企业目前的技术实力在全行业所处的位置以及全行业最先进的技术、替代产品的技术的发展情况等,会对企业的营销活动产生重要影响。

4. 竞争对手调研

"知己知彼,百战不殆",在商场如战场的如今,了解竞争对手的情况,无疑是非常必要而且重要的。企业想要在竞争中保持优势,就必须随时掌握竞争对手的各种动向,如竞争对手的促销策略、渠道策略等。

(二) 微观环境因素调研

1. 产品调研

产品调研的问题主要包括产品的质量、特色等,产品包装的情况,产品所处生命周期的阶段,产品的包装、品牌、外观等给顾客留下的印象,是否与顾客的习俗相适应。

2. 价格调研

价格调研主要了解产品以及新产品价格,竞争对手变化情况等。

3. 渠道调研

包括企业现有产品销售渠道状况的调研、中间商实力信用的调研、中间商在分销渠道中的作用调研、企业对中间商调增激励政策的调研等。

4. 促销调研

促销调研主要是对人员推销、广告推广、营业推广、公共关系等促销组合方式的实施效果进行分析比较。

(三) 市场需求调研

市场需求调研主要包括消费者需求、现有和潜在的需求容量、不同商品的需求特点和需求规模,不同市场的营销机会、市场最大的需求容量、竞争对手现有市场的占有率情况等。

五、市场调研的步骤

有效的营销调研包括五个步骤,如图 4-1 所示。

图 4-1 营销调研的步骤

(一) 确定调研的问题和目标

营销调研的第一步是确定具体研究的问题。问题的选择应该符合有用性、合理性原则。有用性是指问题对企业营销活动有重要影响,解决此类问题能提供较高的经济效益。营销调研活动是需要花费企业资源的活动,所以不可能对每一个营销问题都开展调研,有用性原则就是要筛选出对企业经营最有意义的问题,优先考虑。合理性原则是指在现有条件下调研目标实现的可能较大。营销调研受企业资源、技术条件的限制,不是每一个有用的问题都能调研,都能马上解决,应选择实现可能性大、调研效果好的问题优先研究。

营销调研的主要目的是通过收集、分析资料,研究解决企业在市场营销中所存在的问题,针对问题寻求正确可行的改进措施。因此,营销调研首先要确定问题及其调研范围。例如,某企业近几个月来销售量大幅度下降,究竟是顾客对产品质量不满意,还是售后服务不好?是广告支出减少的影响,还是市场不景气造成的?企业应进行初步分析或非正式调研,初步判断影响调研目标的重要因素,将其作为调研问题。明确调研问题、界定调研范围,可以集中调研活动中的人力、物力、财力,以最小的代价获得满意的调研效果。

(二)拟定调研计划

调研计划是指导市场调研工作的总纲。一个有效的调研计划应包括以下几方面的内容:信息来源、调研方法、调研工具、调研方式、调研对象、费用预算、调研进度、调研安排等。

(三)搜集资料,实地调研

资料收集有两种基本方法:二手资料法和一手资料法。

1. 二手资料法

解决调研问题所需的信息,也许目前已经存在,也许尚不存在,需要专门收集和整理。那些过去为其他目的收集、整理的业已成型的信息,称为二手资料。通过二手资料收集调研所需信息的方法,称为二手资料法。

这种资料收集方法的优点是简便、快捷、节省时间、调研成本低;缺点是资料适用性不强,与调研目的有相当差距,不能很好地说明问题。因此,必须对资料内容做出进一步分析。另外,研究人员还必须认真评估二手资料的真实性和可靠性。有些营销调研人员发现与研究问题有关的二手资料时,往往十分兴奋,对资料不进行严格的审查、评估就直接引用,这种做法是相当危险的。因为,一方面,二手资料是其他机构、部门和人员为其他目的收集的资料,资料的准确性有待进一步的审查和评估;另一方面,二手资料有错误的可能,而错误的市场信息会产生错误的市场战略,给企业经营带来不可挽回的损失。所以,市场营销研究人员在引用二手资料前必须对资料进行严格的审查和评估。审查评估的标准有三个:公正性、有效性和可靠性。

一般来说,从以下渠道获得二手资料较为可靠:

(1) 企业内部的资料。包括公司的利润表、资产负债表、销售报表、存货报告、销售人员工作汇报表等。

(2) 政府权威机构的定期出版物。如政府部门的各种统计年鉴、统计报告、调研报告等。

(3) 各个行业协会的报告和定期出版物。

(4) 专业的市场咨询公司的研究报告。

2. 一手资料法

当现有的二手资料不能解决调研问题时,企业必须针对调研问题收集专门的资料。企业针对调研问题首次收集的信息就是一手资料。通过一手资料收集调研所需信息的方法,称为一手资料法。

一手资料法的优点是针对性强,能提供直接满足企业经营所需的信息,是达到调研目的的重要手段。如果调研方法运用得当,通过一手资料法能发现和揭示市场机会及威胁,为企业经营指明方向,对开展营销活动有重大意义。其缺点是时间长,成本费用高,对调研人员的能力要求高。现在一些企业将收集一手资料的工作委托给专业调研咨询公司,收到了很好的效果。

企业进行调研活动时往往把二手资料法和一手资料法结合起来,尽量使用二手资料法,以节约时间和成本,对调研的重点问题再采用一手资料法。

(四) 分析调研数据

在分析调研数据之前,需要对搜集到的资料与数据进行整理审核,达到去伪存真的目的。在进行完整理复核之后,需要对数据进行分类编码,为后面数据分析提供帮助。在数据分析中需要使用专业的数据分析软件,如 SPSS 或者 STATA 等。在分析数据之后,形成各种图表以此直观反映各种信息的相关性或者因果关系等。

(五) 撰写调研报告

编写调研报告时,应注意报告内容要紧扣调研主题,突出重点,并力求客观扼要;文字要简练,观点要明确,分析要透彻,尽可能使用图表说明,便于企业决策者在最短时间内能对整个报告有一个概括的了解。

调研报告的一般格式是:

第一部分,介绍调研项目的基本情况,主要是对调研目的和意义进行简单说明。

第二部分,是调研报告的主体,包括概括性地说明调研的问题、调研采用的方法、调研结果以及调研结果对企业经营活动影响的分析。

第三部分,是附件部分,提供与调研结果有关的资料,如资料汇总统计表、原始资料来源等。

调研报告要简洁明确,有针对性和说服力,重点突出信息的分析结果,避免罗列事实,空洞无力。

六、市场营销调研方法

市场营销调研的方法选择直接关系到市场调研的效果,根据调研手段的不同,可以将市场调研方法分为定量调研方法和定性调研方法。

定性调研方法主要有:焦点小组法、深度访问法、投射法。

定量调研方法主要有:调查法、观察法和实验法。

(一) 定性调研方法

1. 焦点小组法

焦点小组法是由主持人以非结构化的自然方式引导一小群调查对象进行的访谈。主要目的是从适当的目标市场中抽取一群人,通过听取他们谈论研究人员感兴趣的话题来得到观点。

焦点小组法是最重要的定性研究方法,一个焦点小组一般由 8~12 个人组成,讨论的时间一般可以持续1~3个小时,在此期间应当让每一位参与者与他人和睦相处,独立发表自己的观点,并深入挖掘他们的信念、感受、想法、态度以及观点。焦点小组座谈必须如实客观地记录,避免主观性的内容。

2. 深度访问法

深度访问法是一种无结构访问,是指事先不拟订问卷、访问提纲或访问的标准程序,由调研人员与受访者就某些问题自由交谈,从中获得信息的采集方法。深度访谈法的优点是一对一地交流可以使受访者提供更多、更详细的信息,可以深入地探查受访者,揭示隐藏在表面陈述下的动机和感受。缺点是访问成本高,访问效率低,无法利用群体动力的刺激作用。小组深度访问法是设计大规模营销调研前的试探性的调研活动,对确定大规模调研的问题很有帮助。但是,小组深度访问法的参与人数有限,结论不一定有普遍意义。

3. 投射法

在很多情况下,人们对于正面提出的问题会隐瞒自己的真实态度和动机,有时则对自己的动机认知模糊,所作的回答常常不客观、不真实。所以,投射法这种最早被心理学用于研究人性格的方法被引入到市场调研中,用以了解消费者复杂的态度和动机。它是通过间接的测试探究隐藏在表面反应下的真实心理,以获取真实的情感、动机和意图的资料采集方法。采用这种方法,通常要隐瞒调查的真正意图,降低受调查者的心理防御,使调查者在无意之中、在没有心理防御的情况下流露他们的真实态度或动机。

(二) 定量调研方法

1. 观察法

通过调研人员直接观察有关的对象和事物获取所需信息的方法,称为观察法。比如,商店想了解一周客流的变化情况,就可以安排调研人员在商店的入口处和停车场观察不同时间顾客人数变化情况;想了解顾客进入商店后的行进方向,就可以在店内天花板上安装摄像机,记录顾客行进路线。观察法的主要优点是客观实在,能如实反映问题;缺点是调研结果是一些表面的、可直接观测的现象,无法说明引起行为的内在的原因。

2. 调查法

调研人员用提问方式向被调研者了解情况、收集信息的方法,称为调查法。抽样调查技术使企业能够通过对样本的调研获得足够科学、可信的信息。调查法是营销调研最常用的方法,具体来说又分为以下几种方法:

(1) 面谈法。调研人员按事先准备的调研问卷或提纲当面询问被调研者以获取信息的方法。调研结果的回收率高,收集资料全面,资料真实性强,是最常见的调研方法。但是,面谈访问的费用高昂,调研计划组织工作量大,调研结果受调研人员个人理解的影响大。

(2) 电话调查。电话调查是指以电话用户名单为基础进行抽样,根据抽样结果用电话向调查对象询问的一种方式。调研人员通过电话联络方式访问被调研者。这种调研方法速度快、成本低、省时间,但受通话时间限制,调研问题少,无法收集深层信息。

(3) 邮寄调研问卷。调研人员把事先设计好的调查问卷或表格邮寄给调研者,请他们按要求填好后再寄回的方法。这种调研方法的优点是:调查范围较为广泛,适合居住分散的调查对象;被调查人员有充分的时间来回答各种问题;利用设计好的调查问卷可以避免调查人员个人偏见的影响;调查费用较低。缺点是:回收时间较长,回收率较低;填表人有可能不是目标被调查对象;被调查人员的答案往往比较肤浅,缺乏代表性;调查问卷内提出的问题不明确,容易被误解等。

(4) 网上调查。随着互联网技术的发展,以及调查对象的使用习惯的变化,网上调查的应用越来越广泛。这种方法的优点是速度快、费用低、范围广,不受时间和空间的限制;调查结果统计方便,调查人员和被调查人员可以进行互动沟通,从而能够获取更深层次的信息。其缺点是受网络建设和网络普及情况的影响较大。

3. 实验法

实验法是指从影响调研问题的许多因素中选出一个或两个因素,将它们置于一定条件下进行小规模的实验,通过实验测量获得信息的方法。实验法在营销调研中应用范围很广,比如在改变商品品种、包装、设计、价格、广告、陈列方法等因素时,都可应用这种方法。产品包装实验,新产品销售实验,其他如试销、展销、试点也都是实验法的具体运用形式。实验法的优点是:方法科学,可获得较正确的原始资料作为预测销售额的重要依据。缺点是:不易选择出社会经济因素类似的实验市场,市场环境干扰因素多,影响实验结果;实验时间较长,成本较高。

七、调查问卷设计

问卷是收集一手资料的工具,它由一系列的问题组成,目的是通过征求被调研者的回答获得所需信息。设计问卷时,调研人员必须精心挑选问题,精心组织问题的形式和顺序。好的问卷应做到:能正确反映调研目的,问题具体,重点突出;能激发被调研者兴趣;能正确记录和反映被调研者回答的事实,提供准确的情报;便于事后的统计和整理。

问卷设计是营销调研的重要一环。问卷设计得好坏对调研结果影响很大。要设计一份好的问卷,调研人员不能闭门造车,应事先做一些访问,拟定一个初稿,经过调研试验,再修改成正式问卷。

(一) 调查问卷的结构

一份完整的调查问卷一般包括问卷标题、问卷说明、调查对象基本情况、调研主要内容、编码等。

1. 问卷的标题

问卷的标题能够概括地说明调研主题,使调研对象对所要回答的问题有个基本的了解,标题设计应简明扼要、准确、醒目突出、易于引起调研对象的兴趣。

2. 问卷的说明

一般放在标题之后,主要是告知调研对象此次调研的目的和意义,如何填写调查问卷,以及感谢等方面。问卷说明的形式可采取比较简洁、开门见山的方式,也可以进行一定的宣传,引起重视。设计好问卷说明是问卷调研取得成功的保证之一。

3. 调研对象基本情况

根据各个调研目的的不同,了解调研对象的基本情况略有不同,主要包括调研对象的特征,如性别、年龄、学历、职业、所在地区等。

4. 调研主要内容

这部分是整个调研问卷的核心,主要是以提问的方式呈现给调研对象,包括客观题和主观题等。这部分内容设计得好坏直接决定调研结果的准确与否。

5. 编码

编码是为后期的数据整理以及审核服务的,编码能够方便计算机处理与分析。通常,编码位于问卷的左上角。根据调查数量的不同,问卷编码的长度和格式也有所不同。

(二)调查问卷设计的原则

1. 客观性原则

问卷中的问题应该是客观的,不能提出一些带有引导性或者倾向性的问题,不能出现向被调查者提示答案方向或暗示调查者观点的问题。

2. 准确性原则

在设计每个问题时,用词要准确,避免使用含糊不清、容易引起多种理解或过于专业化的语句,务必使被调查人员在填写的时候能够准确理解设计的每个问题。

3. 必要性原则

由于调查问题数量的限制,所有设计出的问题应该是跟调查目的密切相关的,问卷上所列的问题应该都是必要的,可要可不要的问题不要列入。

(三)提问的方式

一份调查问卷要想取得预期的目标,除了做好大量的前期准备工作之外,在设计具体问题时,一般有两种提问的方式:封闭式提问和开放式提问。提问方式一定程度上决定了调查问卷质量的高低。

1. 封闭式提问

封闭式提问是指答案事先由调研人员设计好,被调查者在包括所有可能的回答中选择某些答案。这种提问法具有资料分类、整理、统计分析容易,便于被调查者回答问题,节省调查时间等优点;缺点主要是限制了调查者的自由发挥,答案范围可能过窄,难以适用复杂的问题。封闭式提问一般又包括五种提问方式。

(1)二元选择式。称为是否题,是指提出的问题仅有两种答案可以选择,比如"是"或"否","有"或"无"等。这两种答案是对立的、排斥的,被调查者的回答非此即彼,不能有更多的选择。这种提问方式适用于筛选出符合调查的对象,缺点是回答者没有进一步阐明理由的机会,难以反映被调查者意见和程度的差别,了解的情况也不够深入。

例如:您参加过户外团建活动吗?

A. 参加过　　　　B. 没参加过

(2)多元选择式。此类提问方式中的答案不是两个,而是多个。被调查者根据题干要求,可以选择一种答案,也可以选择多种答案。为了全面了解被调查者的真实情况,可采用多元选择式。

例如：您现在平均每个月生活费用是多少？
A. 1 000元以下　　　B. 1 001～1 500元
C. 1 501～2 000元　　D. 2 001元以上

（3）排序式。排序式是指调查人员为一个问题准备若干个答案，让被调查者根据自己的偏好程度定出先后顺序。排序式主要有两种，一种是对全部答案排序，另一种是只对其中的某些答案排序。究竟采用何种方法应由调查者来决定。为了解各品牌地位、各产品功能重要程度的信息，可采用排序式。

例如：您购买手机时是怎样考虑的？（请按照重要程度对下列选项进行排序）
A. 价格　　　B. 品牌　　　C. 款式　　　D. 颜色　　　E. 性能

（4）比较式。采用对比提问的方式，要求被调查者做出肯定回答的方法。

例如：请比较下列不同品牌的电视机，哪种质量更好？
A. 海信　　　B. TCL　　　C. 创维　　　D. 长虹　　　E. 康佳　　　F. 海尔

（5）回忆式。回忆式一般是指通过回忆，了解被调查者对不同商品的质量、品牌等方面印象的强弱。例如，"请您列举出最近一个月电视广告中出现的食品品牌"。调查时，可根据被调查者所回忆品牌的先后和快慢以及各种品牌被回忆的频率进行分析研究。

2. 开放式提问

开放式问题是指事先不规定答案，被调查者可按自己的意见进行回答，不受任何限制。在这种提问方式下，由于被调查者不受限制，因此可得到许多新的信息。但答案比较分散，整理、分析难度大，容易产生理解误差。

开放式问题多运用于探测性调研阶段，了解人们的想法与需求。一般来说，开放式问题因其不易统计和分析，所以在一份调查问卷中只占很小一部分。同时，对开放式问题的选择要谨慎，所提的问题要先进行预试，再广泛采用。

例如：您对大学生购买手机有何建议？_____

任务三　市场需求测量与预测

市场需求测量是运用科学的方法进行市场容量的估计。市场营销预测是在市场调查的基础上，运用逻辑推理、统计分析和数学建模等科学方法，对影响市场需求的各种因素的变化进行测算、预见和推断，掌握市场变化的发展趋势，对市场需求做出估算，从而为企业经营决策提供科学依据。

一、市场需求的相关概念

（一）市场需求

产品的市场需求是指在特定的地理区域中、特定的时期内、特定的营销环境影响下、特定的营销活动下，特定消费者群体可能购买该产品的总量。市场需求受产品、消费者群体、时期、地理环境、营销环境和营销活动六个因素的影响。无论哪个因素发生变化,都会导致市场需求发生变化。

(二)市场潜量

在影响市场需求的各种因素中,营销活动是较为重要的因素,市场需求与营销活动成正比。随着营销活动的加强,市场需求会随之增加,先是加速递增,然后是减速递增。当营销活动的力度达到一定阶段之后,即使再做进一步的营销活动,也无助于市场需求的增加。

因此,市场需求有一个上限,称为市场潜量。市场潜量是指在一定的条件下,随着营销活动程度的不断提高,市场需求所能达到的极限值。或者说,市场潜量就是某种产品可能达到的最大销售量。

(三)企业需求量

企业需求量是指企业在市场需求上的份额,即市场总需求与企业所占市场份额之积。公式表示为:

$$企业需求量 = 市场需求总量 \times 企业市场占有率$$

(四)企业销售潜量

企业销售潜量是当企业相对于竞争者的营销努力增大时,企业需求所能达到的极限值。企业销售潜量一般总是小于市场潜量,因为每个竞争对手都会有一些忠诚的顾客群,这些顾客对其他企业的营销努力往往反应冷漠。只有当企业占据了整个市场时,两者才有可能会相等。

二、市场营销预测的步骤

(一)确定预测目标

市场预测首先要确定预测目标,明确目标之后,才能根据预测的目标去选择预测的方法,决定收集资料的范围与内容,做到有的放矢。

(二)选择预测方法

预测的方法有很多,各种方法都有其优点和缺点,有各自的适用场合,因此必须在预测开始时根据其目标,根据企业的人力、财力以及企业可以获得的资料,确定预测的方法。

(三)收集市场资料

按照预测方法的不同确定要收集的资料,这是市场预测的一个重要的阶段。

(四)进行预测

此阶段就是按照选定的预测方法,利用已经获得的资料进行预测,计算预测结果。

(五)预测结果评价

得到预测结果以后,还要通过对预测数字与实际数字的差距比较以及对预测模型进行理论分析,对预测结果的准确和可靠程度给出评价。

(六)预测结果报告

预测结果的报告从结果的表述形式上看,可以分成点值预测和区间预测。点值预测的结果形式上就是一个数值,如某行业市场潜量预计达到 15 亿元,就属于点值预测。区间预测不是给出预测对象的一个具体数值,而是给出预测值一个可能的区间范围和预测结果的可靠程度。例如,95% 的置信度下,某企业产品销售额的预测值在 7 500 万元至 8 000 万元。

三、市场营销预测的方法

市场营销预测是在营销调研的基础上,运用科学的理论和方法,对未来一定时期的市场发展变化及影响因素进行分析研究,寻找市场发展变化的规律,为营销管理人员提供未来市场发展趋势的预测性信息。企业营销管理人员应该了解和掌握的企业预测方法主要有购买者意向调查法、销售人员意见调查法、专家意见法、市场试验法、时间序列预测和回归预测等。

(一) 购买者意向调查法

市场是由具有潜在需求和现实需求的消费者组成的,通过对消费者购买意向的调查,可以推断出未来的市场需求。

在满足下列三个条件的前提下,购买者意向调查法比较有效。

(1) 购买者的购买意向是明确清晰的。

(2) 这种意向会转化为顾客购买行动。

(3) 购买者愿意将其意向告诉调查者。

该方法的具体做法是:通过抽样调查,掌握某类产品的社会拥有量情况、消费者的购买意向以及对某一品牌的喜爱程度等资料,在对调查资料整理分析的基础上,推算出某一品牌未来的需求量。

对于耐用消费品(如汽车、房屋、家具、家用电器等)的购买者,调查者一般要定期进行抽样调查。购买者意向调查法尤其适合于这种调查。

一般来说,用这种方法预测非耐用消费品需求的可靠性较低,预测耐用消费品需求的可靠性稍高,预测产业用品需求的可靠性则更高。因为消费者的购买动机常因某些因素(如营销活动)的变化而变化,如果完全根据消费者的购买动机做预测,准确性往往不是很高。

(二) 销售人员意见调查法

企业的销售人员长期从事产品的销售工作,经常直接接触消费者,对产品销售情况和消费者的需求非常了解。因此,凭借销售人员的经验,可以对企业产品未来的需求做出比较准确的预测。

该方法的具体做法是:邀请一些有经验的销售人员和销售经理,对企业某一产品的未来销售量及其概率做出判断,然后由预测人员对他们的预测结果进行统计分析,最后得出综合的预测结果。

考虑到以下几个方面的原因,一般情况下,销售人员所做的需求预测必须经过进一步修正才能利用:

(1) 销售人员的判断总会有某些偏差。例如,受近期销售成败的影响,他们的判断可能会过于乐观或过于悲观。

（2）销售人员可能对经济发展形势或企业的市场营销总体规划不了解。

（3）为使其下一年度的销售大大超过配额指标，以获得升迁或奖励的机会，销售人员可能会故意压低其预测数字。

（4）销售人员也可能对预测没有足够的知识、能力或兴趣。

（三）专家意见法

专家意见法也称德尔菲法，它是一种以通信的方式向有关专家进行咨询来预测市场需求的方法。

该方法的具体做法是：第一步，拟订课题。由调查人员事先拟订出需要预测的课题，准备所需的背景材料，设计专用的调查表。第二步，选定专家。根据预测课题的内容，选聘10~15名专家，所选的专家应具有与预测课题有关的专业知识和工作经历，并有广泛的代表性。第三步，通信调查。调查人员将预先设计好的调查表邮寄给选定的专家，请专家们凭各自的经验、知识做出预测，在规定的时间内填好调查表并寄回。调查人员对回收的调查表进行整理、综合，将结果寄给各位专家再次征询意见，请各位专家再次做出预测，重新填写调查表并寄回。经过多次反复征询，直到专家们不再改变自己的意见或专家们的意见趋于一致为止。

由于专家意见法是以通信的方式进行的，具有匿名的性质，专家们在预测时不受资历、权威等因素的影响，避免了面对面预测的心理干扰；调查过程反复进行多次，可以促使专家们进行反复思考，进而完善或改变自己的观点，最终做出准确的判断；由于预测结果综合了全体专家的意见，最终的预测值具有较大的可靠性和权威性。因此，专家意见法是被实践证明比较有效的一种定性预测方法。

（四）市场试验法

企业收集到的各种意见的价值，不管是购买者、销售人员的意见，还是专家的意见，都取决于获得各种意见的成本、意见的可得性和可靠性。如果购买者对其购买并没有认真细致地计划，或其意向变化不定，又或专家的意见也并不十分可靠，在这些情况下，就需要利用市场试验这种预测方法。特别是在预测一种新产品的销售情况和现有产品在新的地区或通过新的分销渠道的销售情况时，利用这种方法效果最好。

（五）时间序列预测

时间序列预测是指收集与整理预测事物的历史资料，将历史数据排列为时间序列，分析其随时间的变化趋势，并利用趋势外延的方法来估计和推断预测对象未来的变动。这种方法的根据是：

（1）过去的统计数据之间存在一定的关系，而且这种关系利用统计方法可以揭示出来。

（2）过去的销售状况对未来的销售趋势有决定性影响，销售额是时间的函数。因此，企业可以利用这种方法预测未来的销售趋势。

时间序列预测的主要特点是，以时间推移研究和预测市场需求趋势，不受其他外界因素的影响。不过，在遇到外界发生较大变化，如经济危机来临，国家政策发生重大调整时，根据过去的数据进行预测往往会有较大偏差。

(六) 回归预测

回归预测又称因果预测,它是依据数理统计的回归分析理论和方法,找出因变量和自变量之间的依存关系,建立起一个回归方程,通过输入自变量数据,以预测因变量的发展趋势。回归预测按自变量的多少分为一元回归和多元回归,而按自变量与因变量的关系又分为线性回归和非线性回归。

思政园地

国家统计局 2023 年 2 月 28 日发布《中华人民共和国 2022 年国民经济和社会发展统计公报》(简称《公报》)。《公报》显示,2022 年,面对风高浪急的国际环境和艰巨繁重的国内改革发展稳定任务,我国经济保持增长,发展质量稳步提升,创新驱动深入推进,改革开放蹄疾步稳,就业物价总体平稳,粮食安全、能源安全和人民生活得到有效保障,经济社会大局保持稳定,全面建设社会主义现代化国家新征程迈出坚实步伐。

初步核算,全年国内生产总值 1 210 207 亿元,比上年增长 3.0%。其中,第一产业增加值为 88 345 亿元,比上年增长 4.1%;第二产业增加值为 483 164 亿元,增长 3.8%;第三产业增加值为 638 698 亿元,增长 2.3%。第一产业增加值占国内生产总值比重为 7.3%,第二产业增加值比重为 39.9%,第三产业增加值比重为 52.8%。全年最终消费支出拉动国内生产总值增长 1.0 个百分点,资本形成总额拉动国内生产总值增长 1.5 个百分点,货物和服务净出口拉动国内生产总值增长 0.5 个百分点。全年人均国内生产总值为 85 698 元,比上年增长 3.0%。国民总收入为 1 197 215 亿元,比上年增长 2.8%。全员劳动生产率为 152 977 元/人,比上年提高 4.2%。

项目小结

市场营销信息系统是指由人、机器和程序组成的,为营销决策者搜集、挑选、分析、评估及时准确、有价值的信息的系统。市场营销信息系统由四个子系统构成:内部报告系统、营销情报系统、营销调研系统、营销决策支持系统。市场营销调研是指为完成营销活动,调查、研究所需的信息,市场营销调研有三种类型:探索性调研、描述性调研、因果性调研。市场营销调研的程序包括:确定调研的问题和目标、拟定调研计划、搜集资料、实地调研、分析调研数据、撰写调研报告。市场调查方法包括定性调研方法和定量调研方法。定性调研方法主要有焦点小组法、深度访问法、投射法。定量调研方法主要有调查法、观察法和实验法。市场需求测量是运用科学的方法进行市场容量的估计。市场需求预测的步骤包括:确定预测目标、选择预测方法、收集市场资料、进行预测、预测结果评价、预测结果报告。市场需求预测的方法包括:购买者意向调查法、销售人员意见调查法、专家意见法、市场试验法、时间序列预测、回归预测。

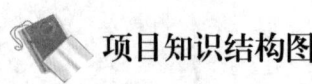
项目知识结构图

市场调研与预测
- 市场营销信息系统
  - 市场营销信息系统的内涵
  - 市场营销信息系统的分类
    - 内部报告系统
    - 营销情报系统
    - 营销调研系统
    - 营销决策支持系统
- 市场营销调研
  - 市场营销调研的含义与作用
  - 市场营销调研的原则
    - 客观性
    - 系统性
    - 经济性
    - 时效性
  - 市场调研的类型
    - 探测性调研
    - 描述性调研
    - 因果性调研
  - 市场调研的内容
    - 宏观环境因素调研
    - 微观环境因素调研
    - 市场需求调研
  - 市场调研的步骤
    - 确定调研的问题和目标
    - 拟定调研计划
    - 搜集资料，实地调研
    - 分析调研数据
    - 撰写调研报告
  - 市场营销调研方法
    - 定性调研方法
    - 定量调研方法
  - 调查问卷设计
    - 调查问卷的结构
    - 调查问卷设计的原则
    - 提问的方式
- 市场需求测量与预测
  - 市场需求的相关概念
    - 市场需求
    - 市场潜量
    - 企业需求量
    - 企业销售潜量
  - 市场营销预测的步骤
    - 确定预测目标
    - 选择预测方法
    - 收集市场资料
    - 进行预测
    - 预测结果评价
    - 预测结果报告
  - 市场营销预测的方法
    - 购买者意向调查法
    - 销售人员意见调查法
    - 专家意见法
    - 市场试验法
    - 时间序列预测
    - 回归预测

课后习题

项目五　市场分析

 引例

2022年"双11"消费维权舆情报告

2022年第十四个"双11"落下帷幕,中国消费者协会利用互联网舆情监测系统,对10月20日—11月13日相关消费维权情况进行了网络大数据舆情分析。监测数据显示:以往电商大促"套路渐欲迷人眼""规则难倒尾款人"的乱象有所改善,舆情对今年"双11"电商平台简化促销规则、提升消费体验的营销实践总体评价趋于正向,但"购物节"消费体验短板依然存在。

报告显示,在10月20日至11月13日共计25天监测期内,共收集相关"消费维权"类信息48 930 596条,日均信息量约195.7万条。监测期内,通过舆情监测系统共监测到"吐槽类"消费维权信息5 483 663条,占"消费维权"信息总量的11.21%,与"6•18"期间吐槽类消费维权信息占总量的15.90%相比,下降了4.69%。

今年"双11"活动期间,消费者高频吐槽主要集中在快递服务问题、促销价格争议、商品质量短板、直播销售乱象、团购安全隐忧五个方面。快递服务问题吐槽焦点主要指向今年"双11"快递到货"一快一慢":一边是带有喜感的"付了尾款一觉醒来快递已到家",另一边是有消费者吐槽"网购手机被告知要等30天"。

促销价格争议的吐槽内容主要指向先提价后打折、预售价格高等问题。中消协点名了波司登旗舰店疑"双11"先提价再打折的网上吐槽。据媒体报道,上海市民李女士向记者爆料,"双11"预售期间,她原计划在淘宝波司登旗舰店购买一件可脱卸帽莫兰迪宽松外套羽绒服。她称这件外套在9月份时,平台的价格是券后979.28元。本来她计划在"双11"打折时购买,没想到在"双11"预售期间,该款羽绒服的价格提升至1 349元,领券后购买实际价格仍为979元,比平时只便宜0.28元。

在商品质量的投诉中,中消协点名了网购图书内页一半是印刷一半是手抄和网购抽纸102抽实际仅70抽两个案例;直播销售乱象中假冒伪劣、货不对版、优惠差异等仍是主要问题;在团购安全隐忧方面,反映团购订单不发货、不退款的热点信息值得关注。

中消协表示,综合分析监测期内网络舆情集中"吐槽"的上述问题和事例,可以发现今年"双11"期间消费热度舆情槽点虽然相对分散,但出现问题的根本原因在于:一是商家诚信意识淡薄;二是平台在消费体验中的"满意度"与"获得感"两个指标上或精耕细作不足,或干预管控不够,进而导致"负评"和失分。

中消协呼吁商家和平台企业加强"自律",同时不断丰富创新平台治理的"他律"手段,消费者更要不断提升自我保护意识和风险防范能力,明晰权益边界,避免盲目冲动,做到科学消费、理性维权。

知识准备与业务操作

知识准备: 熟悉市场营销环境,掌握SWOT分析方法,了解市场调研的内容,掌握市场调研的方法。

业务操作: 能根据每个消费者的不同需求,分析影响消费者购买行为的各种因素,在消费者消费过程中,帮助消费者做出科学的购买决策。

任务一 消费者市场购买行为分析

市场营销的目标就是满足目标消费者的需要和欲望,企业在营销活动中必须认真研究目标消费者的购买行为,走进消费者的内心世界,把握他们的消费需求。虽然消费者需求随着社会经济、政治和文化的发展而不断地产生和发展,并受到多种因素的影响,但仍然存在一定的趋向性和规律性。市场营销人员只有了解消费者需求和消费者市场需求的相关知识,并能对这些知识进行运用,才能得到消费者的认可,最终实现消费者的购买。

一、消费者需求

消费者需求是指消费者为了满足自己物质和文化生活的需要而对产品和服务的具有货币支付能力的欲望和购买能力的总和。依据马斯洛的需求层次理论,人类的需求分为五个层次,即生理需求、安全需求、社会需求、尊重需求和自我实现需求,如图5-1所示。

消费者需求的本质并不会变,但随着社会和科技的进步,生产生活方式的变化,消费者的具体需求一定是与时俱进的,满足需求的方式也在不断变化和革新。作为市场营销人员,面对日益变化的消费者,需要准确地把握消费者需求。通常在马斯洛需求层次理论的基础上,用五个层次的需求维度来进行描述。

(一) 产品需求

类似于人的基本需求衣食住行一样,客户的基本需求与产品有关,包括产品的功能、效能、质量以及产品的价格。一般的客户都希望以较低的价格获得高效能、高质量的产品,并且认为这是最基本的要求。20世纪80年代,中国的物资供应相对匮乏,客户需求几乎完全以产品需求为主,谁能提供更高性价比的产品,谁就能成功。

(二) 服务需求

随着社会经济的发展,客户的需求也不断提升。顾客消费时,不再仅仅关注产品,还关注产品的售后服务。在当前互联网大数据时代，人们不仅仅满足于好的产品和服务，还希望得到精确、及时的技术支援以及优秀的解决方案。

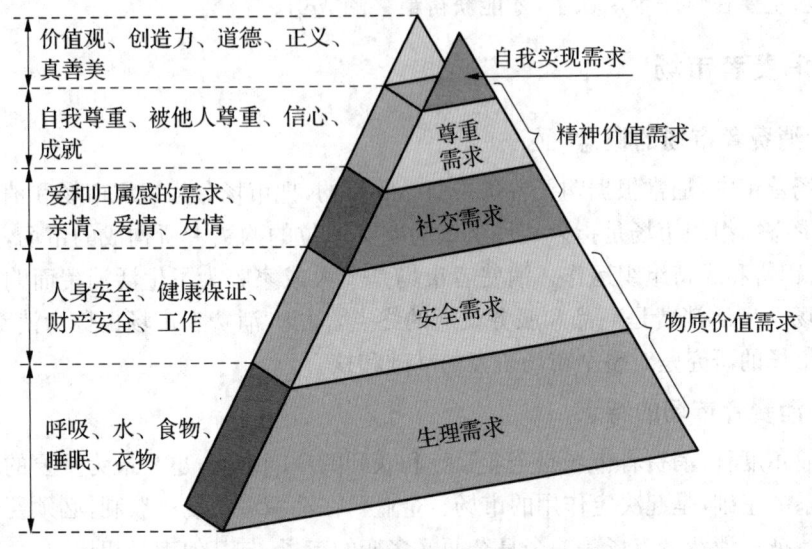

图 5-1　马斯洛需求层次理论

（三）体验需求

随着旅游、娱乐、培训等产业的兴起，人们逐渐从工业经济、服务经济时代步入了体验经济时代。客户消费时，不愿意仅仅被动地接受服务商的广告宣传，而是希望先对产品做一番"体验"，甚至对未经"体验"的产品说"不"。客户逐渐从单纯被动地采购，转为主动地参与产品的规划、设计、方案的确定，"体验"创意、设计、决策等过程。

可以看出，客户在体验方面的需求不是产品、服务所能替代或涵盖的，是在产品、服务需求被满足后产生的更高层次的需求。

（四）关系需求

客户在购买了称心如意的产品、享受了舒适的服务、得到了愉快的体验的基础上，若能同时结交朋友、扩大社会关系网，一定会喜出望外。"关系"对一个客户的价值在于：获得了社会的信任、尊重、认同，有一种情感上的满足感。关系的建立一般会经历较长时间的接触和交流、资源的投入、共同的目标、彼此尊重、相互信任、相互关爱、相互理解、相互依赖、信守诺言等过程或要素，因此，"关系"是客户十分珍视的资源。

（五）成功需求

获得成功是每一个客户的目标，是客户最高阶的需求。客户购买产品或服务，都是从属于这一需求的。企业不能仅仅只看见客户的产品、服务需求，更重要的是，要能识别和把握客户内在的、高层次的需求，否则，不可能赢得商机。

通常情况下，客户并不十分清楚或不能清晰地表述自己的问题或需求，因此，在没有完整、清楚地把握客户的需求之前，即使将全球最好的产品和服务推荐给客户也无济于事。谁能帮助客户真正解决问题，谁能向客户提供获利的行动，谁就能赢得客户。

不同的行业、不同的企业，客户的购买力、购买行为不尽相同，但是，都不同程度地存在上述五个层次的需求。我们可以运用上述的分析方法，更准确、清晰地识别、判断我们的客户需求主要在哪一个层次上，才能获得最终的成功。

二、消费者市场

（一）消费者市场的概念

在市场营销中，通常根据购买者购买商品的目的，把市场分为组织市场和消费者市场两种基本形态。组织市场是指以某种组织为购买单位的购买者所构成的市场，其购买目的是生产、销售和维持组织运作。消费者市场是个人或家庭为了生活消费而购买商品和服务的市场。生活消费是商品和服务流通的终点，因此，消费者市场也称为消费品市场。对消费者市场的研究是对整个市场研究的基础和核心。

（二）消费者市场的特点

从企业角度看，消费者市场是企业服务和获利的广阔市场，也是最为重要的市场。它是市场体系的基础，是起决定作用的市场。企业要在消费者市场中获利，必须要了解消费者市场的特征。消费者市场是一个复杂而又多变的市场，与其他市场相比，它具有以下几个特征。

1. 广泛性和分散性

作为消费者市场中的一员，每位消费者都有购买消费品的行为，因此消费者市场人数众多，市场广阔，潜力大。消费品是以个人或家庭作为基本购买单位的，家庭的储存空间小，储存设备少，储存条件有限，购买大量商品不易存放。一般家庭人口比较少，商品消耗量不大。另外，现代市场上商品供应丰富，线上线下购买极其方便，物流配送便利，没有必要大量储存商品。因此，消费者每次购买数量少，购买次数多，购买非耐用消费品更是如此。

2. 复杂性和多样性

消费者受到年龄、性别、职业、收入、性格、民族、宗教、消费习惯、受教育程度和市场环境等多种因素的影响，具有不同的消费需求和消费行为，所购商品在品种、规格、质量、花色和价格上千差万别，对商品的要求也各不相同。不同的消费者对产品的新品种、新款式的偏好也各不相同。而且随着社会经济的发展，消费者消费习惯、消费观念、消费心理也会不断地发生变化，从而导致消费者市场需求的多样性。

3. 伸缩性和可诱导性

消费需求受消费者收入、生活方式、商品价格和储蓄利率影响较大，在购买数量和品种的选择上表现出较大的需求弹性或伸缩性。一般来说，消费者收入多则增加购买，收入少则减少购买。商品价格高或储蓄利率高的时候减少消费，商品价格低或储蓄利率低的时候增加消费。消费者市场中的大多数消费者购买商品都缺乏相应的专业知识，尤其是在选购电子类商品、机械类商品、新型商品等知识含量较高的商品时，很多消费者很难判断各种商品质量优劣或性价比高低，很容易接受营销人员的推荐，也会受到企业广告宣传或其他促销手段的影响和诱导。

4. 互补性和替代性

消费者对很多消费品的需求具有互补性,即购买某种商品时,需要购买一系列其他互补商品。例如,智能手机的锂电池或充电器、网球拍与网球,对这些具有相关性的商品进行科学、合理的配套,不仅会给消费者提供方便,而且可扩大这些商品的销售额。

消费品的种类繁多,不同品牌甚至不同品种之间往往可以互相替代。例如,"汰渍"牌洗衣液与"蓝月亮"牌洗衣液可互相替代;棉衣与羽绒服虽属不同的商品种类但也可互相替代。由于消费品具有替代性,消费者在有限购买力的约束下,对满足哪些需要及选择哪些品牌来满足需要,必然会慎重地决策且经常变换,导致购买力在不同产品、品牌和企业之间流动。因此,企业应把握商品的更新换代趋势,及时调整商品的品种,满足消费者的需求。

5. 地区性和季节性

同一地区的消费者往往在生活习惯、收入水平、购买特点和商品需求等方面有较大的相似之处,但与另一地区消费者的消费行为相比则表现出较大的差异性。季节性消费可分为三种情况:一是季节性气候变化引起的季节性消费。例如,冬天买棉衣、羽绒服,夏天买短袖、T恤等。二是季节性生产而引起的季节性消费。例如,春夏季是蔬菜集中生产的季节,也是蔬菜集中消费的季节。三是风俗习惯和传统节日引起的季节性消费。例如,端午节吃粽子,中秋节吃月饼等。

(三) 消费者市场的产品类型

消费者进入市场,其购买产品的种类繁多,涉及范围广,包括衣食住行等方面。依据不同的标准,消费者市场的产品类型可分为以下几类。

1. 按消费者的购买习惯划分

(1) 便利品。便利品又称日用品,是指消费者日常生活所需、需要重复购买的商品,如粮食、洗衣粉、香皂、洗发水等。消费者在购买这类商品时,一般不愿意花很多的时间比较价格和质量,愿意接受其他任何替代品。

(2) 选购品。选购品是指价格比便利品贵,消费者购买时愿意花较多时间对多家商品进行比较之后才决定购买的商品,如家具、服装、服务等。消费者在购买前,对这类商品了解不多,因而在决定购买前总是要对同一类型的产品从价格、款式、质量等方面进行比较。

(3) 特殊品。特殊品指消费者对其有特殊偏好并愿意花较多时间去购买的商品,如化妆品、古玩、奢侈品、收藏品等。消费者在购买前对这些商品有了一定的认识,不愿意接受替代品。

2. 按商品的耐用程度和使用频率划分

(1) 耐用品。耐用品是指能多次使用且寿命较长的商品,如电视机、住房、汽车等。消费者在购买这类商品时,决策较为慎重。生产这类商品的企业,要注重技术创新,提高产品质量,同时要做好售后服务,满足消费者的购后需求。

(2) 易耗品。易耗品是指使用次数较少、消费者需要经常购买的商品,如饮料、文化娱乐等产品。生产这类产品的企业,除了应保证产品质量外,还需要注意销售渠道,以方便消费者的购买。

（3）服务。服务是非物质实体产品,如餐饮、教育、咨询等。服务产品的生产与消费具有同时性,不易储存。因此,要加强服务产品质量管理,密切购买者和企业的关系,提高企业的信誉以及对购买者的适应性,以满足顾客的差别化、个性化的服务产品需求。

三、消费者购买行为

消费者购买行为是指消费者在搜集满足自身需要产品或服务信息的基础上选择、购买、消费和评估产品信息过程中的各种行为表现。在消费者市场中,研究消费者购买行为,就要掌握消费者购买的基本内容,了解消费者购买什么（What）、什么时间购买（When）、在哪里购买（Where）、由谁购买（Who）、为什么购买（Why）、如何购买（How）六个方面的内容(即5W1H),准确把握消费者购买的规律性。

（一）购买什么

这是对消费者购买客体或购买对象的分析。企业可以通过市场调研,了解消费者市场需要什么样的商品,从而提供适合的产品来满足市场需求,尽可能地在产品的颜色、品种、质量、款式、性能、包装和价格等属性方面满足消费者的需要。总体来看,性价比高、富有个性的产品更容易受到消费者的欢迎和青睐。

（二）何时购买

这是对消费者购买时间的分析。消费者购买商品的时间因人而异,似乎毫无规律可言,但是仔细研究一定会发现其内在的规律性。一般情况下,消费者选购便利品的时间,多在休息日和工作之余;选购礼品的时间,多在重大节日或传统节日;选购季节性商品的时间,多在季节前购买。企业营销人员需要研究和掌握消费者购买商品的时间和规律,有针对性地开展营销活动。

（三）何处购买

这是对消费者购买地点的分析。研究消费者购买商品的地点,主要了解消费者购买某类商品的消费习惯。这里分析两个方面：一是消费者在何处决定购买；二是消费者在何处实际购买。这两种情况可以在同一地方发生,也可以在不同地方发生。不同类型的商品,消费者在决定购买与实际购买的地点上有所区别。比如便利品,消费者常常根据实际需要就地购买或就近购买;选购品和特殊品则可能由家庭成员商量决定后,到大商场或所信任和偏爱的商店去购买。企业应根据消费者购买特征,合理设置销售网点,方便消费者购买。

（四）由谁购买

这是分析购买主体,也就是商品由谁购买的问题。企业需要了解消费者购买行中的"购买角色"的问题。由于消费者在年龄、性别、收入、职业、教育和性格等方面的不同,因而在需求和爱好上存在很大差异。由谁购买商品,从表面上看,似乎是一个人的行为,但实际上,购买决策往往是多人共同参与的。其中包括不同作用的五种人,即发起者、影响者、决策者、购买者和使用者。

(五) 为何购买

这是对消费者购买动机的分析,主要分析消费者购买商品的初始原因和原动力。消费者在实施购买行动前,总是先产生需要,当需要强烈到一定程度时,就会产生购买动机。没有欲望和动机的购买行为几乎是不存在的。因此,分析"为何购买"的关键是对需要和动机的分析,企业应通过对消费者的调查和预测,准确地把握和弄清消费者"为何购买"的问题。

(六) 如何购买

这是对消费者购买方式和付款方式的分析。消费者采取什么方式购买,是线上购买还是线下购买,是线上支付还是线下支付等,都会影响到企业经营对策与经营计划的制订。企业可根据消费者的不同需求制定出相应的销售策略。

四、消费者购买行为的类型

消费者的购买动机纷繁复杂,因而消费者的购买行为类型也多种多样。按照不同的划分标准,消费者的购买行为可分为不同类型。消费者购买决策随着其购买行为类型的不同而变化。以消费者参与程度和品牌差异程度为标准,可将消费者购买行为分为以下四种类型。

(一) 复杂型的购买行为

如果消费者属于高度参与,并且了解现有各品牌之间具有的显著差异,便会形成复杂型的购买行为。这种类型的购买行为,主要体现在消费者初次选购价格昂贵、购买次数较少、风险较大的产品上。由于消费者对这些产品的性能和品牌缺乏了解,所以在购买产品时会投入较多的时间和精力,广泛地收集与本产品有关的各类信息,认真学习、反复比较,产生对这一产品的信任,形成对品牌的态度,并慎重地做出购买决策。针对这种类型的购买行为,企业应设法帮助消费者了解本产品的性能特征及优势,树立对产品的信任感,明确同类产品品牌之间的差异,制定营销策略帮助消费者简化购买过程,以影响消费者的购买决策。

(二) 协调型的购买行为

协调型的购买行为又称为减少失调感的购买行为,通常是指当消费者高度介入某款产品的购买,但又很难分辨出各品牌的差异时,对所购产品往往产生失调感的购买行为。由于品牌的区别不明显,消费者一般不愿意花很多时间去搜集不同品牌间的信息,也不会对不同品牌的产品进行比较评价,而主要关心价格是否优惠和购买时间与地点是否便利,消费者的购买决策过程迅速而简单。购买产品后,消费者容易出现因发现产品的缺陷或其他品牌更优惠而导致心理不平衡的现象。为追求心理平衡,消费者这时才注意寻找有关自己购买品牌的有利信息,争取他人支持,设法获得新的信心,以证明自己的购买选择是正确的。

因此,对于协调型的购买行为,企业要提供完善的售后服务,通过各种途径提供有利于本企业的产品和服务的信息,使消费者相信自己的购买决定是正确的。

（三）多变型的购买行为

多变型的购买行为又称为寻求多样化的购买行为，通常是指消费者为了使消费多样化而常常变换品牌的一种购买行为。消费者购买产品或服务有很大的随意性，尽管产品品牌之间存在较大的差异，消费者并不深入收集信息和评估比较就决定购买某一品牌，在消费时才加以评估，但是在下次购买时又转换其他品牌。消费者之所以转换品牌，可能是厌倦原产品或想试试新产品，并不一定意味着对原来购买的产品或服务不满意。比如，顾客上次购买了某品牌的洗发水，而这次想购买另一品牌的洗发水，这种品牌的更换并非对上次购买产品的不满意，而只是单纯地想换一个品牌。

面对这种多变型的购买行为，市场地位不同的企业会采取不同的营销策略。当企业处于市场优势地位时，应注意以充足的货源占据货架的有利位置，并通过提醒性的广告促成消费者建立习惯性购买行为；而当企业处于非市场优势地位时，则应以降低产品价格、免费赠送样品、强调试用新品牌等方式，鼓励消费者改变原来的习惯性购买行为。

（四）习惯型的购买行为

习惯型的购买行为是指消费者购买品牌差异小、价格低廉、购买频率高的产品，消费者不需要花时间选择，也不需要经过收集信息、评价产品特点等复杂过程的消费行为。消费者通常已熟知产品特性和各主要品牌特点，久而久之就成为了习惯，而并非对品牌的偏爱和忠诚，只是根据自己的习惯和经验购买这类产品。针对这种购买行为，企业要特别注意给消费者留下深刻印象，企业的广告要强调本产品的主要特点，要以鲜明的视觉标志、巧妙的形象构思赢得消费者对本企业产品的青睐。为此，企业的广告要加强重复性、反复性，以加深消费者对产品的熟悉程度。

五、影响消费者购买行为的因素

消费者购买行为是指消费者在搜集产品有关信息的基础上选择、购买、消费、评估产品过程中的各种行为表现。影响消费者购买行为的因素有很多，主要包括经济因素、个人因素、社会因素、文化因素和心理因素。

（一）经济因素

经济因素是决定消费者购买行为的首要因素。一个人的经济状况，取决于他可支配收入的水平、储蓄和资产、借贷能力以及他对消费与储蓄的态度，由此决定个人的购买能力，在很大程度上制约着个人的购买行为。

现代市场营销学认为，经济因素影响消费者的购买行为主要体现在两个方面：一是产品的性能是否与产品的价格匹配；二是产品的价格能否被消费者所接受。其一，产品的性能是否与产品的价格相匹配，其实质就是要求产品的性能和产品的价格相符合，即价值和使用价值的统一，这是产品的内在规律。产品的性能与产品的价格关系一般表现为三种情况及两种不同的结果，即高质量高价格的产品有销路，低质量低价格的产品也有销路，低质量高价格的产品无销路。所以从产品的性能与价格匹配的角度来看，企业的营销活动一方面要重视产品的性能，另一方面要科学制定产品的价格，力求两者相匹配。其二，产品的价格能否被消费者所接受，即产品的价格定在何种程度，要看消费者能不能接受和承受。有时候企业虽然把产品价格与性能之间的关系处理得很好,做到了产品和价格相匹配,但这种价格不被消费者接受或消费者承受不了,其结果仍然是营销活动不能取得成功。

例如,低收入家庭只能购买基本生活必需品以维持温饱,购买商品时注重价廉物美;而收入水平高的家庭则对商品的价格不太敏感,高档名牌商品往往成为其光顾的对象。消费者一般都在可支配收入的范围内考虑以最合理的方式安排支出,更有效地满足自己的需要。收入低的消费者往往比收入高的消费者更关心商品的价格。企业要想经营与居民购买力密切相关的产品,就应该特别注意居民个人收入、储蓄率的变化以及消费者对未来经济形势、收入和商品价格变化的预期效果。

(二) 个人因素

消费者购买决策自然受其个人特征的影响,主要包括年龄、性别、职业、受教育程度、家庭生命周期、生活方式、个性和自我认知等方面。

1. 年龄

不同年龄消费者因生活经历、习惯、兴趣和爱好等方面的差异,对商品有不同的需要和偏好,他们购买或消费商品的种类也会不同。例如,儿童是益智类玩具的主要消费者;青少年是文体用品和运动服装的主要消费者;成年人是家庭日用品的主要购买者和使用者;老年人是保健品的主要购买者和消费者。

不同年龄消费者对商品的式样、风格等也有所偏好。例如,青少年喜欢新颖的科技感强的商品,中老年人注重端庄朴素款式的商品。

2. 性别、职业和受教育程度

由于生理和心理上的差异,不同性别消费者的需求和欲望、消费构成和购买习惯也是不同的,这必然会导致他们在购买行为方面的差异,即便是购买同样的商品,性别不同的消费者也各有所好。例如,夫妻参加汽车会展,两人看重的汽车往往差别很大,女性消费者更注重汽车的外观、颜色等,男性消费者则偏重汽车的动力、排量等。

职业不同、受教育程度不同,也影响人们的需求和兴趣。受教育程度较高的消费者对书籍、报刊等文化用品的需求量较大,购买商品的理性程度较高,审美能力较强,购买决策过程较为全面。从事体育运动的消费者多数易发生冲动性购买,而从事法律工作的消费者购物时相对冷静。这些都是制定营销策略时要考虑的。

3. 家庭生命周期

家庭是社会的基本单位,家庭生命周期对消费者购买行为产生直接影响。家庭生命周期的不同阶段,消费者对商品需求不同,因此消费者购买行为也会存在差异。家庭生命周期一般可分为以下五个阶段。一是从筹划组织家庭到实际组织家庭阶段。在此阶段,消费者主要是对结婚用品的需求,一般女性决策权较大,企业应着重研究女性的价值观念及消费习惯。二是年轻夫妇尚无孩子阶段。此阶段,消费者对添置生活用品及旅游、娱乐用品感兴趣,企业要研究年轻夫妇需求的特点。三是年轻夫妇已有孩子阶段。此阶段,孩子的需求成为家庭的消费中心。四是中年夫妇,孩子正在上学阶段。此阶段,孩子上学交纳的学费、孩子的生活开支等已成为家庭的消费中心。五是老年阶段,孩子已工作。这时老年夫妇成为家庭消费中心,保健食品、保健用品、旅游、上老年大学进行继续学习等成为此阶段的主要需求。企业市场营销人员应当了解消费者家庭生命周期各阶段的特点,细分市场,选择有利的目标市场,制定相应的营销策略。

4. 生活方式

生活方式是指一个人在活动、兴趣和意见等方面展现的个人行为模式,是个人心理、社会、文化、经济等各种因素的综合反映。具体是指人们的生活形态,集中表现在人们的日常活动、兴趣及思想见解上。消费者也许出自同一社会阶层,来自同一文化区域,具有相似个性,但却有着不同的生活方式,这些不同的生活方式对消费需求产生深刻的影响。具有不同生活方式的消费者对某一消费商品或品牌有各自不同的偏好,市场营销者需多了解产品与各种生活方式或消费者群体的关系,从而加强产品对消费者生活方式的影响。

5. 个性和自我认知

个性是个人的性格特征,例如,自信或自卑、外向或内向、活泼与沉稳、倔强或顺从等。显然,自信或急躁的人,购买商品时很快就能拿定主意;缺乏自信或慢性子的人购买决策过程就较长。外向型的人容易受周围人意见的影响,也容易影响他人;内向型的人则相反。

自我认知是与个性紧密相关的一种观念,即人们怎样看待自己。自我认知会对消费者的购买行为产生重要影响,主要表现在:消费者常常会选择与他们个性及自我定位相吻合的产品。另外,自我认知会在一定程度上影响消费者的未来预期,从而影响消费者现在的购买决策。

(三) 社会因素

消费者的消费模式与其所属的社会阶层之间有着极大的相关性。消费者所属的社会阶层对其消费行为具有直接的影响和制约作用。因此,市场营销人员必须了解社会因素对消费的影响及其规律。

1. 相关群体

所谓相关群体,是指对消费者个人的态度、意见和偏好有重大影响的群体。相关群体可分为三类。一是首要群体,指对个人影响最大的群体,如家庭、亲朋好友、邻居和同事等。二是次要群体,指对一个人的影响不是经常和频繁的群体,但是这种影响是比较正式的,如宗教组织、专业协会等。三是崇拜性群体,指个人并不直接参加,但影响也很显著的群体,如社会名流、影视明星、体育明星等。女孩子会模仿歌星、影星;男孩子会模仿著名的运动员;成年人也会模仿某些有影响人物的发型、服饰和生活环境。崇拜性群体对消费者的行为影响是间接的,但由于这种影响与消费者的内在渴望相一致,因此效果往往是很明显的。相关群体对消费者购买行为的影响主要体现在三个方面:一是影响消费者的生活方式,进而影响其购买行为;二是引起消费者的购买欲望,从而促成其购买行为;三是影响消费者对商品品牌及商标的选择。因此,企业在市场营销中,应充分利用社会群体的影响,提供其爱好的商品,并请他们做广告,以发挥其"导向"和"引导"作用。

相关群体对消费者购买不同商品的影响是有所区别的。一般来说,消费者购买引人注目的产品,如汽车、服装等,受相关群体的影响较大;而购买使用不太引人注意的产品时,如洗衣粉等,则不易受相关群体影响。

2. 社会阶层

所谓社会阶层,是指由相似社会地位、教育水平、收入来源、价值观念和生活方式的人们组成的群体。处在同一社会阶层的人,通常在社会经济地位、利益、价值取向、思维方式、生活目标、兴趣、消费欲望、消费偏好,以及购买行为等方面存在许多相似之处。比如,一家外企的高级员工的休闲方式往往趋同,一家工厂的工人下班后也有类似的休闲模式。一个人所偏爱的休闲活动通常是同一阶层或临近阶层的其他个体所从事的某类活动,处于不同社会阶层的人,往往在上述各方面存在较大的差别。企业依据社会阶层进行市场细分,然后选择自己的目标市场,合理安排市场营销组合,可以大大地增强市场营销活动的有效性。

3. 家庭

家庭是社会的细胞,是最重要的相关群体,对人的行为影响最大。一个人从一出生就生活在家庭中,家庭在个人消费习惯方面给人以种种倾向性的影响,这种影响可能会终其一生。家庭对消费者购买行为的影响,在不同类型的家庭其影响是有区别的。例如,中国城镇家庭从20世纪90年代起随着住房条件的改善,家庭规模出现小型化的发展趋势,从而导致家用电器等耐用消费品的销售量明显上升,而家庭厨房炊具等却出现小型化、精致化的需求。有人曾把家庭分为四种类型,即丈夫决定型、妻子决定型、共同决定型和各自做主型。在不同商品的购买中,家庭成员的影响有区别,一般来说,丈夫对电视机、汽车等重要商品购买的影响力较大,妻子则对洗衣机、吸尘器等商品购买的影响力较大。夫妻影响力均等的商品包括住宅、家具等。另外,家庭成员对购买者决策过程影响的角度有所不同,妻子在商品的外形、颜色等方面影响力较大,丈夫则一般在何时购买、何处购买等方面影响力较大。

(四)文化因素

文化是指根植在一定的物质、社会、历史传统基础上形成的特定价值观念、信仰、思维方式、习俗等的综合。文化是影响人们欲望和行为的基本因素。每个人的价值观念、生活态度和思维方式等无一不受文化的制约,以及家庭和社会潜移默化的影响。处于不同文化环境的人们在文化特征方面常常表现出较大的差异性,而这些差异性,又对消费者的购买行为产生强烈的影响。每一种文化都包含着能为其他成员提供更为具体的认同感和社会化的较小的文化群体,即亚文化群体。处在不同亚文化群体中的消费者,其消费习惯和需求往往也有很大差异。亚文化群主要有以下四种。

1. 民族群体

我国是个多民族的国家,各民族经过长期发展形成了各自的语言、风俗、习惯和爱好,人们在饮食、服饰、居住、婚丧、节日、礼仪等物质和文化生活方面各有特点,这都会影响人们的购买欲望和购买行为。

2. 宗教群体

宗教群体是人类社会发展到一定阶段的历史现象。宗教群体如基督教教徒、伊斯兰教教徒和佛教教徒等各有其宗教的尊崇与禁忌，形成了一定的宗教文化。不同的宗教群体由于不同的信仰禁忌，因而在消费方式、生活习惯、购买行为上存在一定的差异。

3. 地理区域群体

南方或北方、城市或乡村、沿海或内地、山区或平原等不同地区，由于地理环境、风俗习惯和经济发展水平的差异，人们往往具有不同的生活方式和购买习惯。例如，在饮食习惯上就有"南甜北咸，东辣西酸"的特点，从而影响他们的购买行为。

4. 种族群体

不同的种族有其不同的生活习惯、口味、爱好、文化风格等，这些必然会影响不同种族消费者的购买决策和购买行为。

市场营销者在选择目标市场和制定营销策略时，必须了解和考虑目标市场的文化背景，了解各种不同的文化对于某产品的认识处于什么样的阶段，否则，盲目营销必然会遭受挫折。

（五）心理因素

消费者的购买行为会受其心理的支配，消费者心理也就是消费者在满足需要活动中的思想意识。消费者的心理过程主要包括动机、感觉、学习和态度。

1. 动机

心理学认为，人的行为是由动机支配的，而动机是由需要引起的。所谓需要，就是客观刺激通过人体感官作用于人脑所产生的某种缺乏状态。一种尚未满足的需要，会产生内心的紧张或不适。当它达到迫切的程度，便成为一种驱使人行动的强烈的内在刺激，称为驱策力。这种驱策力被引向一种可以减弱或消除它的刺激物时，便成为一种动机。因此，动机是一种推动人们为达到特定目的而采取行动的迫切需要，是行为的直接原因。

2. 感觉

人们的需要受到刺激形成动机，随时可实施行动，但他们的行动如何，还要看他对客观情况的感受如何。感觉就是人们通过感觉器官对客观刺激物的反应。同一刺激物为什么会产生不同的反应、不同的感觉呢？心理学认为，感觉过程是一个有选择性的心理过程，包括选择性注意、选择性曲解和选择性记忆。

（1）选择性注意。人每天都会面临许多刺激物，但并不是所有的外界刺激物都会引起同等的注意，人们倾向于注意那些与其当时需要有关、与众不同、反复出现的外界刺激。

（2）选择性曲解。消费者即使接收外部刺激，但并不一定会如实反映客观事物，而是根据自己以往的经验、成见对信息进行理解。例如，某一品牌商品在消费者心目中早已树立信誉，形成了品牌偏好，就不会轻易消失；另一新的品牌即使实际质量优于前者，消费者也不会轻易认可，总认为原来的品牌更好些。

（3）选择性记忆。人们对所接触到的东西，不可能全都记住，而主要是记住那些符合自己信念的东西。选择性记忆提示我们，由于每个人的感知能力、知识态度和彼时关心的问题不同,同样的外界刺激作用于不同人身上会有不同的反应,形成不同程度的记忆,从而导致消费者购买行为的差异。

3. 学习

人类的行为有些是与生俱来的,但大多数行为是从后天经验中习得的,这种通过实践,由于经验而引起的行为变化的过程就是学习。人类的学习过程是包含驱动力、刺激物、诱因、反应和强化等因素的一连串相互作用的过程。人们饥饿的时候常会被饭店的招牌、食物的香味所吸引,因为以往学习的知识和经验告诉他们那里是解决饥饿的去处。而且一些著名饭店的招牌或广告更能给人们以美味佳肴的提示。由于市场营销环境的不断变化,新产品、新式样不断出现,消费者必须经过多方收集有关信息之后,才能做出购买决策,这本身就是一个学习的过程。消费者在使用新产品的过程中从不会到熟练掌握使用技巧都是一个学习过程。

4. 态度

消费者在长期的学习和社会交往的过程中形成态度,态度是人们长期保持的关于某种事物或观念的是非观、好恶观。消费者一旦形成对某种产品或品牌的态度,以后就倾向于根据态度做出重复的购买决策,不愿再费心去进行比较、分析、判断。例如,某人认为某一品牌的彩电质量最好,则他在购买彩电时就会选择这一品牌,甚至当他的亲友购买彩电时,他也会向他们极力推荐这一款产品。因此,企业在一般情况下应使产品迎合人们现有的态度,而不是设法改变这种态度。经验证明:改变产品设计和推荐方法要比改变消费者的态度容易得多。

六、消费者购买决策过程

(一) 购买决策的参与者

营销人员需要了解参与购买决策过程的每一个角色,以便判断购买决策过程的参与者发挥的作用和对购买行为的影响程度。消费者在购买决策过程中扮演的角色主要有五个。

1. 发起者

首先提出或有意购买某一种产品或服务的人。发起者受一定的购买动机支配,这可能是由内在的生理活动引起的,可能是受到外界的某种刺激引起的。

2. 影响者

其看法或建议对最终购买决策者具有一定影响的人。他人反对态度越强烈,或持反对态度者与购买者关系越密切,修改购买意图的可能性就越大。

3. 决策者

对是否购买、为何购买等有关决策做出完全或部分最后决定的人。决策者是整个购买决策过程中起关键作用的角色。

4. 购买者

整个购买过程的载体和执行者,是实际的采购人。

5. 使用者

实际使用产品或接受服务的人。

(二) 消费者的购买决策过程

在复杂的购买行为中,消费者购买决策过程由确认需要、收集信息、评价方案、决定购买和购后行为构成。

1. 确认需要

购买过程开始于消费者对某种需要的确认。需要是在内部刺激的基础上产生的,内部刺激产生人的本能需求,外部刺激则是把潜藏在内部的需要激活,从而触发需求。

2. 收集信息

消费者形成了购买某种产品的动机后,如果不熟悉这种产品的情况,就要先收集信息。为了向目标市场有效地传递信息,营销人员需要了解消费者获得信息的主要来源及其对消费者的影响程度。消费者获得信息的来源一般有个人来源、商业来源、公众来源以及经验来源。

3. 评价方案

消费者收集到信息之后,要进行分析、整理、提出若干备选方案,并根据自己的购物标准对各种备选商品的质量、效用、款式、价格、品牌、售后服务等进行比较和评价,以选定能满足自己需求的产品。这是购买决策中最重要的阶段。

(1) 产品属性。产品属性即产品能够满足消费者所需的特性。但消费者不一定将产品的所有属性都视为同等重要。营销人员应分析本企业产品具备哪些属性,以及不同类型的消费者分别对哪些属性感兴趣,以便进行市场细分,对不同需要的消费者提供具有不同属性的产品。

(2) 属性权重。即消费者对产品有关属性所赋予的不同的重要性权数。在非特色属性中,有些可能被消费者遗忘,而一旦被提及,消费者就会认识到它的重要性。市场营销人员应更多地关心属性权重,而不是属性特色。

(3) 品牌信念。消费者会根据各品牌的属性及各属性的参数建立起对各个品牌的不同信念,比如确认哪种品牌在哪一属性上占优势,哪一属性相对较差。

(4) 效用函数。消费者的需求只有通过购买才能得以满足,而他们所期望的从产品中得到的满足是随着产品每一种属性的不同而变化的,这种满足程度与产品属性的关系可用效用函数描述。它与品牌信念的联系是,品牌信念指消费者对某品牌的某一属性已达到何种水平的评价,而效用函数则表明消费者要求该属性达到何种水平他才会接受。

(5) 评价模型。评价模型即消费者对不同品牌进行评价和选择的程序和方法。

4. 决定购买

消费者经过比较和做出选择后就会形成购买意向,购买意向会导致消费者做出购买决策。但是,在以下三个因素的影响下,消费者不一定会立即实现购买意向:第一,他人的态度,如果消费者的购买意向受到相关群体的反对,则会对购买决策的形成产生负面影响。第二,意外情况。如果出现家庭收入减少、急需在某方面用钱或得知准备购买的品牌令人失望等,消费者也可能改变购买意向。第三,预期风险的大小。在所购商品比较复杂、价格昂贵、预期风险大的情况下,消费者可能会采取避免或减少风险的习惯做法,包括暂时不购买甚至改变购买意向。

5. 购后行为

消费者购买商品后,经常会通过使用和他人的评判,对其购买选择进行检验,把他所觉察的产品的实际性能与以前对产品的期望进行比较。如果发现产品性能与期望大致相符,消费者就会感到基本满意;如果发现产品性能超出期望,就会感到非常满意;反之就会感到失望和不满。消费者是否满意,会直接影响他购买后的行为。

任务二 组织市场购买行为分析

一、组织市场

组织市场是企业为了从事生产经营、销售等活动以及非营利组织为了履行职责而购买产品和服务构成的市场。也就是说,组织市场是以某种组织为购买单位的购买者所构成的市场。组织市场与消费者市场相比,有其自己的特点。

(一) 购买者较少

组织市场营销人员比消费者市场营销人员面对的购买者要少得多。大型采煤设备生产者面对的购买者是少数大型煤矿,大型医疗设备的生产者面对的购买者是有实力的医院,高端芯片的制造商面对的购买者可能是服务器、手机等生产厂家。

(二) 购买数量大

组织市场的购买者每次购买的数量都比较大,有时一位购买者就能买下一个企业较长时期内的全部产品,有时一张订单的金额就能达到数千万甚至数亿元。如2019年6月中船重工所属中国船舶租赁有限公司与中国船舶重工国际贸易有限公司、大连船舶重工集团有限公司、武昌船舶重工集团有限公司、天津新港船舶重工有限责任公司签订24艘新造船合同及12艘改装船保理融资协议,签约订单金额合计约143亿元人民币。

(三) 供需双方关系密切

组织市场的购买者需要有源源不断的货源,供应商需要有长期稳定的销路,双方对对方都具有重要意义,因此供需双方保持着密切关系。有些购买者常常在产品的花色品种、技术规格、质量、交货期、服务项目等方面提出特殊要求,供应商也常常与其沟通协商,尽最大可能予以满足。

(四) 派生需求

组织市场通过一系列的增值阶段为消费者市场提供产品,所以对最终消费的需求是引发组织市场供给的最终力量。组织市场的需求是从组织市场到消费者市场的各增值阶段一系列需求的派生。例如，出版社用纸市场的需求取决于对书籍和杂志的需求，如果对于最终消费品需求疲软，那么对所有用以生产这些消费品的材料产品的需求也将下降，所以，组织市场的供应商不能只盯着其顾客，还必须密切关注最终消费者的购买类型和影响他们的各种环境因素。

（五）需求弹性小

组织市场对产品或服务的总需求量受价格波动影响较小。一般来说，原材料的价值越低或原材料成本在制成品成本中所占的比重越小，其需求弹性就越小，在短期内组织市场的需求是相对无弹性的，因为任何组织都不能随时对其生产方式或运营模式做较大变动。

（六）需求波动大

与消费品市场的需求波动相比，组织市场的需求波动要大一些，因为当消费品需求增加一定的百分比时，为了满足这一追加需求的产品，生产企业的设备、原材料的投资就必须以更大的百分比增长。经济学家把这种现象称为加速原理。有时候消费品需求仅上升5%，就可能导致下一阶段工业需求上升100%。基于这一特点，许多企业为了减少和防止因消费品市场需求下跌导致工业需求暴跌的风险，常常开展多元化经营。

（七）专业化采购

组织市场的采购人员大都经过专业训练，具有丰富的专业知识，清楚地了解产品和服务的性能、质量和有关技术要求。因此，供应企业不得不雇用一些受过精良训练、有专业知识和人际交往能力的销售代表和销售队伍与经过专业训练、具有丰富专业知识的采购人员打交道，供应商应当向他们提供详细的技术资料和专业服务，从技术角度说明本企业产品和服务的优点。

（八）影响购买的人多

通常影响组织购买决策的人较多，大多数企业有其专门的采购组织，重要的购买决策往往由技术专家和高级管理人员共同做出，其他人也直接或间接地参与其中。

（九）直接采购

由于属于专业性采购，且交易涉及的金额较大，组织购买者通常直接从生产商那里购买产品，而不经过中间商，那些技术复杂和价格昂贵的项目更是如此。

（十）租赁

相对于直接购买，许多组织购买者日益倾向大设备租赁，承租人能得到一系列诸如更多的可用资本、出租人最新的产品和上乘的服务等，出租人则最终将得到较稳定的净收益。

二、影响组织市场购买行为的因素

在正常情况下，影响组织市场购买行为的因素与影响消费者市场购买行为的因素不同，大致概括为以下四个方面。

(一) 环境因素

组织购买很大程度上受到环境的影响,如供需状况、经济状况及前景、原料供应、利率高低、科技发展以及竞争形势等,其中,国家的经济形势对购买者的影响最为深刻直接。当经济发展前景不佳,需求趋于萎缩,投资风险增大时,购买者会减少投资,减少原材料的采购和库存。例如,2018—2019年全球经济不确定性增大,中国企业对美投资更为谨慎,中国买家对美国大豆和其他农产品的采购减少。

(二) 组织因素

每个采购企业都有自己的经营目标、政策、业务程序、规章制度。例如,有的企业以发展为目标,有的企业则只求保持现状,有的企业重视质量,有的企业重视成本,大企业往往从长远利益考虑,小企业则重视当前利益,这些因素都影响着组织的购买行为。

(三) 人际关系因素

采购工作往往受到正式组织以外的各种人际关系因素的影响。采购中心的参与者在企业内的职位、权威和影响力,对购买活动的意见和看法,都会直接影响组织的购买行为。

(四) 采购人员的个人因素

采购人员的年龄、受教育程度、个人性格、职位高低、对风险的态度和负责态度,也会影响组织的购买行为。

三、组织市场的购买类型

(一) 直接重购

在直接重购中,购买者重复订货,对原采购合同的内容不做任何变动。这通常也是采购部门的日常工作,采购部门对以往的所有供应商加以评估,选择感到满意的作为直接重购的供应商。被列入直接重购名单的供应商应尽力保持产品质量和服务质量,提高采购者的满意程度;未列入名单的供应商应试图提供新产品和满意的服务,以便促使采购者转移或部分转移购买,逐步争取更多的订单。

(二) 修正重购

修正重购是指购买者改变了产品的规格、价格、交货条件等的重复购买类型。对于这样的购买类型,原有的供应者要清醒地认识面临的挑战,积极改进产品规格和服务质量,大力提高生产率,降低成本,以保持现有的客户;新的供应者也要抓住机遇,积极开拓,争取新业务的建立。

(三) 新购

新购是指组织首次购买某种产品或服务。由于是第一次购买,买方对新购产品或服务存在一定的顾虑,在购买决策前要收集大量的信息,因而制定决策所花时间也比较长。首次购买的成本越高,风险就越大,参加购买决策的人员就越多。新购是营销人员的机会,因此要采取适当措施影响采购决策中心人物,还要通过实事求是的广告宣传,使购买者了解其产品或服务。为了达到目标,企业应选取最优秀的推销人员组成一支庞大的营销队伍,以赢得采购者的信任并力促其发生购买行动。

四、组织市场的购买决策过程

(一) 组织购买决策的参与者

购买类型的复杂程度不同,购买决策的参与者也不同。组织购买决策的参与者可能包括使用者、影响者、采购者、决定者和信息控制者。

1. 使用者

使用者指直接使用所采购产品的人员。例如,企业采购劳动保护用品时,劳动者会对劳保用品提出购买建议,协助确定产品规格、性能等,他们往往是某一产品购买的提议者,并在产品的规格确定上有较大的影响力。

2. 影响者

影响者指组织内部或外部对采购决策产生直接或间接影响的人员。影响者会影响对供应商的选择及对产品规格、性能、购买条件等的确定。在众多的影响者中,企业外部的咨询机构和企业内部的技术人员的影响力最大。

3. 采购者

采购者指组织中具体执行采购决定的人,他们是组织中负有采购职责的人员,其主要任务是交易谈判和选择供应商。在较复杂的采购工作中,采购者还包括企业的高层管理人员,采购者在采购行动中具有较大的灵活性,供应商应该把握好机会,处理好与采购者的关系。

4. 决定者

决定者指有权对买与不买,买的数量、规格、质量及供应商的选择做出最终决策的人员。这些人可以是企业内处在不同层次的人,供应商应该弄清组织中对采购决策起关键作用的人。

5. 信息控制者

信息控制者指组织内部或外部能够控制信息流向的人。例如,技术人员或采购代理人、接待员、电话接线员、秘书、门卫等,他们可以拒绝或终止某些供应商、推销人员与决策者及使用者接触。应该指出的是,并不是所有企业采购任何产品都需要上述五种人员参加决策。组织购买的参与者会因欲购产品种类的不同和企业自身规模的大小及组织结构不同而有所区别。

(二) 组织购买决策过程

不同类型组织的购买决策过程有所不同,下面以组织市场中生产者市场为例介绍其购买决策过程。

1. 提出需要

生产者内部的某些部门或成员认识到要购买某种产品,以满足企业某种需要。这是购买决策的开始,这种需要一般是由两种刺激引发,即内部刺激或外部刺激。属于内部刺激的情形,如企业为了适应生存与发展,决定开发、生产某种新产品,因此需要购置生产新产品的机器设备和原材料;一些机器发生故障或损坏报废,需要购买某些零部件或新的机器设备;发现已采购的生产资料有些缺陷不能满足企业生产经营的要求,必须更换供应商等属于外部刺激的情形,如企业的有关人员发现了可以采购的适合于本企业生产经营的新生产资料;工程技术人员通过有关的信息资料发现了更好的代用品等。提出需要的核心问题是发现问题进而形成解决问题的动机。在这一阶段,供应商应通过广告、人员推销等形式帮助或促使有关生产资料的购买企业发现问题并提出需要。

2. 确定总体需要

提出需要以后,接着就要把需要产品的种类、特征、数量从总体上加以确定。对标准品来说,确定总体需要很简单;对复杂产品来说,采购人员应和工程技术人员、使用者共同分析、确定所需产品的种类、特征和数量,确定总体需要。实际上就是在进一步明确问题及其性质的基础上,确定解决问题的基本方案。这一步骤的工作通常以待购项目的实际需要部门为核心进行,然后将建议提交给有关人员,进而确定所需产品的种类、特征和数量。

3. 拟定规格要求

总体需要确定后,还要对所需产品的规格、型号等技术指标做详细说明。在这一过程中,要在技术性、经济性、适用性等方面做出整体性评价,写出技术说明书,以便由采购人员选择和确定最佳的采购方案。因此,供应商应向其产品的潜在购买者说明其产品的良好特性和规格、型号。

4. 查询供应商

按照规格要求,采购人员开始查询合适的供应商。采购技术复杂、价值很高的产品,需要花较多的时间查询供应商,采购人员通常利用供应商名录或其他资料来查询供应商,有时也可通过其他企业来了解供应商的信誉,然后他们会对一批可能的供应商进行初步选择。因此,供应商应注意把自己的企业名称列入行业内的各类供应商名录,并在扩大知名度的基础上树立良好的信誉。

5. 征求供应信息

对初步选出的供应商提出要求,征求他们的信息和建议,请他们尽快提供样品或说明书、价目表等有关资料,复杂、昂贵的采购项目还需要供应商提供详细的资料。因此,供应商要善于提交有竞争力的方案,力求全面、准确地把自己产品的特性和优点介绍给客户,取得客户信任,争取成交。

6. 选择供应商

采购者在得到供应商的有关资料后,要通过比较分析选择供应商。在选择过程中,主要考虑以下因素:交货能力、产品质量、价格、规格、企业信誉、服务能力、生产技术水平、结算方式、企业管理和财务状况、对顾客的态度、地理位置等。

7. 签订合同

用户选择了供应商以后,就可以发订单,与供方签订供货合同,明确所需产品的规格、数量、要求、交货期、保修条件、结算方式等。

8. 评估、检查

购进产品以后,采购部门要主动与使用部门联系,了解、检查所购产品的使用情况。评估、检查供应商合同履行情况,为以后采购提供依据。对供应商来说,经常了解购货企业的反映,及时改进产品及营销工作,努力满足用户的合理需要,是赢得用户的信赖和连续购买的重要条件。当然,并不是每个客户都要经过这八个阶段,要根据不同类型的采购业务来决定取舍。一般说来,上述过程主要适用于新购,对其他类型的购买可省去其中某些步骤。例如,直接重购只需购买过程的最后两个阶段,而修正重购只需要"确定总体需要,拟定规格要求,签订合同,评估检查"等阶段,其他阶段则根据实际情况决定取舍。

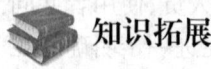 知识拓展

卡诺模型(KANO模型)中的用户需求层次

KANO模型是日本东京理工大学教授狩野纪昭(Noriaki Kano)针对客户的需求而提出的,其目的是通过对客户需求进行分类来区分客户的不同需求。产品通过满足用户需求并为用户带来收益来创造价值。但是,当用户使用任一产品时,他们的需求不是单一的,而是一系列大大小小的需求。对于不同的需求,用户对产品的要求和期望也完全不同。满足了不同的需求,满意度也不同,产品产生的价值也不同。因此,如果产品仅一一满足用户的需求,那么所创造产品的价值将无法最大化。企业需要以不同的方式对待不同的用户需求,并找到提高客户满意度的切入点。KANO模型将客户需求分为五个层次。

(一) 基本型需求

基本型需求也称为必备型需求,是顾客对企业提供的产品或服务因素的基本要求,是顾客认为产品"必须有"的属性或功能。当其特性不充足(不满足顾客需求)时,顾客很不满意;当其特性充足(满足顾客需求)时,顾客也可能不会因此表现出满意。对于基本型需求,即使超过了顾客的期望,顾客充其量达到满意,但不会对此表现出更多的好感。不过,只要稍有一些疏忽,未达到顾客的期望,则顾客满意度将一落千丈。对于顾客而言,这些需求是必须满足的,理所当然的。对于这类需求,企业的做法应该是注意不要在这方面失分,需要企业不断地调查和了解顾客的基本型需求,并通过合适的方法在产品中体现这些要求。

(二) 期望型需求

期望型需求也称为意愿型需求,是指顾客的满意状况与需求的满足程度成比例关系的需求。此类需求得到满足或表现良好的话,客户满意度会显著增加。企业提供的产品和服务水平超出顾客期望越多,顾客的满意状况越好。当此类需求得不到满足或表现不好的话,客户的不满也会显著增加。

期望型需求没有基本型需求那样苛刻,要求提供的产品或服务比较优秀,但并不是"必须"的产品属性或服务行为,有些期望型需求连顾客都不太清楚,但是他们希望得到

的。这是处于成长期的需求,是客户、竞争对手和企业自身都关注的需求,也是体现竞争能力的需求。对于这类需求,企业的做法应该是注重提高这方面的质量,要力争超过竞争对手。

(三) 魅力型需求

魅力型需求又称兴奋型需求,指不会被顾客过分期望的需求。对于魅力型需求,随着满足顾客期望程度的增加,顾客满意度也会急剧上升,一旦得到满足,即使表现得并不完善,顾客表现出的满意状况也是非常高的。反之,即使在期望不满足时,顾客也不会表现出明显的不满意。

当顾客对一些产品或服务没有表达出明确的需求时,企业提供给顾客一些完全出乎意料的产品属性或服务行为,使顾客产生惊喜,顾客就会表现出非常满意,从而提高顾客的忠诚度。这类需求往往代表顾客的潜在需求,企业的做法就是去寻找发掘这样的需求,领先对手。

(四) 无差异型需求

无差异型需求代表不论提供与否,对用户体验无影响,不会导致顾客满意或不满意。例如,空调企业为用户提供的没有实用价值的赠品。

(五) 反向型需求

又称逆向型需求,指引起强烈不满的质量特性和导致低水平满意的质量特性。因为并非所有的用户都有相似的喜好,许多用户根本都没有此类需求,提供后用户满意度反而会下降,而且提供的程度与用户满意程度成反比。例如,一些顾客喜欢高科技产品而另一些人更喜欢普通产品,过多的额外功能会引起顾客不满。

思政园地

影楼低价引流诱导消费者办理消费贷

2019年12月,两名在校大学生在短视频上看到嫣遇摄影公司19.9元体验古装摄影的广告,遂报名参加。到店后,架不住店员推销,先后签订1 100元摄影订单协议,以及1 588元和24 000元的升级服装、选片、制作相册等"补充协议"。店员还现场引导两人开通网贷服务进行借钱消费,最终两人支付了大部分费用,剩余5 900元未支付。拍摄期间和离店当晚,两人多次提出删减照片、降低套餐标准,被店方以各种理由拒绝。在调解无果的情况下,上海市消费者权益保护委员会指导虹口区消费者权益保护委员支持消费者起诉。2021年2月,上海虹口法院判决解除双方签订的1 100元订单协议和2.4万元补充协议,影楼返还消费者1.86万元。影楼还承诺修改合同格式条款,增加客户签约后24小时内可无条件解约。

商家以低价体验为名,借助短视频等推广渠道吸引消费者下单,实际却在提供服务过程中重重诱导消费者加价升级,做出违背真实意思表达的消费决策,甚至引诱在校大学生办理超出自身还贷能力的消费贷,严重损害了消费者的合法权益。消协组织通过提请区检察院支持,联系区司法局指派公益律师代理诉讼,支持消费者起诉,有效维护了消费者的合法权益,弘扬了社会公平正义。

经营者应当严守法律规定,遵守商业道德,诚实守信,合法经营,杜绝低价设套、层层加价,限制、误导消费者行为。小额贷款公司要切实执行《关于进一步规范大学生互联网消费贷款监督管理工作的通知》,加强营销管理,严格贷前资质审核,严格落实大学生第二还款来源,严格把控大学生信贷资质,不得使用欺骗性、引人误解或诱导性宣传等不当方式,诱导大学生申请消费贷款。广大消费者对于低价销售要保持清醒头脑,根据自身消费能力理性消费,避免过度超前消费、高额贷款陷阱。

项目小结

消费者市场是个人或家庭为了生活消费而购买商品和服务的市场。市场营销人员为了更好地服务消费者,就必须了解消费者的不同需求,充分认识消费者市场的特点和消费者市场的产品类型;科学分析消费者的购买行为,了解消费者购买行为的不同类型,明确影响消费者购买行为的各种因素,帮助消费者完成购买决策过程。

组织市场是企业为了从事生产经营、销售等活动以及非营利组织为了履行职责而购买产品和服务构成的市场。市场营销人员为了更好地服务组织市场,需要了解组织市场的特点,熟悉影响组织市场购买行为的因素,明确组织市场的购买类型和组织市场的购买决策过程。

项目知识结构图

```
市场分析
├── 消费者市场购买行为分析
│   ├── 消费者需求
│   ├── 消费者市场
│   │   ├── 消费者市场的概念
│   │   ├── 消费者市场的特点
│   │   └── 消费者市场的产品类型
│   ├── 消费者购买行为
│   ├── 消费者购买行为的类型
│   ├── 影响消费者购买行为的因素
│   │   ├── 经济因素
│   │   ├── 个人因素
│   │   ├── 社会因素
│   │   ├── 文化因素
│   │   └── 心理因素
│   └── 消费者购买决策过程
│       ├── 购买决策的参与者
│       └── 消费者的购买决策过程
└── 组织市场购买行为分析
    ├── 组织市场
    ├── 影响组织市场购买行为的因素
    ├── 组织市场的购买类型
    └── 组织市场的购买决策过程
        ├── 组织购买决策的参与者
        └── 组织购买决策过程
```

课后习题

项目六　STP 战略

引例

华为市场细分的案例

我们通常总结华为的创业成功就是"以农村包围城市",这正是华为早期的细分市场策略。华为进入通信市场的时候,中国的电信市场非常广阔,用户的需求多种多样,繁杂无比,但竞争也比较激烈,尤其面对强大的国外和合资品牌厂商。华为作为市场后入者和挑战者,不可能在市话市场上与强大对手硬碰硬,所以华为选择了对手的薄弱环节——农话市场作为突破口。这时华为细分市场的依据是"地理差异",同时也包含了"需求差异"。

随着华为实力的增强,华为以接入网逐步切入市话市场,面对竞争对手的远端接入模块,它细分市场的依据是"标准差异",即强调"V5 接口有利于建立灵活而相对独立于各制造厂商的接入网体系",从而赢得崇拜这一技术的用户需求。

当华为以接入服务器进入数据通信产品市场时,它细分市场的依据是"需求差异",即根据自身对中国电信网络的了解,满足国内运营商对适合国情的接入服务器的需求。

当华为提出"宽带城域网"概念时,它细分市场的依据则是"地理差异""需求差异""心理差异"综合考虑的结果。宽带城域网能顺应城市信息化的发展趋势,能满足运营商网络改造的需求,能迎合国内运营商因担心国外运营商竞争而"先下手为强"的防御心理。

可见,华为的业务(产品和营销)策略,始终是在市场细分的基础上进行的。

知识准备与业务操作

知识准备:已经学习了市场营销环境 SWOT 分析、市场需求量预测信息系统的操作、市场需求测量和消费者市场分析等相关内容和具体实践方法。

业务操作:按照市场细分的过程,运用市场细分的方法,进行消费者市场细分。能够准确评估细分市场。

任务一　市场细分

一、市场

向消费者和集团市场进行销售的各种组织都认识到,他们不可能为市场上的所有消费者提供服务,至少不能用一种方法为所有消费者提供服务。消费者是数不清的,分布太广,他们的需要与购买时的具体做法,变化也很大。不同公司为各个子市场提供服务的能力相差也很大,面对强大的竞争者,每个公司需要确定自己能够服务的市场,而不是试图在整个市场范围内和别人竞争。但是,销售者不是总按这种思路去做的,他们的考虑经过以下三个阶段。

(一) 广泛营销

在广泛营销策略中,销售者大规模生产和分销一种产品来吸引所有消费者。在可口可乐刚刚被研发投入市场的时候,公司为整个市场只生产一种饮料,希望它能合所有人的口味。

(二) 多产品营销

这里,销售者生产两种或三种产品,它们具有不同的特点、性能、质量、规格等。例如,随着时间推移,可口可乐生产几种软饮料,包装规格都不同。这种设计是为不同的消费者设计的,但还不是瞄准不同的子市场的。人们喜欢寻找新意和变化,多产品策略适合随时变化着的消费者口味。

(三) 目标市场营销

销售者确定子市场,选择一个或多个,开发对应的产品并设计对应的销售组合策略。例如,可口可乐公司现在为含糖可乐子市场生产经典可乐和樱桃可乐;为健身子市场生产健怡可乐和零度可乐;为无咖啡因子可乐市场生产脱咖啡因可乐;为非可乐子市场生产冰露纯净水、美汁源果汁等。

目标市场营销策略可以帮助销售者找到营销机会,销售者能为各个子市场开发合适的产品,并调整价格、分销渠道、广告策略等,以便有效地接近不同的子市场。它们可以针对最有购买兴趣的人,而不是分散使用营销力量。

我们国内拥有庞大的消费者市场,这个大市场已分化成许多微小的市场,各有各的需要和生活方式。目标市场营销策略更多地在采取微观市场营销的策略。目标市场营销策略的最高形式是客户营销策略,使用这种策略,公司直接为特别的客户或购买单位设计产品和相应的营销计划。

市场由消费者组成,他们各不相同,他们的不同之处可能表现在愿望、资源、居住地区、购买行为和购买方法上。因为消费者有自己的需要和愿望,每个消费者代表着一个可能的市场。最理想的情况,当然是为每个消费者设计一个营销计划,但是,这显然是一件工作量异常庞大且成本很高的工作。因此,营销人员应去寻找大众消费者,将他们按照一定的条件进行分类,再针对每一类人制定相应的营销策略。

二、消费者市场细分的依据

市场细分并非只有一种方法。一个市场营销人员必须考虑各种市场细分的因素,一个或一组,然后找出最好的考察市场结构的方法。本部分我们主要是考察地理、人口、心理和行为等因素。

(一) 地理细分

地理细分是把市场分成不同的地理区域,如国家、地区、城市或街区。一个公司可能只在一个或少数几个地理区域发展,或者在所有区域经营,但只关注地理方面的需要和愿望差异。例如,宝洁公司的地理细分主要表现在产品技术研究方面,经过细心的化验发现东方人与西方人的发质不同,于是保洁开发了营养头发的潘婷,满足亚洲消费者的需求。针对不同地区,主推的产品也不一样,比如在偏远的山区,则推出了汰渍等实惠便宜的洗涤产品,洗发水有飘柔家庭护理系列等实惠的产品;对于北京、上海、香港以及更多的国际大都市,则主推玉兰油、潘婷等高端产品。近年来,每到元宵节和端午节,网络上都会掀起关于"咸汤圆还是甜汤圆""咸粽还是甜粽"的讨论热潮。我国南北方生活方式的差异,导致了居民对食物口感的偏好,南方人更喜欢咸汤圆和咸粽,而北方人无法接受除了甜汤圆和甜粽以外的口味。针对这样的情况,在节日前期,商家在南北方超市商场中销售的汤圆、粽子口味就有了明显不同。

(二) 人口细分

人口细分是将市场按人口因素分为多个群体,这些因素有年龄、性别、家庭人口、家庭生活周期、收入、职业、教育、宗教、种族和国籍。人口因素是最常用的细分消费者群体的基础变量,原因是消费者的需要、愿望以及使用程度随人口因素变化。另外,人口因素也比其他因素都要好测量。即便用其他基础因素定义了一些子市场,比如以个性或行为为基础,也必须了解人口特点,只有这样,才能评估目标市场的规模,并高效率地进行市场营销。

1. 年龄和生活周期

消费者的需要和欲望随年龄而变化。一些公司根据年龄和生活周期来进行市场细分,生产不同产品和使用不同的营销方法,目的就是为了适应不同年龄和生活周期的消费群体。例如,蒙牛特仑苏在选择产品广告代言人的时候,选择了三位不同年龄段的明星,这三位明星显而易见有各自的"粉丝",而这些"粉丝"在年龄上也有比较明显的差异。蒙牛集团的这个策略就是为了吸引三个不同年龄段的消费群体。在以年龄和生活周期进行市场细分时,市场营销人员必须注意防止陈旧的方式。人们会看见70岁的人坐在轮椅上,不过人们也会在球场找到这种年纪的人。同样,一些40岁的夫妇在接送孩子上学,另一些则刚刚开始组建他们的新家庭。因此,要预测人的生活周期、健康、工作、家庭状况、需要和购买力,年龄是一个很弱的预测因素。

2. 性别

性别细分一直用于服装、化妆品和杂志的市场细分。近年来,其他经销商也注意到了性别细分的机会。例如,早先的汽车在设计上没有很明显的性别倾向,男女都适用。现在,许多生产商开始专注于为女性设计汽车。男女在身体构造上不同,女性上肢力量稍差,并且更注意安全。为适应这些情况,一些汽车制造商把汽车的挂钩和箱盖设计成易于开启的,座椅做成容易调整的,安全带也做得比较适合女性;他们也注意了安全性,特别强调一些性能,比如空气气囊和遥控锁等。在广告中,越来越多的汽车制造商直接瞄准女性,对比过去几十年的广告,这些广告渲染女性是有竞争力和有知识的消费者,她们感兴趣的车具备各种优点,而不只是颜色好看。宝马汽车公司经典 MINI 五门版,呆萌的外形、个性的内饰,集合功能与美学为一体。车速表和转速表均置于方向盘后,全新的中央仪表盘惊艳夺目,座椅、内饰的表面材料有多种颜色、款式、材质可供选择。试问有哪个女生能够抵抗它的魅力?

3. 收入

在汽车、游艇、服装、化妆品和旅游方面,收入细分早就被产品和服务的营销者使用了。许多公司为富有的消费者提供豪华产品及方便的服务。当然,不是所有的商店都为高收入群体服务。当一元店的地产专家寻找新店地址的时候,他们寻找中下层人的街区,那里的人穿不怎么贵的鞋,开漏油的旧车,还有一些消费者需要政府的救济金。

(三) 心理细分

心理细分是根据社会阶层、生活方式或个性特点将消费者分为不同的群体。在同一人口群体中的人们会有不同的心理模式。

1. 社会阶层

我们了解了消费者市场的特点,他们有不同的阶层,并显示出社会阶层影响人们对汽车、服装、家具、休闲活动、阅读习惯和商店种类的偏好。许多公司以特定的社会阶层作为目标市场,设计吸引他们的产品或服务。

2. 生活方式

像之前的章节讨论的那样,人们对各种产品的兴趣要受生活方式的影响,他们所购买的产品也能体现他们的生活方式。市场营销人员应根据消费者的生活方式来细分市场。在传统的观念中,25 岁到 44 岁的女性大多是围着丈夫、家庭、住宅和工作转。随着时代的发展,女性消费者的生活方式也悄然变化。2023 年"3·8"国际劳动妇女节前夕,京东消费及产业发展研究院发布了《2022 年中国女性消费报告》,报告显示,2022 年京东平台上女性消费者整体成交额增速大幅领先男性,其中营养保健、珠宝首饰和服饰消费增速位居前三,充分彰显了女性"深度悦己"的消费趋势,"她消费"成为一股不可忽视的力量。调查显示,当代女性的消费观念更加注重松弛和悦己。百度营销发布的"她经济消费新图鉴"展示了都市年轻女性的不同消费场景:更喜欢松弛的无性别主义穿搭;更愿意通过户外运动等"轻断网"方式进行社交"情绪疗愈",屏蔽外界纷扰;更热衷为智能产品买单,追捧"躺平式宅家"的智能小家电;新生代宝妈更喜欢通过黑科技育儿神器的助力,愉悦自身的同时实现高质量陪伴。伴随着各行各业稳步复苏,消费需求也同步升级,"她消费"同样也在升级之列,且步伐更加稳健致远。更多女性消费者消费观更加趋向理性化和情感化,更注重商品的实用性和功能性。在消费过程中,她们更加看中品牌的科技力是否能满足使用需求,更加看重品牌能否提供正向的情感价值;在消费偏好上,则更加注重悦己的自我主观感受。除了追求身心舒适和放松的消费需求外,指向自身修养和终身成长的消费也格外受女性青睐。数据显示,2022年,京东平台女性用户在图书、教育培训等品类上的支出总额和同比增速都高于男性。在教育培训支出上,京东的女性用户2022年比2021年提升了近30%。

3. 个性

市场营销人员也用个性因素来细分市场,并使产品具有和消费者个性相吻合的特点。使用个性因素的成功市场细分策略曾在化妆品、香烟、保险和酒类销售中取得很好的效果。本田公司为它的小型摩托车展开的市场营销战役给出了一个很好的运用个性来进行市场细分的例子。本田公司预备在18岁到24岁的人中间销售它的Shadow-Aero型摩托车,但实际在广告中,它选择了更大范围的个性群体。例如,在一则广告中,一个孩子在床上跳上跳下,解说员说:"你一辈子都想得到。"这则广告使看广告的人想到那些欢快的时刻,也就是冲破束缚,做父母原本禁止孩子们做的事。广告的含义是他们骑上本田摩托车就能重新体验从前的感觉。所以,虽然本田公司的广告瞄准的是年轻的消费者,但是它也在吸引所有追赶潮流和有独立个性的不同年龄的群体。实际上,半数以上的本田摩托车是卖给年轻的专业人员的,另有15%的车卖给了50岁以上的人。本田牌摩托车吸引着所有具有反叛精神以及独立性的人群。

(四)行为细分

行为细分是根据人们的知识、态度及对产品的反应和使用情况,将消费者分为不同群体。许多市场营销人员认为行为因素是进行市场细分的最佳起点。

1. 购买时机

根据消费者打算购买、实际购买或使用所购买的产品的不同时段,可以通过购买时机来划分消费者群体。时机细分能帮助企业确立产品的用途。例如,我们经常能在午餐和晚餐时间段的电视广告、新媒体广告中看到外卖服务平台的推广,很明显,这是商家在恰当的时机提醒消费者使用他们的服务。另外,一些节日,比如母亲节和父亲节,是商家通过促销来增加糖果、鲜花、贺卡和其他礼品销售的好时机。

2. 寻求的利益

根据不同群体希望从产品中得到的利益,可以进行一种强有力的细分。进行利益细分,需要探寻看重不同利益的各种人、人们所追求的主要利益以及能满足人们利益的各种品牌。一个最好的利益细分实例是在牙膏市场。经研究,商家发现了四个利益子市场:经济、医疗、化妆和口味。每个群体都有特定的人口、行为、心理图案特点。比如防止龋齿的人的家庭规模一般都较大,云南白药大包装的牙膏就是他们的好选择;佳洁士牙膏强调对牙齿的保护,以此吸引家庭子市场;而青蛙王子的样子和味道都很好,适合于孩子。

三、市场细分的作用

市场细分被现代企业誉为具有创造性的新概念,是企业是否真正树立"以消费者为中心"的营销观念的根本标志。需要注意的是,营销者本身并不创造细分市场,营销者的任务是辨别细分市场并确定以哪些细分市场作为目标市场。细分市场对企业具有四个方面的作用。

(一) 有利于发现市场机会

在买方市场条件下,企业营销决策的起点在于发现具有吸引力的市场环境机会。这种环境机会能否发展成为市场机会,取决于两点:与企业战略目标是否一致;利用这种环境机会能否比竞争者具有优势并获取显著收益。这些必须以市场细分为起点——通过市场细分,可以发现哪些需求已经得到满足,哪些需求只满足了一部分,哪些仍是潜在需求;相应地,可以发现哪些产品竞争激烈,哪些产品较少竞争,哪些产品有待开发。

市场细分对所有企业都至关重要,对中小企业尤为重要。与实力雄厚的大公司相比,中小企业资源能力有限,技术水平相对较低。通过市场细分,可以根据自身的经营优势选择一些大企业无暇顾及的细分市场,集中力量满足该特定市场,在整体竞争激烈的市场条件下,在某一局部市场取得较好的经济效益,求得生存和发展。

(二) 有利于选择目标市场

不进行市场细分,企业选择市场就可能是盲目的;不认真鉴别各个细分市场的特点就不能进行有针对性的市场营销。例如,中国某知名肉食品公司出口日本的冻鸡,早期主要面向消费者市场,以超级市场、专业食品商店为主要销售渠道。随着市场竞争加剧,销售量呈下降趋势,为此,公司对日本冻鸡市场做了进一步的调查分析,按照不同细分市场的需求特点将消费者区分为三种类型:一是饮食业用户,二是团体用户,三是家庭主妇。三个细分市场对冻鸡的品种、规格、包装和价格等要求不尽相同,比如饮食业用户对冻鸡的品质要求较高,但对价格的敏感度低于零售市场的家庭主妇;家庭主妇对冻鸡的品质、外观、包装均有较高的要求,同时要求价格合理,购买时挑选性较强。根据这些特点,公司重新选择了目标市场,以饮食业和团体用户为主要顾客,并据此调整了产品、渠道等营销组合策略,出口量大幅度增长。

(三) 有利于制定市场营销组合策略

市场营销组合是企业综合考虑产品、价格、促销形式和销售渠道等各种因素而制定的市场营销方案。就每一特定市场而言,只有一种最佳组合形式,这种最佳组合只能是市场细分的结果。前些年我国曾向欧美市场出口真丝花绸,消费者是上流社会的女性,由于出口企业没有认真进行市场细分,没有掌握目标市场的特点,因而营销组合策略发生了较大失误:产品配色不协调、不柔和,未能赢得消费者的喜爱;低价策略与目标顾客的社会地位不相适应;销售渠道又选择了街角商店、杂货店,甚至跳蚤市场,大大降低了真丝花绸产品的"华贵"品位;广告宣传也流于一般。这个失败的个案,从反面说明了市场细分对于制定营销组合策略具有极其重要的作用。

(四) 有利于提高企业的竞争能力

企业的竞争能力受客观因素的影响而存在差别,通过有效的市场细分可以改变这种差别。市场细分以后,每一细分市场上竞争者的优势和劣势会明显地暴露出来,企业只要看准市场机会,利用竞争者的弱点,同时有效地开发本企业的资源优势,就能用较少的资源把竞争者的顾客和潜在顾客变为本企业的顾客,提高市场占有率,增强竞争能力。尤其是对于中小型企业，通过市场细分，把企业的优势力量集中在企业选定的细分市场上，让整体市场上的相对劣势转化为局部市场上的绝对优势。

四、有效细分的要求

很明显，市场细分的方法有很多，但不是所有的细分都有效。例如，购买调味用盐的人可以分为黑发和金发的女人，但头发的颜色不会影响她们买盐。另外，如果盐的消费者每月买一定量的盐，并相信盐都是一样的，希望付一样的价钱，公司就不可能通过这种市场细分的方法来得到好处。

有效的子市场必须具有以下特点：

(1) 可测量性。子市场的规模、购买力和基本情况是可以测量的，却有一些细分因素是难以测量的。比如中国有大约一亿个左撇子，但很少有产品是专为左撇子市场设计的，主要原因是这个市场难以辨认和测量。人口统计数字中没有左撇子的数据，人口统计局也不做关于左撇子的调查。私人信息公司做许多人口数据统计，但是也不做关于左撇子的统计。

(2) 可接近性。子市场必须能够接近和提供服务。比如一家香水公司发现，用其香水的多是单身女人，这些人晚上很晚了还在外面，社交很多。照这样看，除非公司有办法知道这些人居住在哪儿，在哪里买东西或接触哪些广告媒介，否则就很难接近。

(3) 实质性。子市场必须足够大并且能够盈利。这意味着子市场的规模要大，值得公司设计专门的营销策略去占领。比如一个汽车制造商不值得专门去开发适合身高在1米4以下的人开的车。

(4) 可行性。有效的计划必须能够有吸引力并为子市场服务。例如，一个小航空公司虽然找出了七个子市场，但由于人员太少，不可能开发专门的营销计划去针对每个子市场。

任务二　目标市场选择

市场细分揭示了企业找到子市场的机会，现在企业需要评估这些各种各样的子市场并确定哪些是值得进入的目标市场。我们现在就来看看公司如何评估和选择目标市场。

一、评估子市场

评估不同的子市场的时候，企业必须注意三个因素：子市场的规模与发展，子市场的结构优势，以及公司的目标和资源。

（一）子市场的规模与发展

公司必须首先收集分析有关数据，包括目前子市场的销售、增长率和期望利润。公司会对有良好规模和正在发展的子市场较为有兴趣。但适当的规模和发展是相对而言的，一些公司愿意注重销售量大、增长率和利润高的子市场，但是规模大、增长迅速不是对每个公司都有吸引力。小一些的公司可能发现自己缺少熟练人员和资源去为大的子市场提供服务,或者这些子市场竞争性太强,这些公司就可能选择较小的、不特别有吸引力但对公司来讲更有利可图的子市场。

(二) 子市场结构优势

一个子市场可能具备理想的规模和发展,但就盈利而言,它可能缺乏优势。公司必须检验多个影响长期子市场优势的主要结构因素。例如,当一个子市场已经有许多强大和势头很猛的竞争者时,就缺乏优势了。子市场里如果有许多替代产品或潜在替代产品就会影响价格和盈利。消费者的实力也会影响子市场的优势。如果子市场中的消费者具有很强的讨价实力,他们能迫使对方降低价格,提出更多的质量和服务方面的要求,并使竞争者互相争斗,这些就会影响销售者的利益。最后,如果子市场中有强大的供应商,它能左右价格、质量、供应量,这个子市场也是没有优势的。

(三) 公司的目标和资源

即便子市场有适当的规模和发展并且具有结构优势,公司还是要结合子市场,考虑自己的目标和资源情况。许多有优势的子市场很快就被抛弃,就是因为与公司的长期目标不一致。这样的子市场可能本身具有吸引力,但它会分散公司的注意力和资源,使公司偏离目标;或者从环境、政治、社会责任角度来看,选择这些子市场是一种错误。例如,近来一些公司和行业受到批评,说它们用存在问题的产品和方法,不公平地瞄准了一些易受伤害的子市场,比如儿童、年纪大的、低收入的、少数民族或其他人。

如果一个子市场符合公司的目标,公司就需要决定自己是否具有能力和资源在这个子市场上取胜。假如公司不能保证自己有力量参加竞争并取胜,就不应该进入这个子市场。即使公司具有各种必要的实力,也需要在人力和物力上优于竞争者。公司只有提供的价值和拥有的优势超过对手,才适宜进入该子市场。

二、选择子市场

评估不同的子市场后,公司会根据自己的情况确定为几个子市场服务,这实际上是选择目标市场的问题。

(一) 无差异性营销

使用无差异性营销策略,企业可以忽略子市场中的差异,向整个市场提供一套产品或服务。这时公司的营销只考虑消费者共有的需求,而不是他们的需求差别。公司设计产品或营销策略,都以吸引绝大多数消费者为目的。这种策略要依赖广泛性的分销渠道和大众性的广告,力图在人们脑子里建立一个稳固的产品形象。一个无差异营销策略的案例是早期的农夫山泉,当时的农夫山泉公司只生产一种纯净水饮料,销售给所有的人。

无差异性营销的成本比较经济,单一产品线保证了生产、储存和运输的低成本,无差异的广告保证了广告的低成本。此外,由于不用进行子市场研究和计划,市场研究和生产管理的费用也降低了。

许多现代的市场营销者十分怀疑这种策略,因为通过一种产品或一个品牌去满足所有消费者,实在是太困难了。使用无差异性营销策略的企业只是针对市场中较有规模的那些子市场。当几个公司同时采取这种策略时,子市场中的竞争十分激烈,小公司一般情况不会好。结果是大的子市场反而带来较少的利润,因为竞争太多了。由于对这种问题的认识,公司变得对规模小的子市场更感兴趣。

(二) 差异性营销

使用差异性营销策略,企业决定瞄准几个子市场,并对每个市场提供不同的产品或服务。我们同样用农夫山泉作为例子,现在的农夫山泉公司生产销售的产品包括饮用水类、果汁类、茶类、功能饮料类、咖啡类等多种品类,仅仅是饮用水品类也包括饮用天然水、婴儿饮用水、天然矿泉水、长白山天然雪山矿泉水、饮用山泉水、苏打天然水饮品等多种产品,每款产品都有典型的目标消费群体。在市面上看到的最普遍的就是红瓶饮用天然水,这是农夫山泉公司最原始的产品,一直销售至今。在此基础上的饮用山泉水则是利用更好的水源、更先进的处理方式为消费者提供的泡茶专用水。婴儿饮用水也在被更多的家长青睐,它的水质更纯净,适合刚出生的婴幼儿食用,保证了极高的食品安全性。通过提供各种产品和使用多种营销策略,农夫山泉公司希望能提高销售额,并在子市场中占据强有力的位置。他们希望在子市场中有较高的地位,加强消费者脑子里对提供某类产品的公司的总体印象。他们也期待更多的根据对品牌的崇信度做出的购买决策,这样就会说明,公司所提供的产品和服务能很好地满足消费者需要。

差异性营销显然比无差异性营销能创造更大的销售额,越来越多的公司正在接受这种策略。但是,差异性营销也增加了成本。调整产品使它符合不同子市场的需要通常要牵扯额外的研究与开发工程或特殊手段所需要的费用。企业一般会发现,生产多个不同产品的成本,要比生产一百个相同产品的成本要高。为不同子市场开发不同的市场营销计划,需要进一步的市场营销研究、预测、销售分析、促销计划以及渠道管理等工作;通过不同的广告去影响不同的子市场,也会增加成本。因此,在确定使用差异性营销策略之前,公司必须衡量增量成本与销售之间的关系。

(三) 集中性营销

第三个市场覆盖策略是集中性营销策略。公司资源有限时,这种策略特别适合。这时公司注重在一个大的份额或很少几个子市场,而不是某个大市场的一部分。集中式营销策略为小型企业提供了一个很好的插足大市场,并与资源丰富的对手竞争的方法。通过集中式营销策略,企业在它服务的几个子市场中取得强有力的位置,因为它了解这些市场的需求,并在这些市场上有很好的声誉。由于专门的生产、分销和促销,企业的经营特别经济。子市场选得正确,企业就可能有很高的投资回收率。

三、选择目标市场营销战略的条件

(一) 企业能力

企业能力是指企业在生产、技术、销售、管理和资金等方面力量的总和。如果企业力量雄厚,且市场营销管理能力较强,即可选择差异性营销战略或无差异性营销战略。如果企业能力有限,则宜选择集中性营销战略。

(二) 产品同质性

同质性产品主要表现在一些未经加工的初级产品上,如水力、电力、石油等,虽然产品在品质上或多或少存在差异,但用户一般不加区分或难以区分。因此,同质性产品竞争主要表现在价格和提供的服务水平上。该类产品适于采用无差异战略。而对服装、家用电器、食品等异质性需求产品,可根据企业资源力量,采用差异性营销战略或集中性营销战略。

(三) 产品生命周期阶段

新产品上市往往以较单一的产品探测市场需求,产品价格和销售渠道基本上单一化,因此新产品在引入阶段可采用无差异性营销战略。产品进入成长或成熟阶段,竞争加剧,同类产品增加,再用无差异经营就难以奏效,所以改为差异性或集中性营销战略效果更好。

(四) 市场的类同性

如果顾客的需求、偏好较为接近,对市场营销刺激的反应差异不大,可采用无差异性营销战略;否则,应采用差异性或集中性营销战略。

(五) 竞争者战略

如果竞争对手采用无差异性营销战略,企业选择差异性或集中性营销战略有利于开拓市场,提高竞争能力。如果竞争者已采用差异性战略,则不应采取无差异战略与其竞争,可以选择对等的或更深层次的市场细分战略或集中性营销战略。

四、目标市场选择

目标市场选择的基本模式有五种。

(一) 市场集中化

这是一种最简单的目标市场模式。企业选取一个细分市场,生产一种产品,供应单一的顾客群,进行集中性营销。例如,大众公司集中于小型车市场,保时捷公司集中于豪华运动车市场。选择市场集中化模式一般基于以下考虑:企业具备在该细分市场从事专业化经营或取得目标利益的优势条件;限于资金、能力,只能经营一个细分市场;该细分市场中没有竞争对手;准备以此为出发点,取得成功后向更多的细分市场扩展。公司通过市场集中化,更加能够了解细分市场的需要,在该细分市场建立巩固的市场地位,也能够获得更高的经济效益。但是,市场集中化的风险比一般情况更大,容易出现个别市场不景气的情况。

(二) 产品专业化

产品专业化是指企业集中生产一种产品,并向各类顾客销售这种产品。例如,显微镜生产商向大学实验室、政府实验室和工商企业实验室销售显微镜。产品专业化模式的优点是企业专注于某一种或一类产品的生产,有利于形成和发展生产和技术上的优势,在该领域树立形象。其局限性是当该领域被一种全新的技术与产品所代替时,产品销售量可能会因此而大幅度地下降。

(三) 市场专业化

市场专业化是指企业专门经营满足某一顾客群体需要的各种产品。比如某工程机械公司专门向建筑业用户供应推土机、打桩机、起重机、水泥搅拌机等建筑工程中所需要的机械设备。市场专业化经营的产品类型众多,能有效地分散经营风险,同时基于专门性的服务，公司容易获得良好的声誉，并成为顾客群体所需新产品的渠道。但由于集中于某类顾客，当这类顾客的需求下降时，企业也会遭受收益下降的风险。

（四）选择专业化

选择专业化是指企业选取若干个具有良好的盈利潜力和结构吸引力，且符合企业目标和资源的细分市场作为目标市场，其中每个细分市场与其他细分市场之间较少联系。优点是可以有效地分散经营风险，即使某个细分市场营利情况不佳，仍可在其他细分市场取得盈利。采用选择专业化模式的企业应具有较强资源和营销实力。

（五）市场全面化

市场全面化是指企业生产多种产品去满足各种顾客群体的需要。一般来说，实力雄厚的大型企业在一定阶段会选用这种模式，以求收到良好效果。例如，当今可口可乐公司在全球饮料市场、宝洁公司在全球日用品消费市场等都采取市场全面化的战略。

任务三　市场定位

一旦公司决定进入市场的哪个部分子市场，就必须决定在这些子市场中的定位。

一、市场定位概念

产品定位是指消费者根据产品的重要属性定义产品的方法，或者说是相对竞争中的其他产品而言，产品在消费者心目中的位置。营销大师菲利普·科特勒对定位所下的定义：定位是对企业的产品和形象的策划行为，目的是使它在目标顾客的心理上占据一个独特的、有价值的位置。因此，营销人员必须开发所有的营销组合因素，使产品特色确实符合所选择的目标市场（即实体定位），并在此基础上进行心理定位。现在使用的"定位"一词，一般都是在这个意义上来理解的，即它不仅仅是一种沟通策略，更重要的还是企业的一种营销策略。

二、市场定位的方式

市场定位作为一种竞争战略，显示了产品或企业同类似的产品或企业之间的竞争关系。定位方式不同，竞争态势也不同。下面分析三种主要定位方式。

（一）避强定位

这是一种避开强有力的竞争对手的市场定位。优点是能够迅速地在市场上站稳脚跟，能在消费者或用户心目中迅速树立起一种形象。由于这种定位方式市场风险较小，成功率较高，常常为多数企业所采用。

（二）迎头定位

这是一种与在市场上占据支配地位的、亦即最强的竞争对手"对着干"的定位方式。显然，这种定位有时会产生危险，但不少企业认为能够激励自己奋发上进，一旦成功就会取得巨大的市场优势。例如,在碳酸饮料市场上,可口可乐与百事可乐之间持续不断地争斗;在凉茶饮料市场上,加多宝与王老吉对着干;等等。实行对抗性定位,必须知己知彼,尤其应清醒估计自己的实力,不一定试图压垮对方,只要能够平分秋色就是巨大的成功。

(三) 重新定位

这是对销路少、市场反应差的产品进行二次定位。这种重新定位旨在摆脱困境,重新获得增长与活力。这种困境可能是企业决策失误引起的,也可能是对手有力反击或出现新的强有力竞争对手而造成的。不过,也有重新定位并非因为已经陷入困境,而是因为产品意外地扩大了销售范围引起的。例如,本田公司试图把它的元素(Element)车型定位在21岁的消费者,公司把元素描述成"在轮子上的宿舍",广告表达的是一群年轻大学生在海滩上围绕他们的汽车开晚会,这吸引了很多新生代年轻人。而实际消费者的平均年龄却是42岁,许多年长的消费者在使用中能够找回自己年轻的激情。将怀旧情结作为卖点,本田开拓了中年消费者市场。

实行市场定位应与产品差异化结合起来。如上所述,定位更多地表现在心理特征方面,它使潜在的消费者或用户对一种产品形成了特定的观念和态度。产品差异化是在类似产品之间造成区别的一种战略,因而产品差异化是实现市场定位目标的一种手段。

三、市场定位的策略

差别化是市场定位的根本战略,差异化需要对消费者有吸引力并与这种产品和服务有关。例如,喜茶以鲜艳、时尚、健康理念吸引了年轻消费群体的眼球;老乡鸡推出散养无公害鸡产品而使自己区别于其他中式快餐。然而,在有竞争的市场内,公司可能需要超越这些。另外一些途径还包括向市场提供有差异化的员工、渠道以及形象等,具体表现在以下四个方面。

(一) 产品差别化战略

产品差别化战略是在产品质量、产品款式等方面实现差别。寻求产品特征是产品差别化战略经常使用的手段。在全球通信产品市场上,华为、苹果、三星等颇具实力的跨国公司,通过实行强有力的技术领先战略,在手机、IP电话等领域不断地为自己的产品注入新的特性,走在市场的前列,吸引顾客,赢得竞争优势。实践证明,某些产业特别是高新技术产业,如果某一企业掌握了最尖端的技术,率先推出具有较高价值和创新特征的产品,它就能够拥有一种十分有利的竞争优势地位。

产品质量体现在产品的有效性、耐用性和可靠程度等上。比如A品牌的止痛片比B品牌的疗效更好、副作用更小,顾客通常会选择A品牌。但是,这里又带来新的问题,A产品的质量、价格、利润三者是否完全呈正比例关系呢?一项研究表明:产品质量与投资报酬之间存在高度相关的关系,即高质量产品的盈利率高于低质量和一般质量的产品,但质量超过一定的限度时,顾客需求量开始递减。显然,顾客认为过高的质量需要支付超出其质量需求的额外的价值(即使在没有让顾客付出相应价格的情况下可能也是如此)。产品款式是产品差别化的一个有效工具,对汽车、服装、房屋等产品尤为重要。

(二) 服务差别化战略

服务差别化战略是向目标市场提供与竞争者不同的优质服务。企业的竞争力越能体现在顾客服务水平上,市场差别化就越容易实现。如果企业把服务要素融入产品的支撑体系,就可以在许多领域建立针对其他企业的"进入障碍"。因为服务差别化战略能够提高顾客购买总价值,保持牢固的顾客关系,从而击败竞争对手。服务战略在各种市场状况下都有"用武之地",尤其在饱和的市场上。对于技术精密产品,如汽车、计算机、复印机等,服务战略的运用更为有效。

(三)人员差别化战略

人员差异化战略是通过聘用和培训比竞争者更为优秀的人员以获取差别优势。市场竞争归根到底是人才的竞争。新加坡航空公司之所以享誉全球,就是因为其拥有一批美丽高雅的空中乘务员;麦当劳的员工以彬彬有礼著称;IBM公司的员工以专业知识充分而出名;迪士尼乐园的员工无论何时都精神饱满。人员差别化战略对于零售商而言尤其重要,可以利用前线营业员作为差异化和确定其产品定位的有效方法。

(四)形象差异化战略

形象差异化战略是在产品的核心部分与竞争者类同的情况下塑造不同的产品形象以获取差别优势。对个性和形象进行区分是很重要的,个性是公司确定或定位自身或产品的一种方法;形象则是公众对公司和它的产品的认知方法。企业或产品想要成功地塑造形象,需要着重考虑三个方面,一是企业必须通过一种与众不同的途径传递这一特点,从而使其与竞争者区分;二是企业必须产生某种感染力,从而触动顾客的内心感觉;三是企业必须利用可以利用的每一种传播手段和品牌接触。具有创意的标志融入某一文化的气氛,也是实现形象差别化的重要途径。三只松鼠的松鼠标志既呼应了品牌名称,让消费者看到标志就能想到品牌名称,也能让消费者感受到品牌给消费者提供的自然、健康、新鲜的坚果产品。这样的形象设计就是非常成功的。

(五)促销方式差异化

促销方式差异化战略是在试图采取不同的广告宣传方式,以求占领不同的细分市场。企业想要持续地保持促销方式的差异化,就需要不断抓住客户需求,并恰当地利用先进技术手段。例如,对于超市而言,中午的人流量和销售量总是很低,某超市利用扫描二维码的方式,在户外设置了一个非常有趣的创意二维码装置,只有在正午时分,当阳光照射到它上面产生相应投影之后,这个二维码才会正常显现。此时用智能手机扫描这个二维码,就可以获得超市的优惠券,如果在线购买产品,只需要等超市的物流人员送到用户方便的地址即可。这种结合电子商务技术的别致促销方式,使得超市大大提升了中午时段的销售量。

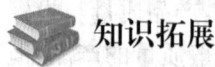

知识拓展

揭秘企业社会化媒体娱乐区域营销三大核心

(一)明确社区定位

社会化媒体的娱乐区域以其高活力与强传播为核心特色,企业运用得当能够使营销活动的效率事半功倍。在进入社会化娱乐区域前,企业需要明确自身将以何种角色与公众互动,即自身在虚拟媒体社区的市场定位(Positioning),明确自身网络形象。定位不同形象的企业需要运用的娱乐手段与形式相差各异,高调的企业适用喧闹与欢快的方式,而沉稳的品牌形象则更契合休闲平静地与公众交流。因此,明确企业的社区定位是开展社会化娱乐营销活动的第一步,也是最核心的要点,它涉及后续所有的步骤,包括内容生成、手段运用等,所有的活动都将围绕"强化形象定位"这一目标展开,而后才能影响营销的效果。

(二) 生成营销内容

作为内容营销的提出者,乔·普利兹认为其关键在于品牌与口碑的传播,他将内容营销界定为"围绕企业相关或产品销售相关的包括图片、文字、影像等一切介质的内容创作,对相关用户进行有价值的信息传播,从而实现营销的目的"。

企业可以通过提供有价值、有趣、有吸引力的内容来吸引和保持受众的关注。在社会化媒体平台上,内容是吸引用户的关键,这些内容可以是文章、图片、视频等形式,能够引起用户的兴趣和共鸣。建立在社会化娱乐媒体基础上的内容营销,在优质内容输出与社会化媒体高效率传播机制的双轮驱动下,企业可以建立起与受众的深层连接,提高品牌认知度和可信度,进而促进销售和业务增长,为营销活动提量增质。

但这一点上需要注意的是,企业在生成内容时,需要考虑其面对的目标群体,基于自身的品牌形象与定位,根据受众的需求和兴趣进行适当的创作,确保其内容的合理性,否则可能会适得其反。

(三) 保持社交互动

保持社交互动也是社会化媒体娱乐区域营销的重要核心。社交媒体的本质是互动和社交。社交互动是指企业在媒体平台利用其官方账号与受众进行互动和交流的过程。在社交媒体平台上,用户可以通过评论、点赞、分享等方式与企业进行互动,在这一过程中企业应该积极回复用户的评论和问题,与用户进行互动,以此建立起良好的关系和信任。

在企业创造的娱乐内容下,与用户的社交互动不仅可以增加用户参与度和品牌认可度,还可以帮助企业了解受众的需求和反馈,发掘到未知的事物,相当于小型的"市场调研"活动,借此进一步对营销活动乃至企业整体架构进行优化。

面对当今复杂多变的格局,网络的兴起虽然带来了社会化娱乐媒体营销的红利,给企业打开了全新的营销突破口,但这同样也是一把"双刃剑",是从中获利还是空手而归取决于企业对市场与消费者的认知程度,营销的终点仍旧是市场与用户,网络媒体终归只是一种工具,企业在营销过程中不能只看到网络媒体的一面而忽视了整体的市场格局,应当牢牢把握营销最本质的要点,在此基础上运用营销工具才是开展营销的正解。

思政园地

二手车交易平台是近年来互联网创业的一大热点。像所有的"风口"一样,明星云集,竞争惨烈。除了创立于2014年、2015年左右的人人车、瓜子二手车直卖网之外,还有创立更早的优信、车易拍(2018年被大搜车并购),以及车来车往(2016年与开新二手车帮卖网合并,2017年9月宣布破产)、车置宝、易鑫、天天拍车等诸多投入在亿元级别的"大玩家",商业模式更是从C2B、B2C、B2B,到C2C、C2B2C……然而,走到今天,市场已经呈现出一家独大的局面,其他公司中,美股上市的优信目前市值约为13.6亿美元(3月1日),港股上市的易鑫集团市值约为17.7亿美元(3月1日),余者也均与车好多集团目前估值相去甚远。这意味着,在2019年投资人的眼中,车好多集团的市场价值是其主要竞争对手的6倍甚至7倍以上。考虑到杨浩涌和车好多团队既不是这一市场最早进入者,也没有极深的行业背景,甚至"后台"也不算很硬(多个友商都有阿里、腾讯以及大银行背书),这一结果就显得更加值得探究。稍了解特劳特的读者都知道,这句话带着明显的"定位"色彩和烙印。定位,是如何成就这样一个创业3年多估值近百亿美元的公司?

(一)创业伙伴:一个关键性制度创新

谈及与车好多集团的合作,特劳特(中国)合伙人李湘群告诉创业黑马学院:"最值得说的一点是,特劳特不是以咨询公司,而是以创业伙伴的身份一路陪伴车好多成长的。"但特劳特与瓜子二手车形成的这种创业伙伴关系能够很好解决上述三个问题,并使得特劳特的战略定位职能超然于公司内部视角,但又不同于利益无关的第三方,确保了战略成果。

(二)选择"直卖":瓜子的战略路径复盘

二手车在线交易是一个在国内刚刚起步的新兴产业,线上交易只占极小一部分二手车交易份额,互联网改造行业的空间是巨大的。在这一领域,有C2C、C2B、B2C、B2B等很多不同的模式。总体而言,大部分互联网平台也选择有中间商的模式,纯C2C模式因为效率低、链条长,被主流玩家所不看好。杨浩涌和特劳特却共同选择了看起来最难的C2C模式,把它定位为"二手车直卖网",名字是极具凸显性的"瓜子",价值是"没有中间商赚差价"。

(三)一次有争议的决策:千金夺定位

接下来,杨浩涌和特劳特做了一个决定:拿出10亿元打广告,主推"瓜子二手车直卖网,没有中间商赚差价。车主多卖钱,买家少花钱"。在当时,这一决策引起相当大的争议,许多投资人表示不能接受。据了解,杨浩涌最终是动用了手中B类股的特殊投票权,才使决议在董事会中得以通过。于是,从央视到地铁广告,瓜子二手车直卖网的广告铺天盖地,"直卖"是"新一代"交易模式的认知开始进入消费者心智中。仅用一年时间,瓜子就取得了行业交易量第一。

(四)基于定位的进化:破解"做大"难题

通过保卖形式,瓜子补上了自身的短板——卖车效率低,买车选择少。无论买家还是卖家,效率都提升了,也为获取更多盈利打下了基础。更重要的是,由于保卖中瓜子平台上卖出去的车辆还是个人之间的交割,瓜子的"直卖"定位得到了夯实和进化。

可以看出,尽管二手车市场营销难度大,瓜子二手车还是通过精准的市场分析和清晰的目标消费者定位,开辟了一个适合自己服务的市场,也在激烈的市场竞争中找到了合适的营销路径。

项目小结

目标市场营销策略的第一步是市场细分,这个步骤把市场分为几个有明显区别的消费者群体,他们可能适合某些产品或营销策略。市场可以根据不同的因素来细分,市场营销人员经常试用几种方法,为的是看哪种方法机会最多。对于消费者市场,常用的细分因素是地理、人口、心理和行为。集团市场可以通过集团客户情况、经营特点、购买方法和单位特点来细分。在以上两类市场中,有效的市场细分工作必须要能够找到可测量的、可接近的、有实质性的和有可操作性的子市场。选择目标市场策略的过程包括选择最有潜力的子市场和决定子市场策略的实施。公司首先衡量子市场的规模、发展潜力、结构方面的吸引力和决定子市场是否与公司的资源和目标相一致。然后,公司需要选择三种市场覆盖策略中的一种。销售者可以忽视子市场的存在,而使用无差异营销策略;也可以使用差异营销策略去发展不同产品适应各个子市场;还可以用集中式营销策略瞄准一个和几个适当的子市场。策略的选择主要是看公司的资源、产品种类、产品生命周期的阶段和市场竞争策略。一旦公司选定需要进入的子市场,它就要进行优势市场定位。市场定位策略指导公司以何种方式占领子市场。市场定位工作包括三个阶段:确定一组可能的定位竞争优势,选择正确的竞争优势,有效地进行交流,并向市场传递公司定位。销售者也可以根据其他因素来定位,比如产品特殊属性、产品用途或产品使用机会等。做出这些决定后,公司通过实施策略来交流和传递产品的定位。

项目知识结构图

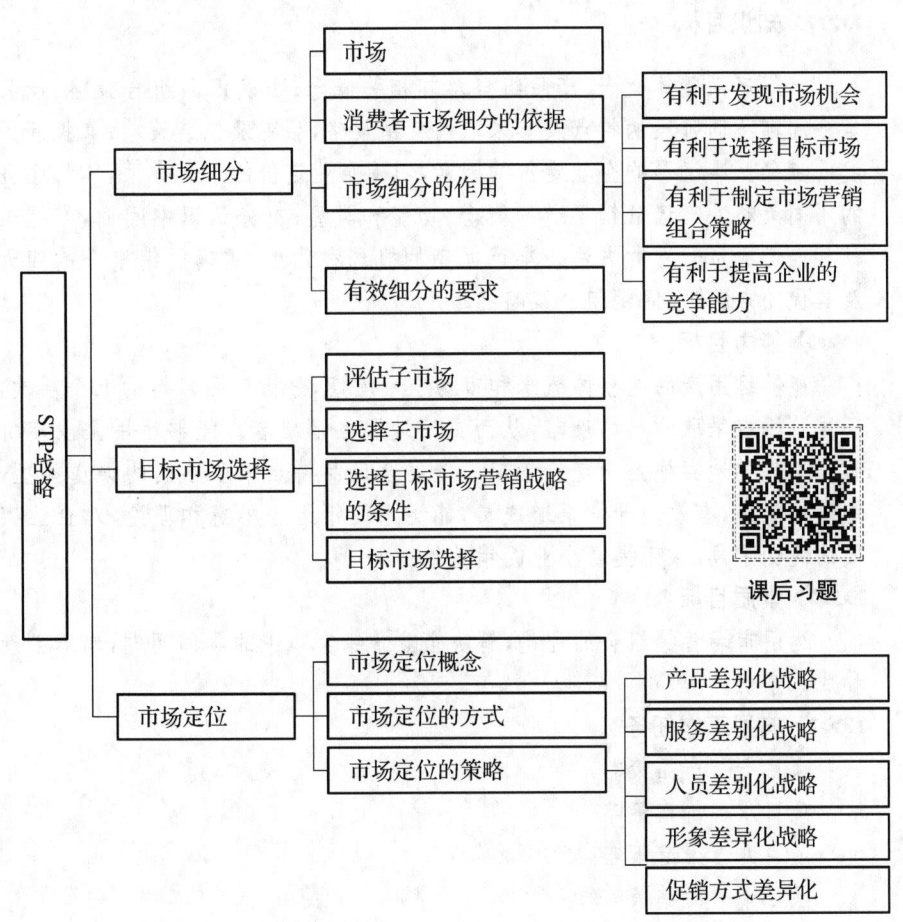

课后习题

模块三

运用营销组合

>>>>> **知识目标**

牢记产品整体概念、产品组合及其相关概念;明确产品组合策略、产品市场生命周期不同阶段的特点及其采取的营销策略,品牌及包装策略;掌握新产品开发的步骤。牢记影响企业定价的因素,明确企业定价的三大方法,掌握企业定价的不同策略。牢记分销渠道的概念、功能和类型;充分认识中间商,掌握渠道设计和渠道成员开发的方法。牢记促销的概念和作用,明确促销组合的四大形式及其优缺点,掌握促销组合策略的运用。

>>>>> **能力目标**

能够运用产品的整体概念和市场生命周期,分析产品包括的五个层次,以及不同阶段应采取的具体策略,从而更好地服务消费者。能够运用企业定价目标和方法科学地实施企业定价策略。能结合产品特点采取不同的渠道类型,科学地设计渠道,有效地开发渠道成员,能运用促销组合思想和理论,对企业实施有效的促销手段,从而提高企业促销效果。

>>>>> **素质目标**

运用市场营销组合的理论,解决企业营销实践中的具体问题,培养创新思维和成本意识。

>>>>> **典型工作任务**

项目七　产品策略

项目八　价格策略

项目九　渠道策略

项目十　促销策略

项目七　产品策略

 引例

吉利汽车的产品与服务

吉利汽车"全方位健康汽车"研发项目顺利通过了国家重点实验室、应用微生物研究领域权威机构——广东省微生物研究所(简称"广微所")的最高等级检测。吉利产品车内方向盘、把手、换挡球头、按键等高接触率部件抗菌材料满足国标抗菌率≥99%的Ⅰ级要求,甚至达到抗菌率99.9%近乎无菌的状态。

不止于此,吉利还将广微所纳入"全方位健康汽车"第三方试验机构体系。双方将展开进一步深度合作,建立行业最全面的微生物菌种数据实验室并打造业内首家"车内菌种库",开展汽车行业菌种库及气味相关性数据库研究,推动业界对车内生态环境评价标准的更新修订。

此前,吉利车规级 CN95 高效复合空调滤芯获得国家中汽研最高等级官方认证、德国莱茵 TV 全球首张整车防护认证的双"001号认证",如今吉利"全方位健康汽车"已经先人一步拿下三大权威机构的认证与检测,提前迈入 2.0 阶段,坐实了行业领跑者地位。

前几年推出的吉利"3.0时代"车型,即吉利精品车型,就已经让消费者充分体验了吉利全新产品的魅力,建立了对吉利品牌和产品的好感。从具体车型来看,吉利"3.0时代"车型的确取得了不菲成绩。在稳步推进"3.0时代"的同时,吉利还制定了新的营销目标,新目标预示着吉利将迈向年销百万辆俱乐部,成为继长安、长城后,又一家年销量有望破百万辆的自主品牌。

为了确保营销目标达成,吉利在每个细分市场均衡发力。最重要的是要扎扎实实做好产品,提升产能,严控品质;同时建设与"3.0时代"产品相匹配的渠道、营销和服务标准,下大力气构建年销百万辆的营销体系。

对于吉利汽车而言,在市场营销方面尚存在某些短板,如销售体系的服务能力有限,提车时间不确定,订金无准确金额,订金缴纳后因暂时无车被返还,加价提车等。

吉利的高管深刻认识到,产品力是拉动市场的重要因素,而服务力是一个品牌实现长足发展的"后劲"。当产品被市场逐步接受后,接下来就需要在服务力上下功夫。服务力影响深远,甚至会左右企业发展的未来趋势。过去五年,吉利汽车复合增长率为30%,成为中国品牌第一,进入汽车行业第一阵营。2020年,吉利汽车累计销售1 320 217辆,连续

第四年夺得中国品牌乘用车销量第一。2021年,吉利汽车将销量目标定为153万辆,预期将实现同比16%的增长幅度。

面对突如其来的疫情,海内外车企不约而同地选择了降薪、裁员、延期发放薪资等措施来降低成本,但也有不少车企选择了不降薪不裁员"一切照旧"的方案,吉利汽车可以说是这些车企中的典型。在业绩发布会上,吉利控股集团总裁表示,吉利在疫情期间,做到目前不裁员,不减薪,不延期支付员工的薪酬,我们要通过内部的组织变革、员工效能的提升,以及全新项目的布局合理地使用员工。

知识准备与业务操作

知识准备: 熟悉目标市场以及消费者需求等相关知识,了解商品在现实生活中的普及情况,了解现实生活中商品的品牌、包装等。

业务操作: 掌握产品整体概念、产品生命周期不同时期的特征及策略、新产品开发的方式、新产品开发的策略以及品牌策略和包装策略。

任务一 产品及产品的整体概念

一、产品及产品的整体概念

产品是能够提供给市场,能满足顾客需要和欲望的任何东西。产品既可能是有形的实体,也可能是无形的服务。产品的形式并不重要,关键是它必须具备满足顾客需要和欲望的能力。

(一) 核心产品

核心产品即提供给顾客的基本效用和利益,是产品整体中最基本的和最实质性的,也是顾客需求的中心内容。产品若没有效用和使用价值,就不能给人们带来利益的满足,也丧失了存在的价值,顾客就不会购买它。例如,汽车能够满足人们出行的需要,房子满足人们居住的需要,社交软件满足人们社交的需要。

(二) 形式产品

形式产品即产品呈现在市场上的具体形态,是产品的实体性,一般是以产品的外观、质量、特色、包装、品牌等表现出来。产品的基本效用通过产品实体得以实现。例如,房子有不同的类型,高层住宅、中高层住宅、洋房、别墅等。汽车有国产品牌和国外品牌,车型有轿车、SUV、房车、货车等。

(三) 附加产品

附加产品即顾客购买产品所得到的附加利益的总和,这是产品的延伸性或附加性,如产品维修、咨询、送货、培训、消费信贷安排等。附加产品是随有形产品一起提供的,它能给顾客带来更多的利益和更大的满足。

（四）延伸产品

延伸产品是指购买者在购买形式和期望产品时附带获得的各种利益的总和。它包括免费送货、安装、维修、技术指导、技术培训等。

（五）潜在产品

潜在产品指的是现有产品包括附加产品在内的,可能发展成为最终产品的潜在状态的产品。该层次产品指出了现有产品的可能演变趋势和前景。

二、产品组合

产品组合：一个企业生产经营的全部产品的有机构成和量的比例关系。产品组合由各种各样的产品线组成,每条产品线又由许多产品项目构成。

产品线：密切相关的满足同类需求的一组产品。一个企业可以生产经营一条或几条不同的产品线。

产品项目：企业在其产品目录上列出的一个产品,就是一个产品项目。

可以从长度、宽度、深度和关联性四个方面来评价产品组合。

（1）产品组合的长度,是指产品组合中所有产品线的产品项目总数。每一条产品线内的产品项目数量称为该产品线的长度。如果具有多条产品线,可将所有产品线的长度加起来,得到产品组合的总长度,除以产品组合的宽度,则得到平均产品线的长度。

（2）产品组合的宽度,是指一个企业拥有多少条不同的产品线。产品线越多,说明该企业的产品组合的宽度越广。产品组合的宽度反映了一个企业市场服务面的宽窄程度和承担投资风险的能力。

（3）产品组合的深度,是指每条产品线上的产品项目数,也就是每条产品线有多少个品种。产品线中包含的产品项目越多,产品组合深度越深。产品组合深度反映了一个企业在同类细分市场中,满足顾客不同需求的程度。通过计算每一条产品线中的产品项目数,可得出企业产品组合的平均深度。

（4）产品组合的关联性或一致性,是指每条产品线之间在最终用途、生产条件、销售渠道以及其他方面相互关联的程度。其关联程度越密切,说明企业各产品线之间越具有一致性;反之,则缺乏一致性。

产品组合的长度、宽度、深度和关联性,与促进销售和增加企业的总利润关系密切。拓展产品组合的宽度,可以充分发挥企业特长,充分利用企业资源,开拓新市场,拓展服务面,分散投资风险,提高经济效益;增加产品组合的深度,可使各产品线有更多的花色品种,适应顾客的不同需要,扩大总销售量;增加产品组合的关联性,可以充分发挥企业现有的生产、技术、分销渠道和其他方面的能力,提高企业的竞争力,增强市场地位,提高经营的安全性。

三、产品组合策略

产品组合策略一般有以下六个大类。

(一) 有限产品专业性策略

即企业集中生产经营有限的或单一的产品,适应和满足有限的或单一的市场需要。例如,有的企业只生产高档产品,满足对质量要求较高,并不在乎价格多少的顾客的需要。

(二) 单一产品策略

即产品线简化,生产过程单纯,可以采用高效的技术装备和工艺方法,提高自动化程度,能大批量生产,提高劳动生产率;技术上易于精益求精,提高产品质量,降低成本;节省销售费用。但是,生产经营单一品种,企业对产品的依赖性太大,适应性弱,风险大。

(三) 产品系列专业性策略

即企业重点生产经营某一类产品。例如,某日用化工厂根据市场不同的需要生产女士润肤霜、男士护肤霜、宝宝霜等护肤品。

(四) 市场专业性策略

即企业向某个专业市场(某类顾客)生产经营所需的各种商品。例如,工程机械厂向建筑业提供挖沟机、搅拌机、推土机、起重机等;化妆品厂向妇女提供护肤霜、增白霜、洗面奶、沐浴露、口红、洗发水等。

(五) 特殊产品专业性策略

即企业生产经营某些具有特定需要的特殊产品项目。例如,为某些医疗专用设备提供配件;生产经营治疗某些癌症用的药品等。由于产品特殊,市场开拓范围不大,竞争者少,有助于企业利用自己的专长,树立企业和产品的形象,长期占领市场,获取竞争优势。

(六) 多系列全面型策略

即企业着眼于向顾客提供他们所需要的一切产品。这种策略将尽可能地增加产品组合的宽度和深度。企业可以根据自身内部条件,考虑产品组合的关联性,如美国通用电气公司,产品线很广,其产品大多与电气有关。企业也可不受产品系列之间关联性的约束,如某钢铁公司不仅生产钢铁,还生产耐火材料、工艺品等。

四、调整产品组合策略

调整产品组合有以下几种策略可供选择。

(一) 扩大产品组合策略

扩大产品组合的前提是企业预期消费者需求旺盛、整个社会经济蓬勃发展,有些产品的销售形势很好,企业可以采取扩大产品组合的策略,进一步地满足市场需求。

这种策略是扩大产品组合的长度、宽度和深度,也就是增加产品线和产品项目,增添生产经营产品品种,扩大经营范围,提高经济效益。具体做法有:

(1) 垂直多样化策略。这种策略不增加产品线,只是向产品线的深度发展,增加产品线的长度。

① 向上延伸。即在定位于只生产经营低档产品的产品线中增加生产经营中高档产品,目的是抓住中高档产品销售形势好的机会,获取高利润;或是为了发展成为生产经营

高、中、低档产品俱全的企业，更好地为顾客服务。缺点是顾客可能不相信该企业能生产高档产品，竞争者也可能反过来进入低档产品市场，以进行反击；企业尚需培训为中高档商品市场服务的人员。

② 向下延伸。即在定位于只生产经营高档产品的产品线中增加生产经营低档产品。其原因是高档商品市场增长缓慢或竞争激烈；利用高档商品的声誉，吸引低档商品需求者，扩大市场范围；或是填补市场空隙，增加低档产品。值得注意的是，采取这种策略，可能会损坏高档产品的声誉，给企业经营带来风险。解决的办法之一是推出新品牌。

③ 双向延伸。即在定位于生产经营中等质量、中等价格的产品线上增加高档、低档产品项目。企业向产品线的上下两个方向延伸，主要是为了扩大市场范围，开拓新市场，为更多的顾客服务，获取更大的利润。

(2) 相关系列多样化策略。这是根据产品组合的关联性原则，增加相关的产品线。例如，在洗发水产品线外增加洗衣粉、清洁剂两条产品线，汽车制造厂除生产货车外增加小轿车、旅游客车的生产等，以扩大市场范围，满足顾客的不同需求，获取更大的利润。

(3) 无关联多样化策略。这是指拓展产品线时，不考虑关联性原则，增加与原产品线无关的产品，以利用新机会，开拓新市场，创造新需求。例如，某公司原来经营化妆品、珠宝首饰以及家庭日用品三条产品线，现在增加一条手机生产线，手机与之前的三条产品线没有关联性。

(二) 缩减产品组合策略

这种策略是企业随着科学技术的发展、市场需求的变化，以及企业内部条件的改变，主动合并、减少一些销售困难、不能为企业创造利润的产品线和产品项目，集中力量生产经营市场需求较大、能为企业获取预期利润的产品。例如，某公司根据市场环境的变化，将产品组合的长度以及宽度缩减，曾经经营 56 个产品项目，现如今只经营 32 个产品项目。

(三) 淘汰产品策略

这是企业对一些已经确认进入衰退期的老化的产品线和产品项目所采取的策略。这些产品既不能满足市场需要，又不能为企业带来经济效益，企业应做出果断的决定，淘汰和放弃这些产品，避免更大的损失。这一决策具体做法有以下几条：

(1) 立即放弃策略。采用这种策略的主要原因：确认该产品已进入衰退期，无发展前途。该产品如果继续存在，将危害其他有发展前途的产品。该产品的市场售价已不能补偿成本，企业应采取果断措施，立即予以淘汰。

(2) 逐步放弃策略。考虑到立即放弃对企业将会造成很大损失，并给顾客造成被突然抛弃的印象，可以采取逐步放弃策略，有计划地逐步减产直至淘汰，使顾客的使用习惯能逐步适应，企业的资源有计划地逐步转移，在生产和财务管理上能平稳过渡，不致造成大起大落。

(3) 自然淘汰策略。这是企业不主动放弃产品，而是留在市场上，直至产品销售完全衰竭而被市场淘汰为止的策略。企业通过对竞争形势的分析，可以利用部分企业退出市场之机，留在市场继续满足部分顾客的需要。采取这种策略，在短期内企业仍可获得一定的销售量和利润,但是也面临丧失市场机会、蒙受损失的风险。

此外,企业也可采取产品属性差异化策略来整顿老产品。

所谓产品属性差异化策略,是指企业在产品质量、性能、用途、特点和式样等方面采取与同行业竞争对手的产品相比具有明显不同特色的策略。企业可以通过应用现代化的工艺和技术装备,提高产品质量,增加产品功能、规格和式样,改进老产品的结构,以期增强企业的竞争优势,引起顾客的浓厚兴趣,满足顾客的物质和精神需要,从而为企业创造更多的利润。

任务二　产品市场生命周期

一、产品市场生命周期

企业营销组合策略还在很大程度上依产品生命周期所处阶段的不同而不同。产品生命周期是市场营销学中一个非常有用的概念,指产品从试制成功投入市场开始,直到最后被淘汰退出市场为止所经历的市场销售变化过程,所以也叫作产品市场生命周期。

换言之,产品生命周期是指产品的市场寿命,是从产品的市场销售额和利润额的变化进行分析和判断的,是用于研究产品的销售情况及获利能力在时间上的变化规律的概念。因此,产品生命周期概念与产品的使用寿命无关。后者指的是产品实体的消耗磨损,是产品物质实体的有形的变化,受消费过程中使用的时间、强度、维护保养以及自然力的作用,如生锈变质等因素的影响。而产品市场生命周期主要受国民经济形势、科学技术发展、新产品推出、市场竞争、政治法律、供求情况、顾客需求爱好的变化等因素的影响。

根据产品市场销售变化的规律,我们将产品生命周期的全过程划分为四个阶段,即产品引入期、成长期、成熟期和衰退期。将一个产品在市场上从无到有,从高速增长、市场饱和,直到被市场淘汰的变化过程,用一条曲线表示出来,就是我们所说的产品生命周期曲线(见图7-1)。

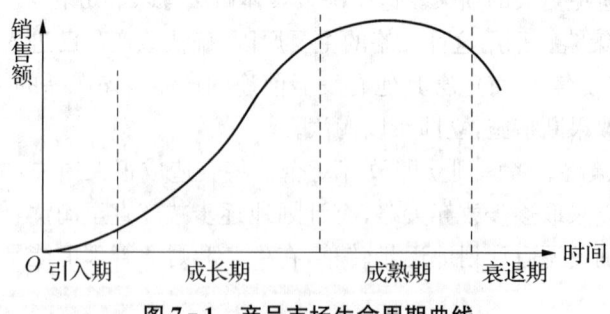

图7-1　产品市场生命周期曲线

研究分析产品生命周期,正确把握产品在市场上的寿命,对企业经营有着非常重要的意义:

（1）产品生命周期理论揭示了任何产品都和生物有机体一样，有一个诞生—成长—成熟—衰亡的过程，也就是说，世界上没有一个企业的产品在市场上能永远畅销，永远盈利，而是迟早要被市场淘汰的。因此，企业要居安思危，不断创新，开发新产品，做到生产一批，储备一批，试制一批，设想一批，企业方能更好地生存和发展。

（2）借助产品生命周期理论，可分析判断产品处于生命周期的什么阶段，推测产品今后发展的趋势，正确把握产品的市场寿命，并根据不同阶段的特点，采取相应的市场营销组合策略，增强企业竞争力，提高企业的经济效益。

（3）从产品生命周期理论可知，由于科学技术迅猛发展，人们需求变化加快，未来产品生命周期的发展趋势将会越来越短。但是，通过企业在市场营销方面的努力，产品生命周期是可以延长的。

二、产品市场生命周期各阶段的特点

(一) 产品生命周期的各阶段

1. 引入期

它是指新产品投入市场的初期，产品销售额（量）和利润增长均较缓慢。因为市场还没有打开，销售额（量）很有限，产量不高，产品质量不稳定，所以经营处于亏损状态。

2. 成长期

这是产品销售量（额）和利润额迅速增长的阶段。在这一阶段，越来越多的消费者开始接受新产品，同时，由于看到新产品市场的迅速扩展并有利可图，越来越多的竞争者也加入进来。另一方面，由于产量扩大，单位生产成本和销售成本都在下降，利润大幅增长。

3. 成熟期

产品销售量（额）趋于不再增长，到后期甚至开始下降，但销售总量（额）比其他各期均高，达到了最大值，利润率也开始下滑。

4. 衰退期

它是指产品的销售量（额）加速下降，利润趋近于零或负值。

(二) 划分产品生命周期各阶段的方法

产品生命周期各阶段的划分并无一定的标准。通常按以下几种方法做大致的划分。

1. 类比法

即根据类似产品的发展情况，进行对比、分析和判断。例如，参照电视机的销售资料来判断洗衣机的生命周期发展阶段。

2. 按销售增长率进行划分

即用销售增长率的数据，制定定量标准来区分生命周期的各个阶段。例如，销售增长率达到10%以上判断为产品从引入期进入了快速成长期。

3. 按普及率进行划分

当产品普及率小于5%时，为引入期；普及率为5%~50%时，为成长期；普及率为

50%～90%时,为成熟期;普及率为90%以上时,则进入衰退期。这种方法特别适用于判断家用电器产品所处的生命周期阶段。

(三) 不同的产品生命周期曲线

产品生命周期曲线与正态分布曲线相似。它反映了产品生命周期变化的基本形态,是一条抽象的、理论上的曲线。现实中产品的实际生命周期曲线,有些可能与该图形相似,但大多数并非都如此理想化。由于产品不同、市场环境影响因素不同、企业采取的营销策略不同,以及其他因素的影响,产品生命周期曲线形态会出现各种变异(见图7-2)。

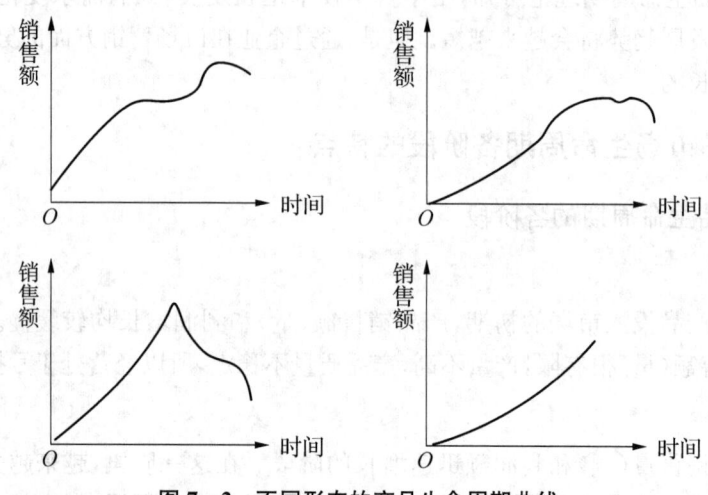

图7-2 不同形态的产品生命周期曲线

不同的产品,生命周期表现各异,主要有以下几种情形:

有的产品投入市场后,发展很快,销售量迅速增长,一开始就跳过投入期直接进入成长期,或是投入期很短,迅速进入成长期。

有的产品投入市场后,迅速进入快速成长期,但好景不长,销售量又迅速下降,越过成熟期,立即进入衰退期。这类产品是典型的时髦商品。

有的产品投入市场后,经过漫长的引入期,才缓缓进入成长期。

有的产品刚进入市场不久,就被市场淘汰,由引入期立即进入衰退期,这类产品属于失败的产品。

有的产品刚进入成长期,销售量就开始趋于平稳,由成长期迅速进入了成熟期。

有的产品生命周期曲线呈波浪形发展,也就是说,产品进入成熟期后,又进入第二个成长期,形成产品生命周期波浪式发展。

显然,只有当产品经历了从投入到衰退的全过程以后,才可能根据数据资料较完整地描绘出产品生命周期曲线来。但对企业市场营销管理来说,此时得出结论已无实际意义。对于企业而言,重要的是分析判断企业将试制的新产品或正在市场上销售的产品,现在正处于什么阶段,未来发展的趋势如何,以便企业采取适当的营销策略。

不同层次产品的生命周期曲线的形态也可能不同,如某大类产品、某个产品品种和某个品牌、某种规格的产品生命周期曲线不同。以电视机为例,电视机属大类产品,其产品生命周期将很长;彩色电视机或黑白电视机是不同的品种,其中黑白电视机已被市场淘汰,而彩色电视机正处于成长期。品牌知名度高的名牌产品,生命周期长;反之,不成功品牌产品的生命周期则短。此外,同一产品品牌和品种的产品,其产品生命周期在不同地区亦可能处于不同阶段。

三、产品市场生命周期不同阶段的市场营销组合

产品生命周期各阶段有不同的特点,企业应根据顾客购买行为、竞争激烈程度的不同,采取不同的市场营销组合策略。

(一) 引入期

根据这一阶段的特点,企业的主要任务是:投入市场的产品要"准";进入市场的时机要合适;设法使市场尽快接受此产品,以缩短引入期,更快地进入成长期。

产品策略:产品要有特色,与老产品相比,差异越大优势越大。同时,注意完善产品的质量、性能,以取得顾客的信任。

价格策略:典型的策略是撇脂定价,即高定价,因为只有这样才能产生高利润,尽快补偿产品研发和市场开拓的成本。一般来说,在这一阶段,只要新产品比替代的产品有明显的优势,市场对其价格就不会那么计较。有时,企业也可以采用渗透定价,即定低价,目的是迅速启动市场,快速提高市场占有率。至于是定高价还是定低价,需要看企业面临的需求、竞争和生产条件。

渠道策略:自行销售或开始与中间商建立联系,选择愿意经销本企业产品的中间商代为销售。

沟通策略:此阶段的基本沟通目标是就产品的使用及较所取代产品的明显优点与潜在的顾客进行沟通,即通过消费者教育,创造初始需求——通过尽可能全面、快速地取代与之竞争的传统产品,使消费者对新产品的整体需求达到最大。此外,无论是采取高促销策略还是低促销策略,主要应宣传介绍新产品的性能、用途、特点,吸引顾客购买,以求打开局面,在短时间内迅速进入和占领市场。

(二) 成长期

这一阶段的市场营销组合策略要点有:

产品策略:完善产品质量保证体系,并以良好的包装装潢和完善的服务与之配合,创优质名牌产品;开发多样化的产品形式,以满足不同细分市场差异化的需求。

价格策略:分析市场价格趋势和竞争者的价格策略,撇脂定价仍然可以获利;也可以适当调低价格,提高市场潜力。

渠道策略:进一步扩大销售网点,渗透和开拓市场;适应顾客需要,为顾客提供购买便利。

沟通策略:继续集中精力于开发初始需求和消费者教育,加强广告宣传,并从介绍产品转向树立产品形象,进一步扩大产品知名度。

(三) 成熟期

这一阶段的主要任务是集中一切力量,尽可能延长产品生命周期,扩大市场,增加销

量,取得良好的经济效益,为企业积累更多的资金。

成熟期产品的行业结构已经形成,少数企业占据了主要的市场份额,其余企业不得不成为跟随者,而且二者的战略已经分化。前者的目标主要是保持并扩大市场占有率,后者的主要精力则放在如何求得生存上。

产品策略:保持和提高产品质量,开展优质服务,提高产品声誉;开辟产品的新用途,吸引新顾客,增加销售量;开发新技术,改革现有产品,发展进阶产品,满足顾客的不同需要等。

价格策略:由于生产规模达到最大,成本大幅度降低,有可能进一步调低价格,吸引老顾客,争取新顾客。

渠道策略:有选择地扩大销售渠道,增加销售网点,促进销售。

促销策略:宣传产品的新用途,介绍进阶产品的性能和特色,以开拓新市场。

(四)衰退期

这一阶段企业的主要任务是抓好一个"转"字,即转入新产品或新市场,如选择新的目标市场,由国内市场转向国际市场,由城市市场转入乡村市场等。企业要有计划地"撤",有预见地"转",有目标地"攻"。

产品策略:缩减产品生产量,逐步有计划地撤出市场,淘汰老产品;根据新的目标市场需要,组织生产,占领新市场;延长现有产品生命周期,组织新产品开发和生产。

价格策略:降低产品售价,但不宜不顾一切地降价,力争取得边际利润;老产品进入新的目标市场和新产品投入市场时,可根据具体情况定价。

渠道策略:减少销售网点;注意加强与新目标市场的中间商联系,以开拓新市场。

促销策略:在即将退出的市场中,不宜大做广告宣传,以降低销售费用,节省开支。但仍需做一些提示性广告,并大量利用各种促销手段。

任务三　新产品开发

一、新产品及其分类

从市场营销学的角度,所谓新产品,是指与旧产品相比,具有新的功能、新的特征、新的结构和新的用途,能满足顾客新的需求的产品。

(一)全新产品

这是指应用科学技术的新发明研制成功的,具有新的结构、新的技术、新的材料等特征,市场上从未有过的新产品。由于一项科技成果从发明转化为产品,需要花费很长的时间和巨大的人力、物力、财力,因此,绝大多数企业很难开发出这样的全新产品。

(二)换代产品

这是对原有产品采用或部分采用新技术、新材料、新结构而制造出来的新产品。这种换代产品与原有产品相比,增添了新的功能,给顾客带来了新的利益。例如,彩色电视机是黑白电视机的换代产品;数控机床是自动机床的换代产品;等等。

(三) 改进产品

这是对现有产品的结构、造型、质量、性能、特点、花色、款式、规格进行改进的产品,或是由基本型派生出来的产品,如各种不同型号的电冰箱,二合一洗发香波等;或是只对原有产品做很小改进,突出了产品的某一个特点,使用一种新牌子、新包装的新产品,如××牌水果香型牙膏。

从管理的角度来分类,新产品包括以下几类:

(1) 国际性的新产品。又称世界性的新产品,这种产品在世界上是独一无二的。

(2) 全国性的新产品。这种新产品在世界上其他国家已经生产并投放市场,而在本国则是第一次开发生产并投放市场。

(3) 地区性的新产品。这种产品在国内其他省、市、县等地区已生产并投放市场,在本地区则是第一次开发生产并投放市场。

(4) 本企业的新产品。即其他地区或本地区其他企业已生产并投放市场,而本企业则是第一次生产并投放市场的产品。

二、新产品开发成功率低的原因

(一) 客观原因

(1) 国内外竞争对手抢先进入市场,推出新产品,市场竞争加剧。

(2) 银行贷款利率升高,投资风险增大。

(3) 科学技术发展速度太快,新产品开发步伐赶不上科技的发展速度,使新产品在开发过程中就夭折了。

(4) 市场需求变化加快和市场趋于分散,迫使企业的新产品面向范围更小的目标市场。

(二) 主观原因

(1) 对市场调研不够细致,没能掌握顾客的实际需求。

(2) 市场调研对新产品的市场规模估计过高。

(3) 开发成本过高,超过预算,造成资金短缺。

(4) 新产品投放市场后,企业没能熟练运用促销手段进行宣传,定价过高或过低,缺少配件,售后服务跟不上。

(5) 没能掌握好产品推出时机。

以上原因导致企业开发新产品遭受一定程度的失败。一种情况是企业连新产品的开发费用、生产成本、销售费用都无法收回的彻底失败;另一种情况是企业能从开发的新产品中获取利润,但没能达到预期利润或市场占有率目标的有限度的失败。但是,不论在开发新产品时面临何种困难和不利因素,企业必须不断推出新产品,这是企业生存和发展的唯一途径,是增强企业活力的重要条件。

三、新产品开发的原则

为使新产品开发减少风险、获得成功,企业应遵循以下几项基本原则:

(1) 进行市场调查研究,了解和掌握顾客尚未满足的需求和可能的市场规模,以便有针对性地开发顾客实际需要的产品。顾客的需要是开发新产品的源泉。

(2) 新产品开发要符合国家政策,适应国内外目标市场的实际情况、消费习惯、社会心理、产品价值观等,这样才能加速产品的推广使用,有利于新产品在市场上扩散。

(3) 新产品要适应科学技术发展的趋势。新产品的科技水平不能与科技发展趋势的差距过大,以免新产品投放市场时,在科技上已是老化产品而很快进入衰退期。当今新产品的发展,在式样方面,趋向于多样化、系列化、微型化;在质量性能方面,趋向于多功能、高性能、节能源、省资源、防污染、防噪音、兼容性强;在操作使用方面,趋向于轻便化、安全化、自动化、半自动化、易操作、易维修等。

(4) 开发新产品应考虑结构相似、工艺相近的原则。开发新产品在时间上要争取"快",为保证质量,企业可考虑开发与原产品的原理、结构相似,制造工艺相近的新产品。开发这类新产品不必使用专用设备,零部件与原产品通用,工人熟练程度高,研制开发费用和生产成本低,且可在较短时间内开发出新产品并投放市场,增强企业竞争力,取得事半功倍的效果。

(5) 要有创新精神,形成特色。例如,一些日化厂不生产一般的护肤用品,而生产抗皱霜、洗面奶;一些电信设备厂不生产一般的电话机,而开发移动电话等,向市场推出质优、独特的产品,引导消费,占领市场。

四、新产品开发的方式

为了成功地而且较快地开发新产品,企业可根据自己的具体条件,采用不同的开发方式。

(一) 独立研制

即企业利用自己的技术力量和技术优势,独立进行新产品的全部开发工作。这种方式一般适用于技术和经济力量雄厚的大型企业。

(二) 联合开发或协作开发

即企业与高等院校或科研机构利用各自在经济、技术、设备、人力等方面的优势互相协作、联合开发新产品。由于这种方式能较快地研制开发出先进的、优质的新产品,使科研成果很快地转化为商品,因此实际应用非常广泛。

(三) 技术引进

即企业通过引进国内外先进技术,或通过技术转让、购买专利等方式来开发新产品。这种方式能使企业的新产品迅速赶上国内外先进水平,提高产品的技术水平、质量水平和档次,缩短差距,节约研制费用和时间,有助于新产品进入国内外市场。

五、新产品开发策略

（一）优质策略

优质策略是指开发起点高、质量高的优质产品。采用这种策略不能一味地追求技术先进、质量好，必须注意适合国情、适合顾客需要，注意市场潜力，这样才能有助于新产品迅速占领市场，增强企业的竞争力。

（二）低成本策略

在开发过程中就注意大力降低成本。主要从研制的技术路线、产品结构、使用材料、工艺改革等方面挖掘潜力，以低廉的成本优势扩大市场占有率，迅速形成批量生产，提高利润。

（三）配套策略

根据企业自身的具体情况，主动为支柱产业和大型企业开发生产所需的配套产品，为其提供配套服务。例如，一些中小型企业为大型汽车厂配套生产电动刮水器、新型车灯等。一般来说，为主导企业提供配套的产品若能达到其要求，新产品的销路问题就解决了。

（四）拾遗补阙策略

拾遗补阙策略是指积极开发国家经济建设急需的或短缺的新产品。这种策略有利于企业填补空白，在市场上抢占优势地位，提高市场占有率，增强企业竞争力。

六、新产品开发组织

为使新产品在开发过程中减少风险，获得成功，必须要有一个行之有效的新产品开发组织，对新产品开发的各个环节进行管理。现介绍三种组织形式如下。

（一）新产品开发委员会

其成员由技术、质量、生产、销售、财务、供应等部门的负责人或代表组成，共同承担新产品开发工作。该组织主要对新产品开发负有组织领导的责任，不直接从事新产品的研制、设计、生产、销售等工作。其职责主要是讨论确定新产品开发方案和计划，组织并审批成立新产品开发小组，核算新产品开发预算，组织鉴定、验收等。该委员会便于协调各部门意见，使各部门构想和经验融为一体。但有时由于各自职责不清等问题也会带来一些不利因素。

（二）新产品开发部

由厂长或总经理亲自领导组织职能部门的有关人员，成立新产品开发部，专门全面负责新产品的研制、设计、生产、调研、销售、预算、供应、鉴定、验收等各项工作。一旦新产品开发成功转为正常生产，这项新产品开发工作即告结束，新产品开发部再进行其他新产品的开发工作。

（三）新产品开发小组

由有关技术人员组织成立新产品开发小组，摆脱生产、销售和其他部门日常工作的影响，专心致志地开展新产品的研制、设计、开发工作，但在开发过程中要得到其他职能部门的配合，如生产部门要配合制造出样品，财务部门要配合制定各项预算，销售部门要配合做好调研和试销工作,供应部门要配合做好新产品的物资供应,等等。新产品试制成功,转入正常生产,新产品开发小组即行解散。

七、新产品开发程序

新产品开发的组织机构确定后,新产品开发工作就需按照一定的科学程序来进行。新产品开发程序一般可分为7个步骤:提出构想—筛选—概念的形成与验证—可行性分析—产品实际研制—市场试销—正式投放市场。

(一) 提出构想

即对拟开发的新产品的构思与设想。任何一种产品的开发工作都是从构想开始的。没有构想也就没有新产品的开发。一个好的构想意味着新产品成功了一半。

企业在广泛收集构想之前,有关领导应首先确定新产品开发的目标和要求,如准备开发什么新产品,准备打入哪些市场,期望达到什么目标等。只有这样,工作人员才能有的放矢地收集构想。新产品构想的来源有:

(1) 企业内部。包括设计开发人员、销售人员、生产人员及其他部门的职工。据国外的一项调查表明,在新产品的开发构想中,有55%来自企业内部。来自内部渠道的构想,其特点是了解企业的实际情况和能力,因而构想与企业实际情况不至于严重脱节。

(2) 顾客。顾客是新产品开发的源泉和动力,也就是说顾客是征集新产品开发构想的主要来源。据国外的一项不完全统计,消费者提出的产品构想被企业采纳的占28%。

(3) 竞争者。企业在开发新产品时,应密切注意竞争者的动向。据统计,企业有27%的产品开发构想是在对竞争对手的产品加以分析后萌发的。方法是:收集竞争者的产品目录、使用说明书、广告宣传品;购买竞争者的产品,剖析其性能及优缺点;向购买竞争者产品的用户和销售竞争者产品的经销商收集其对产品的意见和看法等,以便研究或改进本企业新产品的开发构想。

(4) 经销商。向经销商了解顾客对现有产品的意见和想法,以及对未来产品的要求等。

(5) 其他。包括政府机关、大专院校、科研机构、市场调研机构、广告公司、学术会议、技术鉴定会议、展销会、报纸杂志、文献资料、专利及国外的样品等。

此外,企业还可以从现有产品所存在的问题中得到构想,还可以对现有产品结构做进一步分析,如结构是否可以改变,大的能否变成小的,重量能否减轻,上下左右能否颠倒,两个部件能否分开或组合在一起,从中得到新的构想。例如,组合音响、游戏机等。

(二) 筛选

这一步骤主要是对从各个渠道收集来的开发构想进行筛选,对哪些构想应保留,哪些应该剔除,做出认真决策,从中选出具有开发价值的构想。在筛选过程中要注意避免两种失误:一种是误舍,将一些具有开发前景的产品构想筛选掉;另一种是误用,将一个没有发展前景的产品构想盲目上马,结果投入市场后遭到失败,造成人力、物力、财力和时间的损失。为避免出现以上失误,要求企业领导者和有经验的专家对每一项新产品构想的性能、质量、技术先进程度、市场需求、市场竞争能力、原材料供应、设备和劳动力利用、开发周期、开发费用、制造成本以及经济效益等因素进行评定审核,做出最终抉择。

为提高评估的科学性,可运用多因素综合评价方法,对各因素进行评分,然后记入新产品构想评价表。最后,根据预先确定的评价标准确定优劣。

(三) 概念的形成与验证

经过筛选后的产品构想仍需进一步形成完整的产品概念。例如,某葡萄酒厂提出拟利用葡萄为原料开发葡萄饮料的新产品构想,这种构想可衍生出许多具体的产品概念,如葡萄汁、葡萄可乐等。因为顾客要购买的不是产品构想(葡萄饮料),而是葡萄汁、葡萄可乐等产品,企业要开发的也是具体的产品,所以需要把产品构想转化成为产品概念。企业对几种产品概念从销售量、生产条件、产品质量、产品价格、销售对象、市场地位、收益率等方面加以评估比较,再把选定的可行产品概念提交给一组消费者,请他们验证,听取和收集他们的意见。方法是:利用文字描绘或制作实体模型,说明产品的特性、用途、外观、包装、价格等,请消费者针对此概念回答有关问题,如与同类产品相比,该产品有何特点,这种产品能否满足其消费需求,对产品的外观、品质、性能、价格、包装等方面有何改进的建议,估计哪些顾客会购买本产品等。

(四) 可行性分析

即对已拟定的新产品开发方案在生产、技术、财务、安全、环保及社会制约、市场环境、顾客需求等方面进行可行性分析,经比较分析,评价是否应该开发这一新产品,并从多种开发方案中选择一个最佳方案。

(五) 产品实际研制

即由产品研制部门将抽象的产品概念研制成实体产品。实体产品研制出来后,才能正式评价产品在技术上、经济上是否真正可行。若通过鉴定发现产品在结构性能上有缺陷,必须立即加以改进,完善产品性能和质量。如果被否定,整个过程应立即中止。

(六) 市场试销

产品试生产出来后,为检验产品是否真正能受到消费者的欢迎,企业可进行市场试销。目的是了解消费者对产品的意见和建议;了解市场的需求情况;收集资料,为选择有效的市场营销策略提供依据;发现产品缺陷,及时反馈,改进产品。

(七) 正式投放市场

试销成功后,即可将新产品正式投放市场。为此,企业应采取有效的市场营销组合策略,使新产品顺利地进入市场,并尽可能缩短引入期,使产品早日进入成长期。

任务四　品牌策略

一、品牌定义及基本概念

品牌是商品的商业名称,是由企业独创的、有显著特性的、未申请商标注册或已申请商标注册的特定名称。如"海信"牌电视机,"斯沃琪"牌手表,"奥迪"牌汽车,"统一"牌润滑油等。这里,"海信""斯沃琪""奥迪""统一"都是商品的品牌。

品牌可以由文字、标记、数字、图形、符号及其组合构成。品牌是简称,它包括品牌名称和品牌标记。

品牌名称,是指品牌中可以用语言称呼的部分,如燕京牌啤酒、大大牌泡泡糖。

品牌标记,是指品牌中可以识别、认知,但不能用语言称呼的部分。例如,肯德基的KFC招牌等。

经过商标注册获得专用权,受到法律保护的品牌或品牌的某一部分被称为商标。商标受法律保护,享有专用权,其他的企业不得伪造和冒充。未经注册的产品品牌不是商标,不受法律保护。

二、品牌的作用

首先,有利于商品的广告宣传和推销。品牌、商标是区别商品质量和品种的特定标志,它表明了商品的某种特性,便于企业进行推销和广告宣传,建立产品声誉,吸引顾客重复购买,提高市场占有率,并且有利于推出系列新产品进入市场。

其次,维护生产者和经销者的经济利益。品牌一经注册成为商标,就受到法律保护,从而保护了企业的经济利益。尤其是享有盛誉的商标是企业的无形资产,不仅是可以转让买卖的工业产权,而且是企业获取利润、进行市场竞争的有力手段。

最后,便于顾客选购商品。品牌、商标是区别不同质量水平商品的标记,便于顾客识别和辨认,并据以选购所需商品及维修配件。享有盛誉的品牌、商标有助于顾客建立品牌偏好,从而重复购买。

三、品牌策略的主要类型

(一)品牌有无策略

品牌有无策略,指的是产品是否需要品牌。无品牌策略是指不使用生产者或经销者的标记,不给产品定品牌,以节省销售费用。适用的产品包括以下几类:

未经加工的原料产品、农产品,如煤、木材、大米、玉米等;

不因制造者不同而形成不同质量特点的商品,如电力、绵白糖等;

生产简单、选择性不大、价格低廉、消费者在购买时习惯上不分辨品牌的小商品;

临时性或一次性消费的商品。

(二)制造商品牌策略或经销商品牌策略

随着商品经济的发展,越来越多的商品纷纷品牌化,如不少卫生纸、酱油都有自己的品牌;在超级市场中,甚至大米也经过经销商分装为小包装后,定品牌出售。企业在决定对产品使用品牌后,制造商还可以有以下几种选择:

(1)制造商品牌策略。即制造商使用本企业自己的品牌。国内外市场上的商品绝大多数使用制造商品牌。制造商使用自己品牌的好处是:可以建立自己的声誉;制造商拥有的注册商标和品牌作为工业产权,可以租借、转让、买卖,其价值由商标、品牌信誉的大小决定;企业的产品、零部件等全部使用制造商品牌,有利于和购买者建立密切的联系。

(2) 经销商品牌策略。即制造商决定使用中间商的品牌,采用这种策略主要基于以下考虑:制造商要在一个不了解本企业产品的新市场上推销产品;本企业的商誉远不及中间商的商誉;本企业品牌的价值小,设计、制作、广告宣传、注册等费用高。中间商发展使用自己的品牌会增加投资和费用,承担一定风险,但可获得以下收益:因制造商减少宣传费用,可获得较低的进货价格;可以树立自己的信誉,有利于扩大销售;可以不受货源限制,加强对制造商的产品价格控制。

(3) 制造商品牌和中间商品牌混合使用策略。它又有三种形式:

① 为求既扩大销路又保持制造商的品牌影响,制造商在部分产品上使用自己的品牌销售,部分产品出售给中间商,由中间商使用自己的品牌进行销售。

② 为进入新市场,制造商先让中间商以中间商品牌销售产品,待产品打开销路,有了一定的市场影响后,再改用制造商品牌。

③ 制造商和中间商品牌同时使用,兼收两种品牌单独使用的优点,增加信誉,促进产品销售。这种混合策略有助于产品进入国际市场。

(4) 制造商使用其他制造同类产品的企业品牌策略。即制造商既不使用本企业品牌,也不使用中间商品牌,而是使用生产同类产品、在市场上有一定名望和声誉的制造商的品牌。例如,格兰仕给国外企业做贴牌生产。

(三) 群体(家族)品牌策略或个别品牌策略

制造商在决定使用本企业的品牌后,尚需进一步抉择:对企业的产品是使用同一个品牌还是使用不同的品牌。可供选择的策略有以下几种:

(1) 群体(家族)品牌策略。即企业的全部产品统一使用同一个品牌。例如,瑞士雀巢公司将"雀巢"品牌用于该公司的全部食品。其好处是:建立一个著名品牌能带动许多产品,节省费用,有利于消除顾客对新产品的不信任感。但必须注意的是,这个品牌应在市场上已获得相当的声誉;要确保每一种产品的质量,以免因一种产品质量不好,影响其他产品,甚至整个企业的声誉。

(2) 个别品牌策略。即企业对各种产品分别使用不同的品牌。其好处是:每一个品牌和具体产品相关,含义贴切,易被顾客接受;各品牌产品各自发展,彼此之间不受影响。但是品牌的设计、制作、广告宣传、注册的费用较高。

(3) 系列化品牌策略。即企业把一种知名度较高的产品品牌作为系列产品的品牌名,实际上是把个别品牌变成同一类产品的群体品牌。例如,"夏士莲"品牌用于洗发水、沐浴露和香皂等一系列洗涤类产品上。品牌的系列化延伸可以节省品牌制作、广告宣传等费用。系列新产品可凭借原有品牌在市场上的声誉,很快打开销路。但同一品牌下的个别产品质量不好时,会影响该品牌下其他系列产品的销售。

(四) 多品牌策略

多品牌策略,是指企业对同一种产品使用两三个不同的品牌。其好处是:甲品牌产品推销一段时间获得成功后,又推出乙品牌产品,两个品牌的产品互相竞争,但两者的总销量比一个牌子的要多,有利于提高产品的市场占有率,扩大企业的知名度;同类产品多种品牌可以在零售商店占据更多的陈列空间,易于吸引顾客的注意力;多品牌策略能迎合顾客喜爱转换品牌的心理,有助于争取更多的顾客;激发在企业内部品牌之间相互促进,共同提高,扩大销售。日化行业著名的宝洁公司就是成功采用多品牌策略的典范。

多品牌策略必须有计划、有目标地使用,不可滥用。没有显著特点,没有一定销售目标,或各种品牌的市场占有率很小,则不宜品牌过多。例如,我国内地销往香港的蜂王精和蜂王浆曾出现过70多种品牌,不仅顾客无从挑选,经销商也难以宣传推广,而且还引起了国内各厂家的相互竞争,降价竞销,进而影响了经济效益。

任务五　包装策略

一、包装的作用

产品包装的基本功能是保护商品。在现代经济生活中,包装的重要性已远远超过作为容器、保护商品、方便运输的作用,成为促进和扩大产品销售的重要因素。特别是消费品的包装,体现着广告所宣传塑造的产品形象。两种相同的消费品,不同的包装会产生不同的销售效果。

二、包装策略的主要类型

(一) 类似包装策略

类似包装策略,也称群体包装策略或统一包装策略,是指企业的所有产品在包装上使用同样的材料,采用相同的图案、颜色、标记和其他共有特征。它使顾客一见到包装就能联想到是同一家企业的产品,倍感亲切,尤其是新产品上市时,有助于消除顾客的疑虑,打开产品销路;这种策略还可以降低包装成本,易于树立企业形象。类似包装策略适用于同样等级和质量水平的产品,否则,将影响高档优质产品的销路和声誉。

(二) 综合包装策略

综合包装策略,也称多种包装策略,是指按照顾客的消费和使用习惯,将相互关联的多种产品置于同一包装容器内。例如,将胭脂、粉饼、口红、眼影粉、唇线笔、眉笔、小镜子等放在一个精致美观的化妆盒内。

(三) 再使用包装策略

再使用包装策略,也称复用或双重用途包装策略,是指将原包装内的用品用完后,包装容器可再作他用。例如,蜂蜜、果酱等使用的玻璃杯式包装,空玻璃杯可用作旅行杯;饼干、糖果用的盒式包装,空盒可作多种用途使用。再使用包装策略有利于提高顾客的购买兴趣和吸引力,又可使包装容器发挥长久的广告宣传作用。

(四) 等级包装策略

等级包装策略,是指企业对不同质量、等级、档次的产品采用不同的包装,便于顾客选购和对产品质量进行监督,也有利于提高企业信誉,但是包装成本相对会提高。

(五)附赠品包装策略

这是在商品的包装容器中附加赠送物品或赠券,以激发顾客的购买欲望,增加商品的销售量。

(六)不同容量包装策略

不同容量包装策略,是指根据产品的性质、顾客购买力大小和顾客的使用、购买习惯,按产品的重量、分量、数量设计多种不同大小的包装,以便于购买,促进销售。如十片装的小袋药片供消费者使用,百片装、千片装的大瓶药片供医院使用。

(七)改变包装策略

改变包装策略,是指企业采用新的包装技术、包装材料、包装设计等,对原有产品包装加以改进,以改变产品的原有形象的一种包装策略。例如,把瓶式包装改为易拉罐式包装,把粉剂药的袋式包装改为胶囊包装等。这种包装不仅便于顾客使用,而且改善了产品的形象,对扩大销售、提高经济效益有一定的促进作用。

 知识拓展

产品整体概念,是市场经营思想的重大发展,它对企业经营有着重大意义。

(1)指明了产品是有形特征和无形特征构成的综合体,表明产品的有形和无形特征。为此,一方面企业在产品设计、开发过程中,应有针对性地提供不同功能,以满足消费者的不同需要,同时还要保证产品的可靠性和经济性。另一方面,对于产品的无形特征也应充分重视,因为,它也是产品竞争能力的重要因素。

产品的无形特征和有形特征的关系是相辅相成的,无形特征包含在有形特征之中,并以有形特征为后盾;而有形特征又需要通过无形特征来强化。

(2)产品整体概念是一个动态的概念。

随着市场消费需求水平和层次的提高,市场竞争焦点不断转移,对企业产品提出更高要求。为适应这样的市场态势,产品整体概念的外延处在不断再外延的趋势之中。当产品整体概念的外延再外延一个层次时,市场竞争又将在一个新领域展开。

(3)对产品整体概念的理解必须以市场需求为中心。

产品整体概念的四个层次清晰地体现了一切以市场要求为中心的现代营销观念。衡量一个产品的价值,是由顾客决定的,而不是由生产者决定的。

(4)产品的差异性和特色是市场竞争的重要内容而产品整体概念四个层次中的任何一个要素都可能形成与众不同的特点。企业在产品的效用、包装、款式、安装、指导、维修、品牌、形象等每一个方面都应该按照市场需要进行创新设计。

(5)把握产品的核心产品内容可以衍生出一系列有形产品。

一般地说,有形产品是核心产品的载体,是核心产品的转化形式。这两者的关系给我们这样的启示:把握产品的核心产品层次,产品的款式、包装、特色等完全可以突破原有的框架,由此开发出一系列新产品。

以旅游为例，如果说旅游产品的核心层次是"满足旅游者身心需要短期性生活方式"，那么，旅游形式产品不能仅仅理解为组织旅游者去名山大川游玩。其实，旅游产品已经延伸到商务旅游、购物旅游、现代工业旅游、现代农业旅游、都市旅游、学外语旅游，等等。

 思政园地

近年来，有关振兴老字号的政策持续发力，推动中华老字号老而不衰，活力增强，奋力快跑。从孔凤春的鹅蛋粉到六必居的酱菜，从同仁堂的健康药业到张小泉的剪刀，从瑞蚨祥的丝绸到苏州稻香村的糕点，从恒顺醋业飘香到东阿阿胶远渡重洋……中华老字号在变革中焕发新的活力。但2020年《瞭望》在北京、上海、天津等地的调研显示，目前仅存的千余家中华老字号中，只有10%的企业生产经营有一定规模、效益好、健康运营，将近70%的企业因观念陈旧、机制僵化、创新不足、传承无力等面临发展困境，还有约20%的企业长期亏损，濒临破产。老字号之所以能够流传至今，其核心竞争力是品牌承载的传统文化。但目前大多数老字号忽视了对文化的挖掘和整理，部分老字号对品牌定位没有与时俱进，传播中着重宣传其"传统特色"，没有时代色彩；着重宣传其"古老文化"，没有融入现代文化，从而导致不能吸引新一代消费群体的关注。

 项目小结

产品是企业市场营销的基础，产品是能满足顾客需要和欲望的任何东西。产品既可能是有形的实体，也可能是无形的服务。产品的形式并不重要，关键是它必须具备满足顾客需要和欲望的能力。产品整体包含核心产品、有形产品和附加产品三个层次。产品组合有长度、宽度、深度、关联度等特性，通过调整产品组合策略能够更好地满足消费者需要。

产品的生命周期是产品的市场寿命，一般包括引入期、成长期、成熟期和衰退期四个阶段，每个阶段产品的质量、销售数量、增速等不尽相同，需要综合运用不同的营销策略。正是因为产品生命周期理论以及企业追求更好满足消费者需要等原因，企业开发具有新的功能、新的特征、新的结构和新的用途的新产品，需要明晰新产品的种类、原则、方式、步骤等，同时了解新产品开发失败的主观和客观原因。

品牌是商品的商业名称，包括品牌名称和品牌标记。包装的重要性已远远超过作为容器、保护商品、方便运输的作用，成为促进和扩大产品销售的重要因素。只有理解并掌握不同包装策略对应的产品类型，才能更好地开展营销活动。

项目知识结构图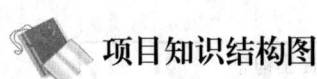

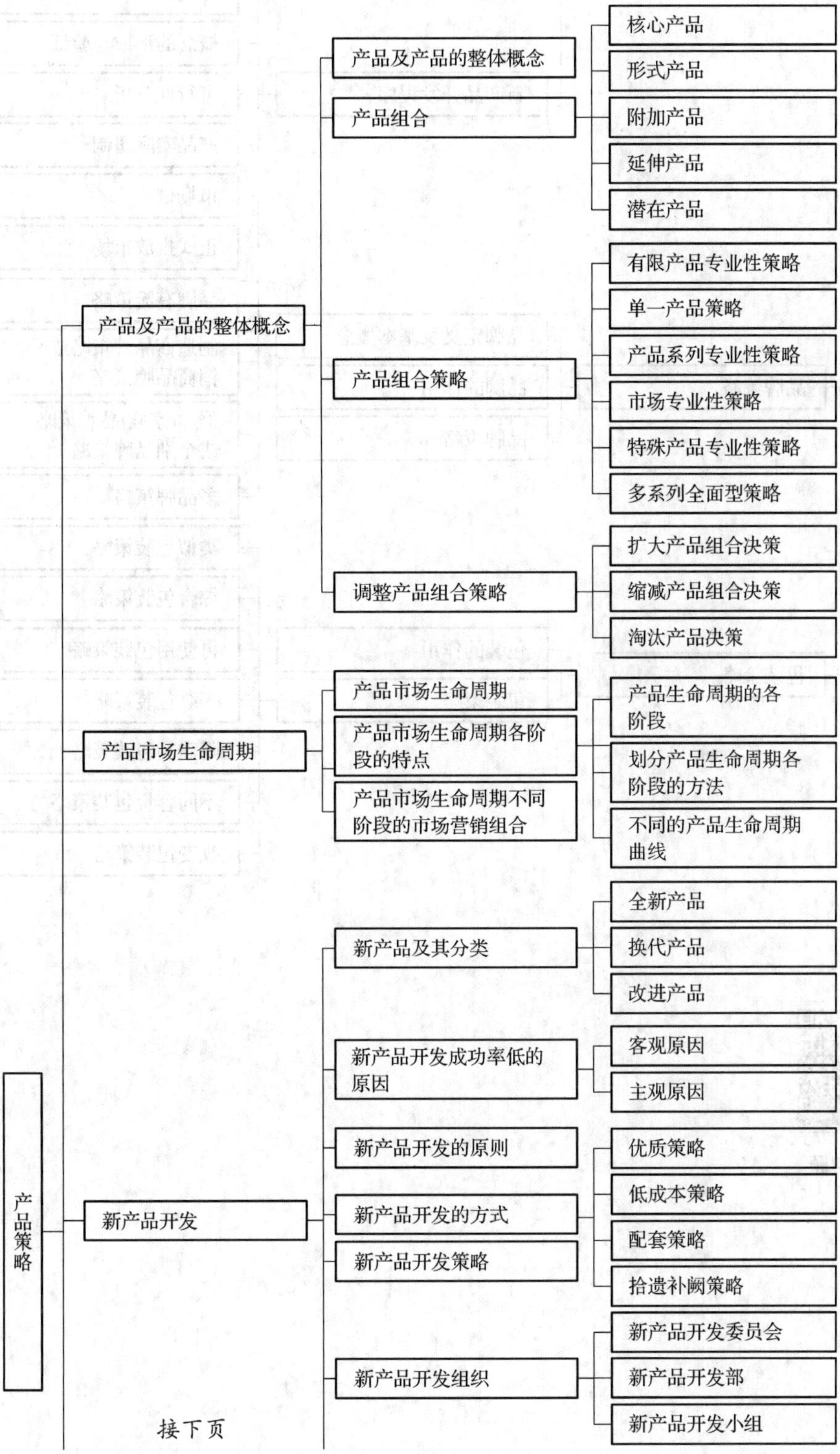

- 产品策略
  - 产品及产品的整体概念
    - 产品及产品的整体概念
      - 核心产品
      - 形式产品
    - 产品组合
      - 附加产品
      - 延伸产品
      - 潜在产品
    - 产品组合策略
      - 有限产品专业性策略
      - 单一产品策略
      - 产品系列专业性策略
      - 市场专业性策略
      - 特殊产品专业性策略
      - 多系列全面型策略
    - 调整产品组合策略
      - 扩大产品组合决策
      - 缩减产品组合决策
      - 淘汰产品决策
  - 产品市场生命周期
    - 产品市场生命周期
      - 产品生命周期的各阶段
    - 产品市场生命周期各阶段的特点
      - 划分产品生命周期各阶段的方法
    - 产品市场生命周期不同阶段的市场营销组合
      - 不同的产品生命周期曲线
  - 新产品开发
    - 新产品及其分类
      - 全新产品
      - 换代产品
      - 改进产品
    - 新产品开发成功率低的原因
      - 客观原因
      - 主观原因
    - 新产品开发的原则
    - 新产品开发的方式
      - 优质策略
      - 低成本策略
    - 新产品开发策略
      - 配套策略
      - 拾遗补阙策略
    - 新产品开发组织
      - 新产品开发委员会
      - 新产品开发部
      - 新产品开发小组

接下页

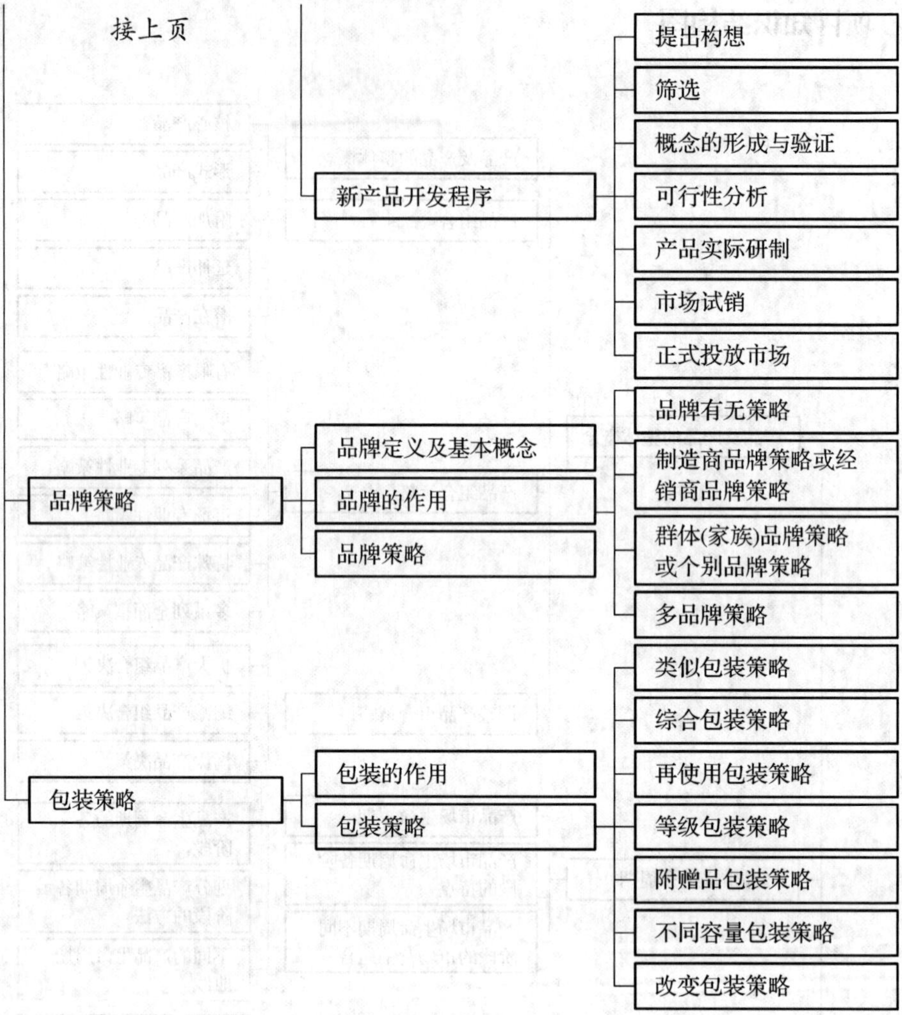

```
接上页
                                          ┌── 提出构想
                                          ├── 筛选
                                          ├── 概念的形成与验证
                            新产品开发程序 ──┼── 可行性分析
                                          ├── 产品实际研制
                                          ├── 市场试销
                                          └── 正式投放市场

                       ┌── 品牌定义及基本概念      ┌── 品牌有无策略
          品牌策略 ─────┼── 品牌的作用          ├── 制造商品牌策略或经销商品牌策略
                       └── 品牌策略            ├── 群体(家族)品牌策略或个别品牌策略
                                             └── 多品牌策略

                                             ┌── 类似包装策略
                                             ├── 综合包装策略
                       ┌── 包装的作用          ├── 再使用包装策略
          包装策略 ─────┤                     ├── 等级包装策略
                       └── 包装策略            ├── 附赠品包装策略
                                             ├── 不同容量包装策略
                                             └── 改变包装策略
```

课后习题

项目八　价格策略

 引例

凌志汽车：聪明购买者的竞争对手

　　丰田公司认识到全世界有大量的消费者希望得到一辆昂贵的汽车。在这群人中，许多消费者愿意买奔驰，但又认为价格过高了，他们希望购买像奔驰同样性能的车，并且价格要合理。这给了丰田一个想法：开发一辆能与奔驰竞争，甚至定位更高的轿车。

　　丰田的设计者和工程师开发了凌志汽车并开展多方位的进攻。新汽车像雕塑品，安装精良，内部装饰豪华。丰田的广告画面旁边显示的是奔驰，并写上标语："这也许是历史上第一次，只需花 36 000 美元就能买到值 73 000 美元的高级轿车。"丰田努力挑选能高度胜任的经销商，精心设计陈列室，并把销售作为汽车设计的工作之一。陈列室有宽敞的空间，室内布置了鲜花和观赏植物，免费提供咖啡，备有专业的销售员。经销商列出潜在客户的名单，向潜在客户寄发手册，手册中包含 12 分钟戏剧性体现凌志绩效功能的录像带。录像带显示工程师把一杯水放在引擎上，当奔驰引擎发动时，水发生抖动，而凌志却没有，这说明凌志有更平稳的引擎和提供更稳定的驾驶。录像带更戏剧性地展示，把一杯水放在操纵盘旁，当凌志急转弯时，水不溢出来——这令人兴奋。购买者向他们的朋友到处介绍，成了凌志最好的销售员。

　　针对凌志的挑战，奔驰应该如何应对？

知识准备与业务操作

　　知识准备：需要先学习和掌握与价格策略相关的理论知识，包括市场调研、市场分析、STP 战略和产品策略。

　　业务操作：能够充分考虑企业定价的影响因素，采用不同的定价方法，运用不同的定价策略，为企业每款产品进行科学定价。

任务一　影响定价的因素

　　每一个企业都需要为自己的产品或者服务制定价格。价格是市场经济中的一个重要

因素,直接影响企业的市场份额和盈利能力。因此,企业必须重视价格策略的选择和运用。

企业在制定价格时需要综合考虑成本、竞争、市场需求和定价策略等多个因素。通过合理的定价策略,企业能够实现销售目标并提高盈利能力。

一、定价目标

任何企业制定价格,都必须按照企业的目标市场战略及市场定位战略的要求来进行。定价应考虑的因素较多,定价目标也多种多样,不同企业可能有不同的定价目标,同一企业在不同时期也可能有不同的定价目标,企业应权衡各个目标的依据及利弊,慎重选择。企业定价目标主要有以下几种。

(一)维持企业生存

企业定价并非局限于对企业成本与利润的衡量,产品的合理定价受到多种因素的影响。价格的制定,不仅仅要考虑企业成本与规模成本,还需要考虑其营销战略的目标。企业对它的目标越清楚,就越容易制定价格,而成本则决定了产品价格的下限。

在市场竞争日益激烈、消费者需求不断变化的情况下,很多企业将维持生存作为主要目标。为了确保生产继续进行和存货清仓,企业不得不制定较低的价格,利润跟生存比起来要次要得多。为了继续留在行业中,许多企业的价格只能弥补可变成本和一些固定成本。

以低价求生存并不是最高明的销售方法,但无疑是最有效的销售手段。尤其是对中小企业来说,技术研发水平、营销水平、管理水平较低,资本基础不够雄厚,缺少实施品牌战略的能力,因而把价格放低成了最为常规的竞争武器。特别是在一些旺季的时段,商家们无不使出浑身解数,甚至不惜打出"跳楼价""血本甩卖""最后三天清仓"等字眼以吸引消费者抢购。这样的低价格很容易形成你追我赶的"价格战",形成报复性的降价,行业内的一些企业混战成一团,最终破坏整个行业的规则,造成整体利润的急剧下降。这样的情况正在很多行业上演。

生存是一个短期目标。企业可以在艰难的时期运用这样的价格策略,但是,从长远来说,这并不是一种健康、可持续的模式。过于注重短期的经营业绩,对企业的长远利益则不够重视,对培养企业忠实的顾客群体也不够重视,品牌无法树立起来,这样的企业很难熬得下来。企业必须走出这个"泥潭",学会如何创造价值和应对绝境。

(二)当前利润最大化

利润目标是企业定价目标的重要组成部分,获取利润是企业生存和发展的必要条件,也是企业经营的直接动力和最终目的。因此,很多企业都会采取这种当前利润最大化的定价方式。比方说,即使明知把产品价格提高5%,销量会下跌5%,很多企业还是会采取这种策略,只要营业利润能提起来。

当前利润最大化并不必然导致高价。当一个企业的产品在市场上处于某种绝对优势时,如有专卖权或垄断等,固然可以实行高价策略以获得超额利润,但随着市场竞争的加剧,企业要想在长期内拥有过高价格,必然会遭到来自多方面的抵制,价格也会随之回落到合理的水平。最大利润有长期和短期之分,有远见的经营者都着眼于追求企业长期利润的最大化,但也有一些中小企业和商业企业经常以短期最大利润为目标。此外,为了获取整个企业的最大利润,企业也可以有意识地将一些易引起人们兴趣的产品的价格降低,借以带动其他产品的销售。例如,美国吉列公司曾以低价甚至是赔钱的价格销售其刀架,目的是为了吸引更多顾客购买其互补品剃须刀片,以便从大量销售剃须刀片中获取更多的利润。

(三) 市场份额最大化

市场份额最大化,是指企业以最低的价格争取最大的销量,从而换来最大的市场份额。科特勒认为,从市场份额最大化的角度出发去制定价格,应满足这样几个条件:其一,市场对价格高度敏感,低价可以促使市场增长;其二,产量越大,企业的生产和分销成本越低;其三,低价格可以减少实际和潜在的竞争。

企业进入一个新的细分市场时常会运用到市场份额最大化的定价策略,淘宝网就是一个典型。薄利多销,这是一条众所周知的商场法则,也可以说是商场中最为老套的战术了,但是能真正将其应用到实战,并且让消费者实实在在地体会到这种低价策略给其带来实惠的商家并不多,而淘宝做到了这一点,它也因此收获了较大的市场份额。

(四) 市场撇脂最大化

市场撇脂最大化,是指以高价来实现市场获利的最大化,这就像从牛奶中撇取其中所含的奶油一样,取其精华。通常,企业会将产品以最高的价格卖给市场中最具有经济实力的顾客群体,等这一部分顾客消费得差不多了,再适当减价卖给中档顾客,最后以低价处理日渐衰退的产品。

科特勒认为,以市场撇脂最大化为目的的定价策略需要具备这样几个条件:其一,有足够的当前需求很大的购买者;其二,小批量生产时单位成本不能太高;其三,很高的初始价格不会吸引更多的竞争者抱趋利心理进入该市场,也就是说,企业必须能够构建起一定的竞争壁垒,抬高竞争者的进入门槛;其四,高价能传达优质产品的形象。

一些拥有新技术、能创造出高新产品的公司常常会采取市场撇脂最大化的策略。当顾客愿意以高出市场平均水平的价格购买产品的时候,撇脂定价是最合适的定价方法。当然,就像科特勒指出的,这必须是以产品的质量和企业的良好形象为前提的。例如,如果一些购买者认为某一公司的产品远远优于竞争者的产品时,那么该公司就可以成功地索要较高的价格。同样,当一种产品受到良好的法律保护,或者它反映了技术上的突破,或者它在某些方面可以阻止竞争对手时,都可以有效地使用撇脂定价。当生产产品有技术难度、有技术或时间限制,使生产不能迅速扩大时,营销人员可以使用撇脂定价策略。只要是需求大于供给,撇脂定价就是可行的。

企业之间的竞争不仅是产品的竞争,也是定价模式的竞争。企业一方面要善于利用撇脂定价法,在新产品上市之后的一段时期内尽量攫取丰厚的利润;另一方面要及时调整撇脂定价法,以适应竞争对手的步步紧逼。

(五) 树立企业形象

企业形象直接关系到消费者对产品或服务的认知和评价,因此通过定价策略来塑造企业形象是至关重要的。定价可以传递产品或服务的高品质形象,通过设定相对较高的价格,向消费者传达卓越品质或独特价值的信息。定价还可以体现产品或服务的高附加值,通过设定较高的价格,传递额外价值和独特优势的信息。定价也可以塑造品牌认知和认可度,设定适当的价格可以建立品牌的知名度和忠诚度。最后,定价还可以展示企业的社会责任形象,通过设定合理的价格,表明企业关注社会、环境和可持续发展等问题。以树立企业形象作为定价目标,企业可以在市场中树立与竞争对手不同的独特形象,吸引目标消费者群体的关注和忠诚。

二、产品成本

产品成本是影响定价的一个重要因素。一般来说,市场需求决定了企业制定产品价格的最高限,而产品成本则是最低限。企业通常要使产品价格能补偿产品生产和销售过程中的各项费用支出,这是企业再生产能够顺利进行的必要条件。

(一)固定成本及单位固定成本

固定成本是指与产品生产或提供相关的成本,不随产量的变化而变动。固定成本在短期内保持不变,无论产量多少都需要支付。常见的固定成本包括租金、设备折旧费用、管理人员薪资等。

单位固定成本是指单位产品所分摊到的固定成本。单位固定成本可以通过将总固定成本除以产品数量来计算。例如,如果一个企业每年的总固定成本是 10 000 美元,它生产 10 000 个单位产品,那么单位固定成本就是 1 美元。

单位固定成本的计算公式如下:

$$单位固定成本 = 总固定成本 \div 产品数量$$

单位固定成本对企业的经营决策和成本控制非常重要,它可以帮助企业评估产品的成本效益,确定最低可接受的销售价格,以确保产品的盈利能力。此外,通过降低单位固定成本,企业可以提高生产效率,增加产量规模,从而实现成本优势和竞争优势。

(二)变动成本

变动成本是随着产量或经营规模的变化而发生变动的成本,如原材料成本、直接劳动力成本和直接制造费用等。

(三)边际成本

边际成本包括直接变动成本和间接变动成本。直接变动成本是指与生产或提供一个额外单位产品直接相关的成本,如原材料和直接劳动力成本。间接变动成本是指与生产或提供一个额外单位产品间接相关的成本,如设备折旧、间接劳动力成本和间接材料成本等。

边际成本的计算可以通过以下公式进行:

$$边际成本 = 变动成本 \div 单位产量$$

边际成本的概念在经济学中非常重要,因为它可以帮助企业确定最优生产数量和定价策略。当边际成本等于边际收益时,企业可以达到最大利润。如果边际成本高于边际收益,企业应该减少生产数量或提高产品价格;如果边际成本低于边际收益,企业可以增加生产数量或降低产品价格。

（四）制造成本和使用成本

制造成本通常是在产品生产过程中产生的，可以通过计算原材料的使用量、工人的工时和设备的使用时间来确定。

使用成本指的是产品在使用过程中需要消耗的各种成本，包括维修和保养成本、能源消耗成本、耗材成本等。使用成本通常是在产品交付给用户后产生的，可以通过计算产品的使用寿命、维修频率和能源消耗量来确定。

制造成本和使用成本在产品的整个生命周期中起着重要的作用。制造成本决定了产品的生产过程中所需的投资和费用，对产品的定价和市场竞争力有直接影响。使用成本则决定了产品的实际使用效益和用户的满意度，对产品的市场需求和用户选择有重要影响。

在产品开发和设计过程中，需要综合考虑制造成本和使用成本，以寻找最佳的平衡点。在制造成本高的情况下，可以通过优化生产工艺、提高生产效率等方式来降低成本；在使用成本高的情况下，可以通过提高产品的耐用性、降低能源消耗等方式来降低成本。

三、市场需求

市场需求对定价有重要影响。当市场需求增加时，企业可以提高产品价格以获取更高利润；当市场需求下降时，可能需要降低价格刺激消费。市场需求反映消费者对产品的价值认知，影响他们愿意支付的价格。竞争状况也受市场需求影响，需求旺盛时竞争加剧，需求较弱时竞争减弱。最后，市场需求还决定产品定位，高端产品可定高价，低端产品需定低价。企业需密切关注市场需求变化，灵活调整定价策略以满足消费者需求。

四、竞争与市场环境

市场中的竞争者也会影响到企业的定价决策。企业必须首先了解谁是自己的竞争对手，竞争对手的战略是什么，优势是什么，还应该了解他们的成本、价格以及可能对企业定价做出的反应；然后再来决定是采取竞争者的价格，还是高于竞争者的价格或者是随行就市与竞争者价格保持在同一水平线上。企业应进行充分的市场调研以避免不利的信息劣势，对待竞争者树立一种既竞争又合作的共同发展的竞争观念，在深入吃透竞争者价格战略的基础之上对自己的产品进行定位，使产品价格更有针对性和竞争力。

五、其他因素

除了企业、消费者、竞争者以及市场环境之外，企业还需考虑其他影响价格的外部因素。比方说，一个国家或地区的经济条件、政策法律、风俗习惯等对定价策略是有很大影响的。如果某地经济处于衰退阶段，那么消费者的购买力会大大削弱，企业要维持高价就会比较困难。政策的力量同样不容忽视，如果一个企业主要从事出口贸易，那么它必须对出口国的市场环境以及政策非常了解。例如，我国很多出口行业遭遇反倾销调查就是受制于出口国的政策法律与贸易保护。

任务二 定价方法

企业为了实现其定价目标,就要采取适当的定价方法。根据定价依据的不同,定价的方法通常可分为三大类:成本导向定价法、需求导向定价法和竞争导向定价法。选择合适的定价方法对于企业的盈利能力、市场竞争力和产品定位都具有重要影响。

一、成本导向定价法

成本导向定价法是一种主要以产品的成本为依据的定价方法,主要包括成本加成定价法、目标利润定价法、盈亏平衡定价法和边际贡献定价法。

(一) 成本加成定价法

成本加成定价法是一种常用的定价策略。它基于产品的成本,并在成本上加上一定的利润或加成来确定产品的售价。其计算公式为:

$$单位产品价格 = 单位成本 \times (1 + 加成率)$$

其中,单位成本是单位变动成本和单位固定成本之和;加成率是预期利润与产品总成本的百分比。

这种方法的优点是:① 简单易行。简化企业定价程序。② 确保利润。该方法可以确保覆盖产品的成本,并在售价中获得一定的利润。③ 透明度。由于售价是基于成本和固定加成计算得出的,这种定价方法相对透明,消费者可以理解和接受。其缺点是:没有充分考虑市场需求、竞争环境和消费者的价格敏感度,可能导致定价过高或过低。此外,它也没有考虑产品的附加价值和品牌溢价等因素。

(二) 目标利润定价法

目标利润定价法是企业制定一个预期的目标利润率,而产品的定价需要能保证企业达到这一利润率。通常,企业会根据总成本和预期的总销售量来确定期望达到的目标利润率,然后由此推算出价格。其计算公式为:

$$目标售价 = (总成本 + 目标利润) \div 预期销售量$$

举个例子,某房地产企业开发了一个总建筑面积为 10 万平方米的小区,预计未来在市场上可实现销售 8 万平方米,总开发成本是 2 亿元,该企业设定的目标收益率为成本的 12%。如果用目标利润率法来定价的话,那么可以先计算出该企业预期的目标利润为 $2 \times 12\%$,也就是 0.24 亿元,而每平方米的售价就用总的成本与目标利润的总和去除以预计的销售量就可以,也就是 2.24 亿元除以 8 万平方米,即 2 800 元。这就是用目标利润定价法所得出的价格。

目标利润定价法有着极强的结果导向,它的目的就是要保证企业既定目标利润的实现。这种方法通常适用于在市场上具有一定影响力、市场占有率较高或具有垄断性质的企业。它与成本加成定价法是有区别的,成本加成定价法中的成本只是制造成本,不包括期间费用,而目标利润定价法中的成本包括制造成本和期间费用。

目标利润定价法还是有不足之处的,它所定的价格是根据预算的销售量来计算的,而实际操作中,价格的高低反过来对销售量有很大影响。销售量的预计是否准确,对最终市场状况有很大影响。先确定产品销量,再计算产品价格的做法完全颠倒了价格与销量的因果关系,把销量看成是价格的决定因素,在实际上很难行得通。尤其对于那些需求价格弹性较大的产品,用这种方法制定出来的价格,无法保证销量的必然实现,那么,预期的投资回收期、目标收益等也就只能成为一句空话。企业必须在价格与销售量之间寻求平衡,从而确保用所定价格来实现预期销售量的目标。

(三) 盈亏平衡定价法

盈亏平衡定价法是通过确定产品或服务的售价,使企业在销售数量达到一定水平时实现盈亏平衡。也就是说,当销售数量达到一定水平时,企业的总收入等于总成本,没有盈利也没有亏损。其计算公式为:

$$盈亏平衡售价 = 总成本 \div 目标销售数量$$

这种方法的优点:它是一种简单易懂的定价方法,适用于一些成本估算准确、市场需求相对稳定的情况。但在实际应用中,企业需要综合考虑市场需求、竞争环境和利润最大化的因素,选择合适的定价策略。其缺点是:主要基于企业的成本,而忽视了市场对产品或服务的定价能力。如果企业仅仅根据成本来定价,可能无法准确反映市场的需求和消费者愿意支付的价格,导致产品定价偏离市场价值。

(四) 边际贡献定价法

边际贡献定价法是一种基于边际成本和边际收入的定价策略。它通过计算每单位产品或服务的边际贡献来确定产品的定价。其计算公式为:

$$边际贡献 = 边际收入 - 边际成本$$

其中,边际收入是指每售出一单位产品或提供一单位服务所带来的额外收入;边际成本是指每售出一单位产品或提供一单位服务所需的额外成本。

边际贡献定价法的优点在于重视边际效益,能够更好地理解产品或服务对利润的贡献情况,并通过考虑市场需求和竞争环境来确定合理的定价范围。边际贡献定价法还具有灵活性,使企业能够在市场需求和成本变化时进行调整,以实现最优定价。然而,边际贡献定价法也有一些缺点。首先,它忽略了固定成本对定价的影响。其次,它没有充分考虑市场需求对价格变动的弹性。因此,在实际应用边际贡献定价法时,企业还需要综合考虑固定成本和市场需求弹性等因素,以选择最优的定价策略。

二、需求导向定价法

所谓需求导向定价法是一种以市场需求强度及消费者感受为主要依据的定价方法,主要包括理解价值定价法和需求差异定价法。

(一) 理解价值定价法

理解价值定价法是一种根据消费者理解的产品或服务的价值来制定价格的方法。根据该定价法,企业将产品或服务的价格设定为消费者所愿意支付的最高金额,以实现最大化的利润。

理解价值定价法的核心思想是将消费者对产品或服务的理解价值作为定价的基准。这种价值可以是消费者认为产品或服务能够带来的效益、满足的需求程度或解决的问题。企业通过市场调研、消费者洞察和竞争分析等手段来了解消费者对产品或服务的价值认知。

理解价值定价法的优点在于能够根据消费者对产品或服务的理解价值进行定价,从而提高销售额和利润。同时,它也可以帮助企业更好地了解消费者需求和市场细分,从而更好地制定市场营销策略。然而,理解价值定价法也存在一些挑战和限制。首先,确定产品或服务的理解价值并不是一项简单的任务,需要进行详细的市场调研和消费者洞察。其次,消费者对产品或服务的价值认知可能存在差异,因此企业需要针对不同的消费者群体制定不同的定价策略。最后,企业需要在定价策略的实施和沟通中谨慎考虑,以确保消费者对产品或服务的价值认知与定价相符,避免引发消费者的不满。

(二)需求差异定价法

需求差异定价法是一种根据不同消费者群体的需求差异来制定不同价格的定价策略。根据该定价法,企业可以根据消费者对产品或服务的需求程度、购买力和价格敏感度等因素来设定不同的价格,以更好地满足不同消费者群体的需求。这种定价策略可以帮助企业实现市场细分和差异化竞争,提高销售额和利润。然而,需求差异定价法也面临一些挑战。首先,企业需要准确评估不同消费者群体的需求差异,这需要进行细致的市场调研和数据分析。其次,定价的差异化需要合理的定价模型和算法支持,以确保定价策略的有效性。最后,不同定价可能引发消费者的不满或混淆,因此企业需要在定价策略的实施和沟通中谨慎考虑。综上所述,需求差异定价法是一种有利于企业实现差异化竞争和提高利润的定价策略,但在实施过程中需要充分考虑市场需求和消费者接受度。

三、竞争导向定价法

竞争导向定价法是以市场上竞争对手的同类产品的价格作为企业制定价格依据的定价方法。这种方法适宜于市场竞争激烈、供求变化不大的产品。这种定价法主要包括随行就市定价法和竞争价格定价法。

(一)随行就市定价法

随行就市定价法是一种根据市场供需关系和竞争情况灵活调整价格的定价策略。该方法的核心思想是根据市场的变化情况来决定产品或服务的价格,以适应市场需求和提高企业的竞争力。

随行就市定价法的优点在于能够及时调整价格,以满足市场需求并保持竞争力。通过密切关注市场供需关系和竞争对手的定价策略,企业可以根据实际情况灵活调整产品或服务的价格,以吸引消费者,增加销售额和利润。

然而,随行就市定价法也存在一些挑战。首先,频繁调整价格可能会导致市场不稳定,消费者可能会对价格的变动感到困惑和不满。其次,企业需要投入一定的资源和精力来进行市场调研和竞争分析,以便更好地了解市场需求和竞争状况。

(二) 竞争价格定价法

竞争价格定价法是一种根据市场竞争情况来制定产品或服务价格的定价策略。在这种定价法中,企业会观察和分析竞争对手的定价策略,并据此制定自己的价格。其目的是为了保持竞争力并获取市场份额。

竞争价格定价法的优点在于能够根据竞争对手的定价水平做出及时调整,以适应市场需求。通过与竞争对手的价格相比较,企业可以确定一个合理的价格水平,从而吸引消费者并与竞争对手进行竞争。

然而,竞争价格定价法也有一些局限。首先,过度依赖竞争对手的定价策略可能导致企业失去独立定价的能力。其次,过于低价的定价策略可能会降低产品或服务的利润率,尤其是在竞争激烈的市场环境下。

任务三　定价策略

企业在考虑经营目标、需求、成本、竞争者的基础上,利用一些基本的定价方法制定出的产品价格往往并不是该产品的最佳价格,而是产品的基本价格。定价策略是指企业为达到总体经营目标,根据产品的特点、市场供求状况和竞争状况、产品成本变动状况及消费者购买行为的动向等采取的各种定价技巧和措施。企业在最后确定价格或对价格进行修整时,可采取以下策略。

一、新产品定价策略

新产品的定价是营销策略中一个十分重要的问题。新产品定价合理与否,关系到其能否及时打开销路、占领市场和获得预期利润,对于新产品以后的发展具有十分重要的意义。新产品定价策略主要有以下几种方式。

(一) 撇脂定价策略

撇脂定价策略是在产品生命周期的最初阶段将产品定价较高,以获取最大利润。这个策略的比喻源自从鲜奶中撇取奶油,意味着企业通过高价销售产品来获取额外的利润。

撇脂定价策略的成功需要满足一些条件。首先,产品的质量和形象必须能够支撑高价销售,并且存在足够多的愿意购买高价产品的消费者。其次,产品必须具备特色,使得竞争对手难以在短期内仿制或推出类似产品,从而保持市场上的竞争优势。最后,高价销售虽然可能导致需求减少和产量下降,带来一定的成本增加,但这些因素并不足以抵消高价所能带来的利润增长。

撇脂定价策略的优势在于能够迅速获取最大的利润,尤其适用于市场需求旺盛、产品供应有限的情况。通过高价销售，企业可以在产品刚推出时迅速收回投资，并为后续的市场竞争奠定基础。

然而，撇脂定价策略也存在一些风险。首先，如果产品质量和形象无法支撑高价，消费者可能不愿意购买，导致销售困难。其次，竞争对手可能会利用市场机会迅速推出类似产品，打破企业的竞争优势。此外，过高的定价也可能引发消费者的不满和抵制，对企业形象造成负面影响。

（二）渗透定价策略

渗透定价策略是在产品上市初期将价格定得相对较低，以快速渗透市场、吸引消费者并建立市场份额。这种策略的目标是通过低价吸引大量消费者购买产品，从而迅速占领市场份额，建立起品牌知名度和用户群体。

渗透定价策略的优势在于能够迅速打开市场，吸引大量消费者购买产品。低价定价可以刺激消费者的购买欲望，降低购买门槛，同时也能够抑制竞争对手的进入。通过迅速建立市场份额，企业可以快速获取用户反馈，改善产品和服务，提升品牌形象。

然而，渗透定价策略也存在一些风险。首先，低价定价可能会导致利润率较低，甚至亏损，对企业的财务状况造成压力。其次，低价定价一旦形成市场预期，难以迅速提高产品价格，可能会对企业的长期盈利能力产生影响。此外，低价定价可能会引发一些消费者的质量和价值疑虑，对产品形象造成负面影响。

（三）满意定价策略

满意定价策略是将产品价格设置在消费者认为合理且有价值的水平上，以满足消费者的期望，并使其对产品产生满意感。这种策略的目标是通过合理定价来建立良好的消费者关系，提高产品的市场份额和忠诚度。

满意定价策略的优势在于能够建立消费者的满意感和忠诚度。通过将产品价格设置在消费者认为合理的范围内，消费者更愿意购买和支持该产品，从而增加销售量和市场份额。合理定价也可以提高产品的知名度和口碑，增强品牌形象。此外，满意定价策略还可以帮助企业建立稳定的收入流和可持续的盈利能力。

然而，满意定价策略也需要注意一些风险。首先，满意定价并不意味着低价，而是根据产品的独特性、品质和品牌价值来确定合理的价格水平。如果定价过高，可能会使消费者认为产品过于昂贵，影响购买决策。其次，需要企业对市场需求和竞争情况进行充分调研和分析，以确定消费者认可的价格范围。

二、心理定价策略

心理定价策略是指企业定价时利用消费者不同的心理需要和对不同价格的感受，有意识地采取多种价格形式，以促进销售。心理定价策略主要有以下几种形式。

（一）整数定价

整数定价是一种将产品价格设置为整数的市场定价策略。它简化了消费者的支付和计算过程，符合消费者的心理认知和接受程度。这种定价策略常见于零售业和服务业中。例如，某家电品牌在市场上推出一款新型号的电视机，该品牌决定采用整数定价策略进行定价。他们将电视机的价格设定为 5 000 元。这样的定价策略可以简化消费者的支付和计算过程,使消费者可以直接使用整数金额进行支付,无须找零或进行复杂的计算。这种整数定价也符合大多数消费者的心理认知,更易于接受和理解。整数定价还提高了产品的透明度和可比性。然而,整数定价可能降低价格的精确度,并且在竞争激烈的市场中可能不够灵活。

(二)尾数定价

尾数定价是将产品的价格设置为一个小数或保留小数点后的数字,而不是整数。某咖啡连锁店决定采用尾数定价策略来定价他们的饮品。例如,一杯常规咖啡的价格被定为4.99元,而不是一个整数的 5 元。这样的定价策略可以增加价格的精确度,更准确地反映咖啡的成本和价值。

采用尾数定价的优势在于可以创造心理定价效应,使消费者觉得价格更具吸引力。通过设置价格的小数部分,例如 4.99 元,消费者可能会更倾向于购买,因为他们会感觉价格相对更低。此外,尾数定价还可以提供更多的定价灵活性,方便咖啡店进行优惠活动或调整价格以应对市场变化。

(三)声望定价

声望定价是指企业利用消费者"便宜无好货、价高质必优"的心理,对在消费者心目中享有一定声望,具有较高信誉的产品制定高价的一种定价方法。不少高级名牌产品和稀缺产品,如豪华轿车、名牌时装、名人字画等,在消费者心目中享有极高的声望价值。购买这些产品的人,往往不关心产品价格,其最关心的是产品能否显示其身份和地位,价格越高,其心理满足的程度也就越大。例如,某高端时尚品牌决定采用声望定价策略来定价他们的产品线。这个品牌在时尚界有着较高的声誉和独特的设计风格,被认为是奢侈品市场的领导者之一。他们决定将产品价格定位在较高的水平,以反映品牌的声誉和独特价值。

(四)招徕定价

招徕定价是通过以低于竞争对手的价格来吸引客户和促进销售。这种定价策略通常用于新进入市场的企业或品牌,以快速扩大市场份额和吸引消费者的注意。例如,某新开设的餐厅决定采用招徕定价策略来吸引顾客。餐厅位于一个繁华的商业区,竞争激烈,为了迅速吸引顾客并建立起口碑,餐厅决定以相对较低的价格提供高品质的美食和优质的服务。通过招徕定价,餐厅成功吸引了大量的顾客。顾客们被餐厅提供的美味菜肴、舒适的用餐环境和热情周到的服务所吸引,纷纷前来品尝。低价格使得顾客们感受到物超所值,进一步增加了他们的满意度和忠诚度。随着时间推移,餐厅逐渐在该地区树立了良好的声誉。顾客们通过口口相传,推荐给亲友,进一步带来了更多的顾客流量。餐厅也逐渐调整了定价策略,逐渐提高了价格,但仍保持了相对较低的水平,以维持顾客的忠诚度和竞争力。

通过招徕定价策略,该餐厅成功地吸引了大量的顾客并建立了良好的口碑。这种策略帮助餐厅在竞争激烈的市场中快速获得了市场份额,并获得了顾客的认可和忠诚度。然而,餐厅需要保持菜品和服务的高品质,以保持顾客的满意度和忠诚度,在市场竞争中持续发展。

三、生命周期定价策略

这是一种根据产品在生命周期不同阶段的不同特点而采用不同定价方法的策略。

（一）导入期定价策略

导入期定价策略是在产品刚进入市场时，通过较高的定价来获取更高的利润。这种策略通常适用于创新性产品或独特的市场需求，以利用消费者对新产品的好奇心和愿意支付更高价格的心理。

通过导入期定价策略，企业可以在产品刚进入市场时实现更高的利润，以弥补初始的研发、生产和市场推广成本。将产品价格定得较高也可以传递出产品的高品质和独特价值的信息，吸引有能力和愿意支付更高价格的消费者。例如，某手机品牌商推出了一款全新的智能手机，该手机具有领先的技术和创新的设计。为了充分展现其产品的独特性和高品质，该手机品牌商决定采用导入期定价策略来定价该款手机。

手机品牌商在市场推广之前进行了大量的市场调研和消费者洞察，发现目标消费者对于新技术和创新设计的手机有很高的需求，并愿意为其支付更高的价格。为了满足这部分消费者的需求，手机品牌商决定在产品推出初期制定相对较高的价格。

通过导入期定价策略，手机品牌商成功地将该款手机定位为高端产品，并传递了产品的高品质和独特价值的信息。消费者对于这款手机的独特性和领先技术产生了浓厚的兴趣，愿意支付较高的价格来购买。

手机品牌商在产品推出初期采取了积极的市场推广策略，包括广告宣传、线下体验活动和与影响力人士合作等。这些市场推广活动进一步提升了消费者对该款手机的关注度和认可度。

随着时间的推移，手机品牌商逐渐调整了定价策略，根据市场反馈和竞争动态进行了灵活的定价调整。手机品牌商在一定时间后逐渐降低了产品的价格，以吸引更多的消费者，并进一步扩大市场份额。

通过导入期定价策略，该手机品牌商成功地在市场中建立起了高端品牌形象，并取得了初期的销售成功。这种策略帮助手机品牌商在竞争激烈的手机市场中获得了一定的市场份额，并获得了消费者的认可和忠诚度。

（二）成长期定价策略

成长期定价策略是指在产品进入成长期阶段时，企业根据市场需求和竞争状况，制定合理的定价策略。在成长期，市场竞争加剧，企业需要考虑盈利和市场份额，以实现可持续发展。

在制定成长期定价策略时，企业可以考虑以下几个因素：首先，需求弹性是关键。企业需要评估产品价格对消费者需求的敏感度，以确定价格设置的范围。其次，市场定位也很重要。企业应明确产品的目标市场和目标消费者，并结合产品的优势和竞争优势，制定相应的定价策略。此外，企业还需要密切关注市场反馈和竞争动态，及时调整定价策略，以适应市场变化。

通过成长期定价策略，企业可以在竞争激烈的市场环境中保持竞争力，实现盈利最大化。合理的定价策略可以吸引消费者，提升产品的市场占有率，并为企业创造长期的商业价值。然而，企业在制定定价策略时需要综合考虑多个因素，并根据市场情况灵活调整，以保持市场竞争力和持续发展。

（三）成熟期定价策略

成熟期定价策略是在产品进入成熟期阶段时，企业根据市场需求和竞争状况制定合理的定价策略。在成熟期，市场竞争激烈，产品市场饱和度高，企业需要通过定价策略来保持市场竞争力和盈利。

在成熟期定价策略中，企业有多种选择。一种常见的策略是价格优势策略。企业可以通过降低产品价格来吸引消费者，增加市场份额。这种策略适用于对市场价格敏感的消费者群体，可以通过规模经济和成本优势来实现低价策略。

另一种策略是差异化定价策略。企业可以通过为产品增添一些特色和附加值，提高产品的价值和竞争力，并在此基础上制定相对较高的价格。这种策略适用于消费者对品质和品牌价值较为重视的市场。

此外，促销定价策略也是一种常见的成熟期定价策略。企业可以通过促销活动和折扣来刺激消费者购买。例如，打折、买一送一、送赠品等促销手段可以吸引消费者，并提高销售量。

最后，企业还可以选择维持定价策略。在成熟期阶段，市场需求相对稳定，在竞争压力较小的情况下，企业可以选择维持稳定的定价策略，以保持市场份额和盈利水平。

（四）衰退期定价策略

衰退期定价策略是在产品进入衰退期阶段时，企业根据市场需求和竞争状况，制定合理的定价策略来应对市场挑战。在衰退期，市场需求下降，竞争加剧，消费者更加注重价格和价值。因此，企业可以考虑采取以下策略：降低产品价格以吸引消费者，提供更多的优惠和折扣活动来刺激购买，提供经济实惠的产品包装或捆绑销售，提供增值服务来增加产品的竞争力，以及优化成本和提高效率以降低产品成本。此外，企业还可以考虑探索新的市场机会，重新定位产品或寻找新的目标市场。在制定衰退期定价策略时，企业需要密切关注市场变化和消费者需求，灵活调整定价策略，以保持市场竞争力和盈利能力。

四、折扣定价策略

折扣定价策略是企业为了鼓励顾客及早付清货款、大量购买、淡季购买，可酌情降低其基本价格的价格策略。折扣定价策略主要有以下几种方式。

（一）现金折扣

现金折扣是一种消费者在购买商品或服务时，以现金支付并在原价基础上享受一定折扣的优惠方式。企业可以通过提供现金折扣来促进消费者的购买行为，增加销售量。

现金折扣通常是以一定的折扣率或金额的形式呈现。例如，一家商店可以提供10%的现金折扣，意味着消费者只需支付商品价格的90%。另外，也可以设定一定的金额，例如100元的现金折扣，表示消费者可以在原价的基础上减免100元。

（二）数量折扣

数量折扣是一种消费者在购买商品或服务时，根据购买数量的多少而享受的折扣优惠。企业可以通过数量折扣来鼓励消费者购买更多的产品，增加销售量和订单价值。

数量折扣通常是根据购买数量设定的。例如，一家商店可以设定购买 3 件商品享受 5％的折扣，购买 5 件商品享受 10％的折扣。这样，消费者购买的数量越多，所享受的折扣也就越大。

数量折扣的优势在于可以激励消费者购买更多的产品，增加订单价值。对于企业来说，数量折扣可以提高销售量、降低库存、增加现金流。同时，它也可以增强消费者的购买满足感和忠诚度，促进重复购买和口碑传播。

（三）功能折扣

功能折扣是一种根据产品的特定功能或特点而提供的折扣优惠。企业可以通过功能折扣来吸引消费者购买具有特定功能的产品，提升产品的价值和吸引力。

这一策略通常针对具有特定功能或特点的产品进行设定。例如，一家电子产品公司可以针对某款智能手机的特定功能（如摄像头像素高、内存大、电池容量长等）提供折扣优惠，消费者购买该款手机即可享受折扣。

功能折扣的优势在于可以针对产品的特定功能或特点来吸引目标消费者。通过提供折扣优惠，可以增加产品的吸引力和竞争力，促进销售。同时，功能折扣还能够增加消费者对产品的满意度和忠诚度，提升品牌形象。

（四）季节折扣

季节折扣是一种根据不同季节或节日而提供的折扣优惠。企业可以通过季节折扣来吸引消费者在特定时间购买产品或服务，增加销售量和促进消费者消费意愿。

季节折扣通常与特定的季节、节日或庆典相关联。例如，圣诞节、春节等节日期间，许多商家会提供折扣优惠，吸引消费者购买礼品、装饰品、衣物等产品。另外，一些季节性产品也可能在特定季节结束时提供折扣，以促进清仓销售。

季节折扣的优势在于可以根据消费者在特定季节或节日的购买需求来调整价格，刺激消费行为。通过提供折扣优惠，可以增加销售量、促进库存周转，并提升品牌知名度和形象。

五、产品组合定价策略

产品组合定价策略是指将多个产品或服务组合在一起，并为整个组合设定一个统一的价格。常见的产品组合定价策略包括以下几种。

（一）捆绑定价策略

捆绑定价是将多个相关的产品或服务捆绑在一起，以一个统一的价格进行销售。这种定价策略旨在通过提供组合套餐的方式，促进消费者购买更多的产品或服务，从而增加销售额和市场份额。

例如，一个电信运营商希望推出一项新的套餐服务，包括手机、通话时间和数据流量。他们可以使用捆绑定价策略来吸引更多的消费者购买该套餐。

该电信运营商将手机、通话时间和数据流量三个产品捆绑在一起,以一个统一的价格进行销售。这个套餐的价格相对于单独购买这三个产品的总价要低廉一些。例如,如果单独购买这三个产品的总价为1 000元,那么该套餐的价格可以设定为800元。

通过这种捆绑定价策略,消费者可以以较低的价格购买到手机、通话时间和数据流量这三个产品,相比分开购买,他们可以享受到更多的优惠和折扣。这样的定价策略可以激发消费者的购买欲望,并提高销售量和销售额。

此外,捆绑定价也可以给消费者带来更多的附加价值和利益。例如,电信运营商可以在套餐中额外提供一些增值服务,如免费短信、免费彩铃等,进一步增加消费者的满意度。

(二) 分层定价策略

分层定价是根据消费者的差异化需求来设定不同的价格。通过将产品或服务划分为多个层次,企业可以更好地满足不同消费者的需求。高端产品或服务可以以较高的价格提供给那些愿意支付高价格的消费者,低端产品或服务则可以以较低的价格吸引那些对价格敏感的消费者。

例如,电影院可以通过提供普通观影票、VIP观影票和特殊场次的观影票来满足不同消费者的需求。普通观影票价格较低,适合对价格敏感的消费者;VIP观影票可以提供更好的服务和体验,吸引愿意支付更高价格的消费者;特殊场次的观影票提供更高质量、独特体验的观影效果,适合追求特殊体验的消费者。这种分层定价策略可以吸引更多的消费者,提高销售额和市场份额。同时,电影院需要考虑价格的合理性和市场需求,提供透明和清晰的定价信息,以确保消费者的满意度和购买体验。

(三) 组合套餐定价策略

这是一种将多个产品或服务组合在一起并以更具吸引力的价格销售的定价策略。通过组合套餐定价,企业可以提供更多选择和附加价值,吸引消费者购买更多的产品或服务,从而提高销售额。

例如,一家健身中心可以设计一个组合套餐,包括健身会员卡、私人教练服务和营养咨询。他们可以将这个套餐的价格设定为单独购买这些服务的总和的一部分,或者设定为略低于总和的价格,以提供一定的折扣优惠。这样的组合套餐可以吸引那些希望全面提升健康和健身水平的消费者。此外,健身中心还可以提供额外的附加价值,如免费使用泳池设施、健身课程的优先预订等,以增加组合套餐的吸引力。通过组合套餐定价,健身中心可以提高会员数量和销售额,并帮助消费者实现他们的健身目标。

(四) 交叉定价策略

交叉定价是通过将不同产品或服务的价格进行交叉组合,以实现销售和利润最大化的目标。在交叉定价中,企业将同一产品线中不同规格、功能或特性的产品进行定价,并在不同的市场细分中进行销售。

例如,一家汽车制造商可以在同一车型中推出多个不同配置的车型,并对每个配置进行不同的定价。高端配置的车型可以定价较高,以满足追求豪华和高性能的消费者的需求;而低端配置的车型可以定价较低,以吸引那些对价格更为敏感的消费者。

交叉定价策略需要考虑市场需求、竞争状况、成本和利润目标等因素。企业需要进行市场调研和分析，了解消费者的需求和偏好，并根据产品特性和竞争对手的定价策略进行定价决策。通过合理的交叉定价，企业可以实现产品线的最大化销售和利润。

 知识拓展

　　市场营销中的价格是指产品整体的定价，具体取决于定价目标、生产成本、市场需求及竞争状况等影响因素。定价策略是企业参与市场竞争的重要手段，其合理与否直接影响企业产品和服务的销售。在消费需求多样化的今天，企业基于不同的定价目标，应深入分析消费群体对产品价值的认知与评价，根据具体情况选择适宜的定价方法与策略，形成既符合定价目标又具备竞争优势的产品价格，真正将价格作为实现企业营销目标的重要工具。企业在定价时还需考虑市场的价格敏感度，根据市场需求弹性来确定价格水平。此外，定价还需要结合企业的品牌形象和市场定位，以确保价格与品牌形象相符合，能够吸引目标消费者并提供相应的价值。最后，企业还应定期进行价格评估和调整，以适应市场变化和维持竞争优势。总之，市场营销中的定价是一个综合考虑多种因素的策略性决策，需要企业在深入分析和市场调研的基础上制定合适的定价策略和方法，以实现企业的营销目标。

 **思政园地**

航空公司的定价策略

　　在定价策略中，航空公司应该考虑到可持续发展。航空业对环境的影响较大，因此航空公司可以通过定价策略来鼓励乘客选择环保的出行方式，从而降低航空业的碳排放量。

　　首先，航空公司可以设定更高的价格来鼓励乘客选择直飞航班，减少中转。中转航班需要额外的燃料消耗和飞行里程，导致更高的碳排放量。通过设定更高的价格，航空公司可以引导乘客选择直飞航班，减少中转次数，从而降低碳排放量。

　　其次，航空公司可以采取价格优惠的措施，鼓励乘客选择环保的航空公司。航空公司可以根据航班的燃油效率、环境友好程度等因素，设定环保航空公司的价格优惠。这样可以激励乘客选择那些注重环境保护的航空公司，从而推动整个航空业的可持续发展。

　　此外，航空公司还可以与其他交通运输方式合作，提供联程票或优惠组合票。这样，乘客可以在航空公司与其他交通方式（如高铁、公交等）之间进行灵活选择，减少长途飞行的需求，降低碳排放量。

　　总之，定价策略涉及公平与正义以及可持续发展的因素。航空公司在选择定价策略时，应该充分考虑社会的利益和可持续发展的要求。

 项目小结

　　价格直接影响企业利润的实现，也是消费者最敏感的因素。影响企业定价的因素主要包括定价目标、产品成本、市场需求、竞争与市场因素和政府政策法规等其他因素。企业定价主要考虑成本、供求和竞争三个基本因素，形成三大定价方法，即成本导向定价法，主要包括成本加成定价法、目标利润定价法、盈亏平衡定价法、边际贡献定价法；需求导向定价法，主要包括理解价值定价法、需求差异定价法；竞争导向定价法，主要包括随行就市定价法、竞争价格定价法。

企业在定价目标和定价方法既定的情况下，可采取的定价策略有五大方面，即新产品定价策略：撇脂定价策略、渗透定价策略和满意定价策略；心理定价策略：整数定价、尾数定价、声望定价和招徕定价；生命周期定价策略：导入期定价策略、成长期定价策略、成熟期定价策略和衰退期定价策略；折扣定价策略：现金折扣、数量折扣、功能折扣和季节折扣；产品组合定价策略：捆绑定价策略、分层定价策略、组合套餐定价策略和交叉定价策略。

项目知识结构图

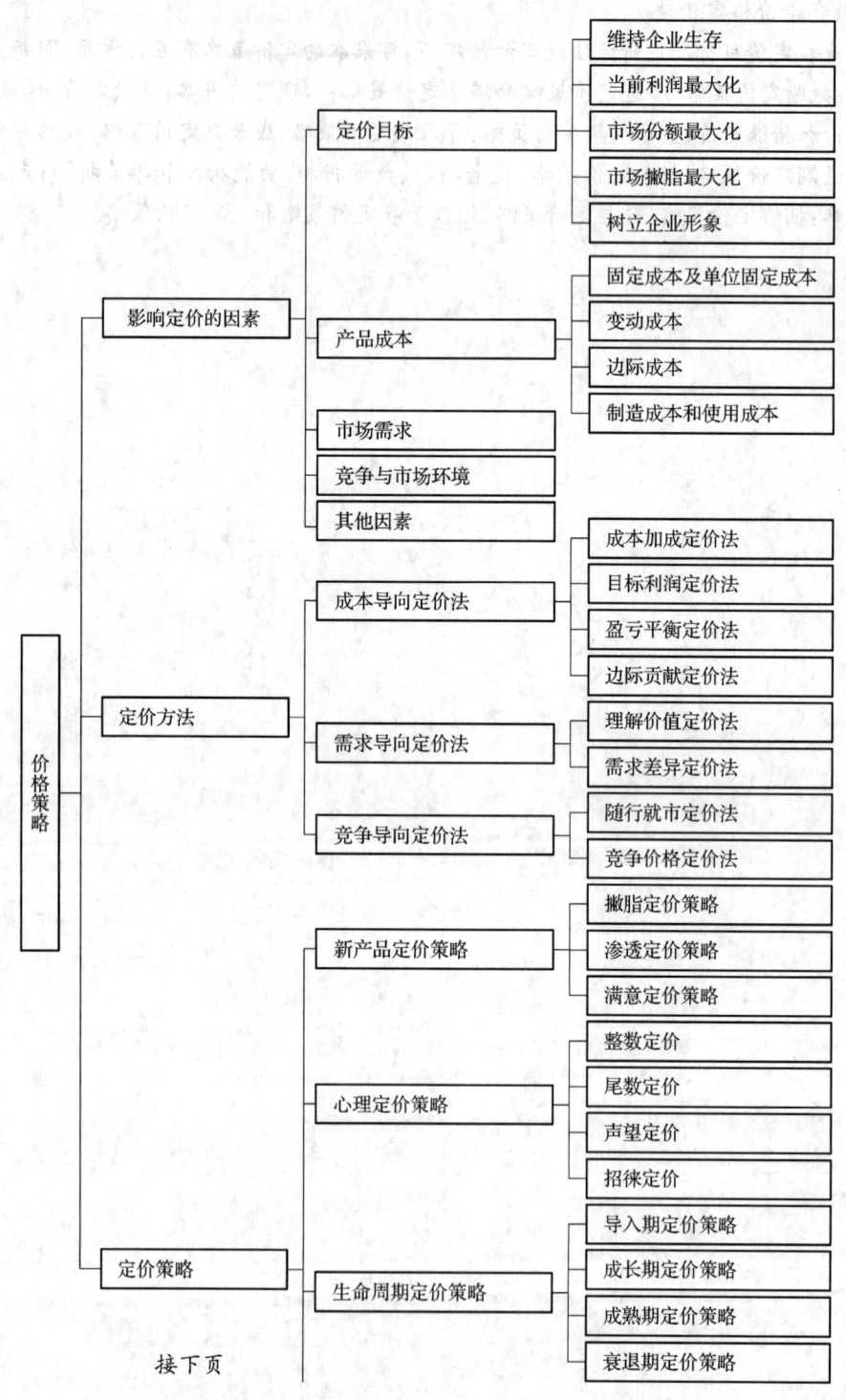

接下页

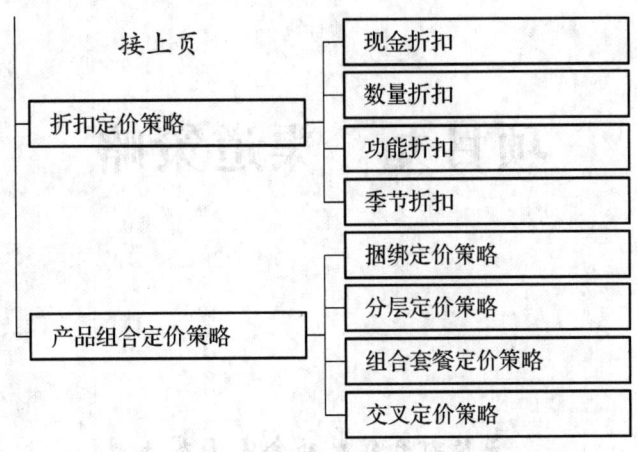

课后习题

项目九　渠道策略

引例

亟待打开销路的金寨山茶油

金寨山茶油是一种优质的植物油,是金寨县油茶协会所生产和销售的特产。该油采用金寨县特有的山茶树的种子作为原料,经过高温压榨和精细提炼而成。金寨山茶油已经成为中国著名的特产之一,深受消费者的喜爱。

金寨山茶油有许多优点。首先,它富含丰富的不饱和脂肪酸,包括亚油酸和亚麻酸等。这些脂肪酸对人体有益,有助于降低血脂和胆固醇水平,减少心血管疾病的发生。其次,金寨山茶油具有抗氧化和抗炎的作用,有助于预防和缓解许多疾病,如关节炎和癌症等。此外,它还具有保湿和美容的功效,经常使用山茶油能够滋润皮肤,使皮肤更加光滑和健康。

金寨山茶油的使用范围广泛。它可以用于烹饪,是一种独特的调味品,能够提升菜肴的口味和香气。此外,山茶油还可以用于草药的提取和制作,用于中药材的炮制和保健食品的制造。另外,山茶油还可以用于化妆品的生产,用于护肤品、洗发水等产品的制造。

金寨山茶油在市场上享有很高的声誉。它的品质优良,价格合理。金寨县油茶协会始终坚持"品质第一、信誉至上"的经营理念,确保产品的质量和服务的优质。此外,协会还积极参与各类展览会和贸易洽谈会,扩大金寨山茶油的知名度和销售渠道。

总之,金寨山茶油是一种优质的植物油,具有丰富的营养成分和多种功效。金寨县油茶协会致力于推动金寨山茶油的生产和销售,并成功地将其打造成为中国著名的特产。无论是作为食用油、草药提取物还是化妆品原料,金寨山茶油都表现出了巨大的潜力和市场竞争力。

请分析: 如果你是金寨县油茶协会的负责人,你打算如何打开金寨山茶油的市场销路?

知识准备与业务操作

知识准备: 了解熟悉的品牌及其产品,熟知其适用的用户人群,以及该目标消费人群的不同消费场景。

业务操作: 能够充分认识到分销渠道建设与管理对企业经营的重要影响,能识别出分销渠道的构成要素及分销渠道设计活动,具备高度市场洞察力和勇于创新的职业素养。

任务一 分销渠道的职能与结构

一、分销渠道的含义与职能

(一) 分销渠道的含义

渠道是企业的战略资源,没有渠道再好的产品也难以达到用户手中。

在市场营销理论中,有两个与渠道有关的术语经常不加区地交替使用,这就是市场营销渠道和分销渠道。严格地讲,市场营销渠道和分销渠道是两个不同的概念。

市场营销渠道是指配合起来生产、分销和消费某一生产者的产品和服务的所有企业和个人。也就是说,市场营销渠道包括某种产品供产销过程中的所有有关企业和个人,如供应商、生产者、商人中间商、代理中间商、辅助商以及最终消费者或用户等。菲利普·科特勒的最新著作提出:营销渠道是促使产品或服务顺利地被使用或消费的一整套相互依存的组织。

分销渠道是指某种产品和服务在从生产者向消费者转移过程中,取得这种产品和服务的所有权或帮助所有权转移的所有企业和个人。因此,分销渠道主要包括商人中间商(因为他们取得所有权)和代理中间商(因为他们帮助转移所有权),此外还包括处于渠道起点和终点的生产者和最终消费者或用户,但是,它不包括供应商、辅助商等。

(二) 分销渠道的职能

(1) 研究。即收集制订计划和进行交换所必需的信息。

(2) 促销。进行关于所供应的物品的说服性沟通。

(3) 接洽。寻找可能的购买者并与之进行沟通。

(4) 配合。使所供应的物品符合购买者需要。

(5) 谈判。为了转移所供物品的所有权,而就其价格及有关条件达成最后协议。

(6) 物流。从事产品的运输、储存。

(7) 融资。为补偿渠道工作的成本费用而对资金的取得与支出。

(8) 风险承担。承担与渠道工作有关的全部风险。

二、分销渠道的结构

分销渠道的结构,可以分为长度结构(即层级结构)、宽度结构和广度结构三种类型。三种渠道结构构成了渠道设计的三大要素或称为渠道变量。进一步来说,渠道结构中的长度变量、宽度变量及广度变量完整地描述了一个三维立体的渠道系统。

(一) 分销渠道的长度结构(层级结构)

分销渠道的长度结构,又称为层级结构或纵向结构,是指按照其包含的渠道中间商(购销环节),即渠道层级数量的多少来定义的一种渠道结构。一般来说,可以根据渠道的长短分为直接渠道与间接渠道。

直接渠道是在生产者与最终用户之间不使用中间商,生产者直接把产品销售给用户的一种分销渠道。间接渠道是指生产者把产品的分销工作委托给中间机构来完成的一种分销渠道。间接渠道根据中间商层级数的多少可分为短渠道与长渠道,通常用渠道级数来表示。在产品从生产者转移到消费者的过程中,任何一个对产品拥有所有权或负有推销责任的机构,就叫作一个渠道层级。

通常情况下,根据包含渠道层级的多少,可以将一条营销渠道分为零级、一级、二级和三级渠道等(见图9-1)。

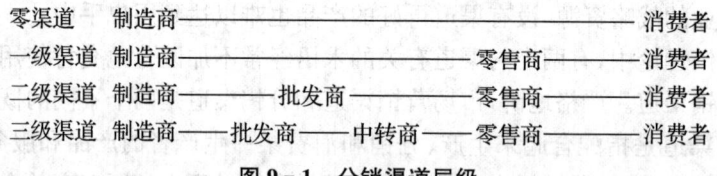

图9-1 分销渠道层级

零级渠道,又称为直接渠道,是指没有渠道中间商参与的一种渠道结构。零级渠道,也可以理解为是一种分销渠道结构的特殊情况。在零级渠道中,产品或服务直接由生产者销售给消费者。零级渠道是大型或贵重产品以及技术复杂、需要提供专门服务的产品销售采取的主要渠道。在IT产业链中,一些国内外知名IT企业,比如联想、IBM、HP等公司设立的大客户部或行业客户部等就属于零级渠道。另外,DELL的直销模式,更是一种典型的零级渠道。

一级渠道包括一个渠道中间商。在工业品市场上,这个渠道中间商通常是一个代理商、佣金商或经销商;而在消费品市场上,这个渠道中间商则通常是零售商。

二级渠道包括两个渠道中间商。在工业品市场上,这两个渠道中间商通常是代理商及批发商;在消费品市场上,这两个渠道中间商则通常是批发商和零售商。

三级渠道包括三个渠道中间商。这类渠道主要出现在消费面较宽的日用品中,比如肉食品及包装方便面等。在IT产业链中,一些小型的零售商通常不是大型代理商的服务对象,因此,便在大型代理商和小型零售商之间衍生出一级专业性经销商,从而出现了三级渠道结构。

更高层级的分销渠道较少见。

(二)分销渠道的宽度结构

渠道的宽度结构,也称之为水平结构,是根据每一层级渠道中间商的数量的多少来定义、由同一渠道层级中同一类型的中间商的数量决定的一种渠道结构,其数量越多,渠道就越宽。渠道的宽度结构受产品的性质、市场特征、用户分布以及企业分销战略等因素的影响。渠道的宽度结构分成如下三种类型:

(1)密集型分销渠道,也称为广泛型分销渠道,是指制造商在同一渠道层级上选用尽可能多的渠道中间商来经销自己的产品的一种渠道类型。密集型分销渠道,多见于消费品领域中的便利品,比如牙膏、牙刷、饮料等。

(2)选择性分销渠道,是指在某一渠道层级上选择少量的渠道中间商来进行商品分销的一种渠道类型。在 IT 产业链中,许多产品都采用选择性分销渠道。

(3)独家分销渠道,是指在某一渠道层级上选用唯一的一家渠道中间商的一种渠道类型。在 IT 产业链中,这种渠道结构多出现在总代理或总分销一级。同时,许多新品的推出也多选择独家分销的模式,当市场广泛接受该产品之后,许多公司就从独家分销渠道模式向选择性分销渠道模式转移。比如东芝的笔记本产品渠道、三星的笔记本产品渠道等就如此。

(三)分销渠道的广度结构

渠道的广度结构,实际上是渠道的一种多元化选择,是渠道宽度的一种扩展和延伸,是指企业选择多条渠道进行某种产品的分销活动,而非几个批发商或几个零售商的参与。也就是说,许多公司实际上使用了多种渠道的组合,即采用了混合渠道模式来进行销售。比如,有的公司针对大的行业客户,公司内部成立大客户部直接销售;针对数量众多的中小企业用户,采用广泛的分销渠道;针对一些偏远地区的消费者,则可能采用邮购等方式来覆盖。有的公司在产品的分销过程中,根据市场密度不同而设置直销模式或不同层次的分销模式;或根据渠道末端零售商的购买数量,采取不同的渠道环节送达,如对大客户通过直营方式,对小客户则通过不同的批发环节等方式。

概括地说,渠道结构可以笼统地分为直销和分销两个大类。其中直销又可以细分为几种,比如制造商直接设立的大客户部、行业客户部或制造商直接成立的销售公司及其分支机构等。此外,还包括直接邮购、电话销售、公司网上销售等。分销则可以进一步细分为代理和经销两类。代理和经销均可能选择密集型、选择性和独家等方式。

任务二 认识中间商

中间商是指在生产者与消费者之间参与商品交易业务,促使买卖行为发生和实现的、具有法人资格的经济组织或个人。它是连接生产者与消费者的中介环节。中间商从不同的角度可以分为许多类型:按是否拥有商品所有权,可分为经销商和代理商,前者是在商品买卖过程中拥有商品所有权的中间商;按其在流通过程中所起的不同作用,又可分为批发商和零售商,前者是不直接服务于消费者的中间商。此外,广义的中间商还包括银行、保险公司、运输公司、进出口商人、一切经纪人等。但是,就主要的中间商类型来看,只有批发商和零售商两种。

一、批发商的含义与类型

批发是指一切将物品或服务销售给为了转卖或者商业用途而进行购买的人的活动。我们使用批发商这个词来描述那些主要从事批发业务的公司。批发商主要有三种类型:商人批发商、经纪人和代理商、制造商及零售商的分店和销售办事处。

(一)商人批发商

商人批发商是指自己进货,取得商品所有权后再批发出售的商业企业,也就是人们通常所说的独立批发商。商人批发商是批发商的最主要的类型。

商人批发商按职能和提供的服务是否完全来分类，可分为两种类型。

1. 完全服务批发商

这类批发商执行批发商业的全部职能，他们提供的服务，主要有保持存货，雇用固定的销售人员，提供信贷，送货和协助管理等。他们分为批发商人和工业分销商两种。批发商人主要是向零售商销售，并提供广泛的服务；工业分销商向制造商而不是向零售商销售产品。

2. 有限服务批发商

这类批发商为了减少成本费用，降低批发价格，往往只执行一部分服务。有限服务批发商的主要类型如下：

（1）现购自运批发商。他们不赊销，也不送货，顾客要自备货车去批发商的仓库选购物品，当时付清货款，自己把商品运回来。现购自运批发商经营食品杂货，其顾客主要是小食品杂货商、饭馆等。

（2）承销批发商。他们拿到顾客（包括其他批发商、零售商、用户等）的订货单，就向制造商、厂商等生产者进货，并通知生产者将商品直运给顾客。所以，承销批发商不需要有仓库和产品库存，只要有一间办公室或营业厅就行了，因而这种批发商又叫作写字台批发商。

（3）卡车批发商。他们从生产者那里把商品装上卡车后，立即运送给各零售商店、饭馆、旅馆等顾客，所以这种批发商不需要有仓库和产品库存。由于卡车批发商经营的产品是易腐和半易腐产品，他们一接到顾客的要货通知就立即送货上门，每天送货几十次。卡车批发商主要执行推销员和送货员的职能。

（4）托售批发商。他们在超级市场和其他食品杂货商店设置自己的货架，展销其经营的产品。产品卖出后，零售商才付货款。这种批发商的经营费用较高，主要经营家用器皿、化妆品、玩具等产品。

（5）邮购批发商。借助邮购方式开展批发业务的批发商。他们经营食品杂货、小五金等产品，其顾客是边远地区的小零售商等。

（6）农场主合作社。为农场主共同所有，负责将农产品组织到当地市场上销售的批发商。合作社的利润在年终时分配给各农场主。

（二）经纪人和代理商

经纪人和代理商是从事购买或销售或二者兼备的洽商工作，但不取得商品所有权的商业单位。与商人批发商不同的是，他们对其经营的商品没有所有权，所提供的服务比有限服务商人批发商还少，其主要职能在于促成产品的交易，借此赚取佣金作为报酬。与商人批发商相似的是，他们通常专注于某些产品种类或某些顾客群。

经纪人和代理商主要分为以下几种。

1. 产品经纪人

经纪人的主要作用是为买卖双方牵线搭桥，协助他们进行谈判，买卖达成后向雇用方收取费用。他们并不持有存货,也不参与融资或风险。

2. 制造商代表

制造商代表比其他代理批发商人数更多。他们代表两个或若干个互补的产品线的制造商,分别和每个制造商签订有关定价政策、销售区域、订单处理程序、送货服务和各种保证以及佣金比例等方面的正式书面合同。他们了解每个制造商的产品线,并利用其广泛关系来销售制造商的产品。

制造商代表常被用在服饰、家具和电气产品等产品线上。大多数制造商代表都是小型企业,雇用的销售人员虽少,但都极为干练。那些无力为自己雇用外勤销售人员的小公司往往雇用代理商。另外,某些大公司也利用代理商开拓新市场,或者在那些难以雇用专职销售人员的地区雇用代理商作为其代表。

3. 销售代理商

销售代理商是在签订合同的基础上,为委托人销售某些特定产品或全部产品的代理商,对价格、条款及其他交易条件可全权处理。这种代理商在纺织、木材、某些金属产品、某些食品、服装等行业中常见,在这些行业,竞争非常激烈,产品销路对企业的生存至关重要。

4. 采购代理商

采购代理商一般与买主有长期关系,代他们进行采购,往往负责为其收货、验货、储运,并将物品运交买主。例如,服饰市场的常驻采购员,他们为小城市的零售商采购适销的服饰产品。他们消息灵通,可向客户提供有用的市场信息,而且还能以最低价格买到好的物品。

5. 佣金商

佣金商又称佣金行,是指对产品实体具有控制力并参与产品销售协商的代理商。大多数佣金商从事农产品的代销业务。农场主将其生产的农产品委托佣金商代销,付给一定佣金。委托人和佣金商的业务一般只包括一个收获和销售季节。例如,菜农与设在某大城市中央批发市场的佣金行签订一个协议,当蔬菜收获和上市时,菜农就随时将蔬菜运送给佣金行委托全权代销。佣金行通常备有仓库,替委托人储存、保管物品。此外,佣金商还执行替委托人发现潜在买主、获得最好价格、分等、再打包、送货,给委托人和购买者以商业信用(即预付货款和赊销)、提供市场信息等职能。佣金商对农场主委托代销的物品通常有较大的经营权力:他收到农场主运来的物品以后,有权不经过委托人同意,以自己的名义,按照当时可能获得的最好价格出售物品。因为,这种佣金商经营的产品是蔬菜、水果等易腐产品,必须因时制宜,尽早脱手。佣金商卖出物品后,扣除佣金和其他费用,即将余款汇给委托人。

(三) 制造商及零售商的分店和销售办事处

批发的第三种形式是由买方或卖方自行经营批发业务,而不通过独立的批发商进行。这种批发业务可分为两种类型。

1. 销售分店和销售办事处

生产者往往设立自己的销售分店和销售办事处,以改进其存货控制、销售和促销业务。销售分店持有自己的存货,大多数经营木材和自动设备零件等。销售分店不持有存货,在织物制品和针线杂货业最为突出。

2. 采购办事处

许多零售商在大城市设立采购办事处,这些办事处的作用与经纪人或代理商相似,但却是买方组织的一个组成部分。

21世纪,随着市场经济的发展,批发业将主要通过兼并、合并和地区扩张来实现持续发展。地区扩张要求分销商懂得如何在更广泛和更复杂的地区内有效地竞争。管理系统的使用和日益推广,将有助于批发商在这方面开展业务。批发商在扩大其地区范围时,将越来越多地雇用外部公共或私人运输工具运送产品。

二、零售商的含义与类型

(一) 零售商的含义

零售商是指将商品直接销售给最终消费者的中间商,是相对于生产者和批发商而言的,处于商品流通的最终阶段。零售商的基本任务是直接为最终消费者服务,它的职能包括购、销、调、存、加工、拆零、分包、传递信息、提供销售服务等,在地点、时间与服务方面,方便消费者购买。零售商又是连接生产企业、批发商与消费者的桥梁,在分销途径中具有重要作用。

零售商作为分销渠道的最终环节,直接联系消费者,完成产品最终实现价值的任务。零售商业对整个国民经济的发展起着重大的作用。零售商业种类繁多、经营方式变化快,构成了多样的、动态的零售分销系统。目前,我国已经形成了种类繁多的零售商类型,包括百货商店、超级市场、大型综合超市、便利店、仓储式商场、专业店、专卖店、购物中心等。

(二) 店铺式零售商类型

最主要的零售商店类型有以下八种。

1. 专用品商店

经营的产品线较为狭窄,但产品的花色品种较为齐全。例如,服装店、体育用品商店、家具店、花店和书店均属于专用品商店。根据产品线的狭窄程度可以将专用品商店再分类:一是单一产品线商店,如服装商店;二是有限产品线商店,如男士服装店;三是超级专用品商店,如男士定制衬衫店。在这三类专用品商店中,超级专用品商店的发展最为迅速,因为它们可以利用的子市场、目标市场和产品专业化的机会将越来越多。

2. 百货商店

百货商店一般销售几条产品线的产品,尤其是服装、家具和家庭用品等,每一条产品线都作为一个独立部门由专门的采购员和营业员管理。此外,还有一些专门销售服装、鞋子、美容化妆品、礼品和皮箱的专用品百货商店。由于百货商店之间竞争激烈,还有来自其他的零售商,特别是来自折扣商店、专用品连锁商店、仓储零售商店的激烈竞争,加上交通拥挤、停车困难和中心商业区的衰落,百货商店正逐渐失去往日魅力。

3. 超级市场

超市市场指规模巨大、成本低廉、薄利多销、自我服务的经营机构，主要经营各种食品、洗涤剂和家庭日常用品等。超级市场的主要竞争对手是方便食品店、折扣食品店和超级商店。

4. 方便商店

方便商店指设在居民区附近的小型商店，营业时间长，每周营业七天，销售品种范围有限、周转率高的方便产品。消费者主要利用它们做"填充"式采购，因此其营业价格要高一些。但是，它们满足了消费者一些重要的需求，人们愿意为这些方便产品付高价。

5. 超级商店、联合商店和特级商场

超级商店比传统的超级市场更大，主要销售各种食品和日用品，它们通常提供洗衣、干洗、修鞋、支票付现、代付账单和廉价午餐等项服务。联合商店的面积比超级市场和超级商店更大，呈现一种经营多元化的趋势，主要向医药领域发展。特级商场比联合商店还要大，综合了超级市场、折扣和仓储零售的经营方针，其花色品种超出了日常用品，包括家具、大型和小型家用器具、服装和其他许多品种。其基本方法是原装产品陈列，尽量减少商店人员搬运，同时向愿意自行搬运大型家用器具和家具的顾客提供折扣。

6. 折扣商店

真正的折扣商店具有下列特点：商店经常以低价销售产品；商店主要销售全国性品牌，因此价格低廉并不说明产品的质量低下；商店在自助式、设备最少的基础上经营；店址趋向于在租金低的地区，要能吸引较远处的顾客。

折扣商店之间、折扣商店与百货商店之间的竞争非常激烈，从而导致许多折扣零售商经营品质高、价钱贵的产品。他们改善内部装修、增加新的产品线，如穿戴服饰；增加更多服务，如支票付现、方便退货；在郊区购物中心开办新的分店。这些措施导致折扣商店成本增加，被迫提价。另外，百货商店经常降价与折扣商店竞争，使两者之间的差距日益缩小。折扣零售已经从普通产品发展到专门产品商店，如折扣体育用品商店、折扣电子产品商店和折扣书店。

7. 仓储商店

仓储商店是一种以大批量、低成本、低售价和微利多销的方式经营的连锁式零售企业。仓储商店一般具有以下特点：

（1）以工薪阶层和机关团体为主要服务对象，旨在满足一般居民的日常性消费需求，同时满足机关、企业的办公性和福利性消费的需要。

（2）价格低廉。通过从厂家直接进货，省略了中间销售环节，尽可能降低经营成本。

（3）精选正牌畅销产品。从所有产品门类中挑选最畅销的产品大类，然后再从中精选出最畅销的产品品牌，并在经营中不断筛选，根据销售季节等具体情况随时调整，以使仓储式连锁商场内销售的产品有较高的市场占有率，同时保证产品的调整流转。

（4）会员制。仓储式商场注意发展会员和会员服务，加强与会员之间的联谊，以会员

制为基本的销售和服务方式。

(5) 低经营成本。运用各种可能的手段降低经营成本,如仓库式货架陈设产品,选址在次商业区或居民住宅区,产品以大包装形式供货和销售,不做一般性商业广告,仓店合一。

(6) 先进的计算机管理系统。计算机收银系统及时记录分析各店的品种销售情况,不断更新经营品种,既为商场提供现代化管理手段,也减少了雇员的人工费用支出。

8. 产品陈列室推销店

这类商店将产品目录推销和折扣原则用于品种繁多、加成高、周转快和有品牌的产品。这些产品包括珠宝首饰、动力工具、提包、照相机及照相器材。这些商店已经成为零售业最热门的形式之一,甚至对传统的折扣商店形成威胁。产品陈列室推销店散发彩色印刷的目录,每本长达数百页,此外还增发季节性的小型增补版,上面标有每一项产品的定价和折扣价。顾客可用电话订货,由店方送货上门,顾客支付运费。顾客也可开车来商店亲自验货提货。

(三) 无店铺式零售

虽然大多数物品和服务是由商店销售的,但是无店铺式零售却比店铺式零售发展得更快。无店铺式零售主要有以下三种形式:直复市场营销、直接上门销售和自动售货。

1. 直复市场营销

直复市场营销是一种为了在任何地方产生可度量的反应和达成交易而使用一种或多种广告媒体的互相作用的市场营销系统。直复市场营销者利用广告介绍产品,顾客可写信或打电话订货。订购的物品一般通过邮寄交货,用信用卡付款。直复市场营销者可在一定广告费用开支允许的情况下,选择可获得最大订货量的传播媒体。使用这种媒体是为了扩大销售量,而不是像普通广告那样刺激顾客的偏好和树立品牌形象。

2. 直接上门销售

直接上门销售有挨门挨户推销、逐个办公室推销和举办家庭销售会等形式。推销人员可以直接到顾客家中或办公室进行销售,也可以邀请几位朋友和邻居到某人家中聚会,在那里展示并销售产品。直接销售成本高昂(销售人员的佣金为 20%~50%),而且还需支付雇用、训练、管理和激励销售人员的费用。

3. 自动售货

使用硬币控制的机器自动售货是第二次世界大战后出现的一个主要的发展领域。自动售货已经被用在相当多的产品上,包括经常购买的产品(如香烟、软饮料、糖果、报纸和热饮料等)和其他产品(袜子、化妆品、食品、书、唱片、T 恤、鞋油等)。售货机被广泛安置在工厂、办公室、大型零售商店、加油站、街道等地方。自动售货机向顾客提供 24 小时售货、自我服务和无须搬运产品等便利条件。由于要经常给相当分散的机器补充存货,机器常遭破坏、失窃率高等原因,自动售货的成本很高,因此,其销售产品的价格比一般水平要高 15%~20%。对顾客来说,机器损坏、库存告罄以及无法退货等问题也是非常令人头痛的。

任务三　分销渠道设计

一、影响分销渠道设计的因素

分销渠道策略是指根据产品性质、市场状况、企业自身条件及环境等因素分析,对产品分销渠道的长度、宽度等方面进行合理组合而制定的具体分销方案和措施。影响企业选择分销渠道的因素主要有以下几个方面。

(一) 顾客特性

渠道设计深受顾客人数、地理分布、购买频率、平均购买数量以及对不同促销方式的敏感性等因素的影响。当顾客人数多时,生产者倾向于利用每一层次都有许多中间商的长渠道。但顾客人数又受到地理分布的影响,购买者的购买方式也对购买者的人数及其地理分布产生影响。此外,购买者对不同促销方式的敏感性也会影响渠道选择。

(二) 产品特性

例如,衣服产品需要更多的直接市场营销,以避免耽搁和太多的搬运装卸。大宗产品,如建筑材料或软饮料,需要能使运输距离和装卸次数最小化的渠道销售。

(三) 中间商特性

企业必须找到愿意并且能够履行职责的中间商。一般来说,中间商处理促销、顾客联系、存储和信用方面的能力各有不同。例如,受雇于几家不同企业的制造商代表可以用较低的成本和每一个顾客联系,因为全部费用由几个委托人分摊。但是,他们对产品所做的销售努力程度不如企业自己的销售力量。

(四) 竞争特性

在一些情况下,企业可能希望就在经营竞争者产品的商店内或附近商店内与竞争者竞争。例如,食品公司希望其品牌和竞争货品陈列在一起;汉堡王公司就希望建在麦当劳旁边。在其他情况下,生产商会避开竞争者使用的渠道。例如,雅芳公司决定不同其他化妆品生产商争夺零售店内稀缺的空间,而采取获利颇丰的挨门挨户推销方式。

(五) 企业特性

企业特征在渠道选择中扮演着十分重要的角色,主要体现在总体规模、财务能力、产品组合、渠道经验、营销政策几个方面。

(六) 环境条件

例如,经济条件和法律限制也会影响渠道设计决策。例如,在经济萧条时期,生产者希望以最经济的方式销售产品,即运用较短的渠道,取消增加产品最终价格的非必要服务项目。

二、分销渠道的设计

在设计营销渠道时,制造商必须在理想的渠道和实际可行的渠道之间做出抉择。新企业通常先在一个有限的市场区域内销售。由于资本有限,通常只利用每个市场中少数几个现有的中间渠道:少数制造商的销售代理商,少数批发商,一些现有零售商。从中选定最优渠道可能不成问题,问题可能是如何说服一个或几个可利用的中间商经销其产品。

如果该企业获得了成功,它会相信市场,扩展业务。这时,制造商还会趋向于采用现有的中间渠道,尽管这一战略可能意味着使用混合营销渠道。在较小市场中,企业可能直接向零售商销售;在较大市场中,企业可能通过销售商来销售。在国内某个地区,它可能授予独家特许专卖权,因为该地商人通常采取这种方式经营;在其他地区,它可能通过所有愿意经销其产品的商店销售;在某个国家,它可能利用国际销售代理商;在另一个国家,它可能与当地企业合伙销售。

因此,渠道系统经常随着市场机会和条件发生演变。但是,为使效力最优化,渠道分析和决策制定应该更有目的性。一般来讲,设计一个有效渠道系统,必须经过以下步骤:

(1) 确定渠道目标与限制。
(2) 明确各主要渠道交替方案。
(3) 评估各种可能的渠道交替方案。

评估标准有三个:

(1) 经济性标准。
(2) 控制性标准。
(3) 适应性标准。

三、分销渠道的管理

企业管理人员在渠道设计之后,还必须对个别中间商进行选择、激励与定期评估。

(一) 选择渠道成员

生产商吸引合格营销中间商的能力各有不同。一些生产商物色中间商毫无困难。例如,丰田汽车公司毫不费力就能吸引来新的经销商。在一些情况下,独家或精选销售某一理想产品的许诺会吸引来大量申请销售者。

在另一个极端的生产商,不得不努力地去物色合格中间商。例如,宝丽来公司刚开始时无法让照相商店经销它的新照相机,因此不得不去大型综合商店。类似的,小食品生产商在让连锁超市经营他们的产品时也经常遇到困难。

在选择中间商时,企业应该明确用什么特性来衡量较好的中间商,企业会去评估每个渠道成员的从业年限、发展和利润记录、协作性和声誉等。如果中间商是销售代理商,企业会去评估中间商所经营的其他产品的数量和性质,以及销售人员的规模和素质。如果中间商是一家要求独家或精选销售的零售商,企业会去评估该店的顾客、位置和将来的发展潜力。

(二) 激励渠道成员

对于被选中的渠道成员，必须不断地加以激励，使其最出色地完成任务。绝大多数生产商采用软硬兼施的方法，俗称"胡萝卜加大棒子法"。有时，他们会使用积极的激励因素，如较高的利润额、特殊关照的交易、奖金等额外酬劳、合作广告折让、展览折让、销售竞赛等。有时，他们也会采取一些消极的激励因素，如减少利润额、推迟交货，或中止关系等。采用这种方法的生产商通常没有好好研究其销售商的需要、问题、长处和短处。生产者还必须避免激励过分与激励不足两种情况。

先进的企业努力地与其销售商建立良好的关系。生产商在处理他与经销商的关系时，常依不同情况而采取三种方法。

1. 合作

不少生产者认为，激励的目的不过是设法取得中间商，包括不忠诚的中间商或懈怠懒惰的中间商的合作。他们多利用高利润、奖赏、津贴、销售比赛等积极手段激励中间商。如果这些不能奏效，他们就采取一些消极的惩罚手段。这背后的根本问题，是生产者从未认真研究过经销商的需要、困难及其优缺点；相反，他们只靠草率的"刺激—反应"式的思考把很多复杂的手段拼凑起来。

2. 合伙

一些老于世故的企业往往试图与经销商建立长期合伙关系，这就要求制造商必须深入了解他能从经销商那里得到些什么，以及经销商可以从制造商那里获得些什么。这些都可用市场涵盖程度、产品可得性、市场开发、寻找顾客、技术方法与服务、市场信息等各种因素来衡量。

3. 分销规划

所谓分销规划，是指建立一个有计划的、实行专业化管理的垂直市场营销系统，把制造商的需要与经销商的需要结合起来。例如，通用电气公司和它的较小的独立经销商密切合作，成功地销售通用电气公司的产品。

通用电器公司采用"实际存货"系统来支持它的经销商。

20世纪80年代末期之前，通用电气公司是通过它的经销商来销售，而不是向它们销售或者和它们一起销售的。通用电气公司的传统做法是努力地让销售渠道购进足够的通用公司的电器，产生这一做法的指导思想是"进货足的经销商才是忠诚的经销商"。进货足的经销商没有太多的时间来介绍其他品牌，并且会努力推销通用电气来减少其大量存货。为了使经销商进货，通用电气公司经常在经销商订货达到一卡车时提供最低的价格。

通用电气公司最终意识到这种方法带来的许多问题，特别是对那些较小的独立电器经销商，他们很难承受一个较大的库存量。而且这些经销商还面对来自较大的多品牌经销商的价格竞争，压力很大。因此，通用电气公司从经销商满意和利润的角度出发，重新考虑了它的战略，并建立了一个替代的销售模型，叫作直接关系系统。在这个系统下，通用电气经销商的存货中只有供展示用的样品。他们依赖于一个"实际存货"来填制订单。经销商可进入通用电气公司每天24小时服务的订单处理系统，检查可提供的型号，然后订货,第二天便可发运。使用直接关系系统,经销商还可以得到最好的价格,从通用电气公司获得资金融通,并且在最初的 90 天内不必交付利息。

经销商获利于只需付较低存货成本就可以得到一个较大的实际存货来满足顾客的需要。作为交换,经销商必须履行如下义务:销售 9 种主要通用电器产品;50% 的销售额必须出自通用电器产品;开放账簿以供通用电气公司查阅;每月通过电子资金转移系统与通用电气公司结账,支付货款。

直接关系系统的运用,使经销商的利润飞速上升,通用电气公司也获益不浅。它的经销商现在更加负责任,更加依赖于通用电气公司,并且新的订单进入系统为通用电气公司节约了大量办公费用。通用电气公司现在还知道其产品的确切零售量,这能帮助它更加准确地安排生产,而不是根据存货补充规则来生产。并且通用电气公司能够简化仓库设置,以便在 24 小时之内将电器运往美国 90% 的地区。

(三) 评估渠道成员

生产者除了选择和激励渠道成员外,还必须定期评估他们的绩效。如果某一渠道成员的绩效过分低于既定标准,则需找出主要原因,同时还应考虑可能的补救方法。当放弃或更换中间商将会导致更坏的结果时,生产者只好容忍这种令人不满的局面。当不致出现更坏的结果时,生产者应要求工作成绩欠佳的中间商在一定时期内有所改进,否则,就要取消它的资格。

1. 契约约束与销售配额

如果一开始生产者与中间商就签订了有关绩效标准与奖惩条件的契约,就可避免种种不愉快,因为契约中明确了经销商的责任。

生产者还应定期发布销售配额,以确定目前的预期绩效。生产者可以在一定时期内列出各中间商的销售额,并依销售额大小排出先后名次。这样可促使后进中间商为了自己的荣誉而奋力上进,也可以促使先进的中间商努力保持已有的荣誉。

2. 衡量中间商绩效的主要方法

(1) 将每一个中间商的销售绩效与上期的绩效进行比较,并以整个群体的升降百分比作为评价标准。对低于该群体平均水平的中间商,必须加强评估与激励措施。如果对后进中间商的环境因素加以调查,发现一些可原谅因素,这样,制造商就不应因这些因素而对经销商采取任何惩罚措施。

(2) 将各中间商的绩效与该地区基于销售量分析所设立的配额相比较。这样,企业的调整与激励措施可以集中用于那些未达既定比率的中间商。

任务四 分销渠道成员开发

营销渠道管理人员在进行分销渠道成员开发时应遵循以下步骤:
(1) 明确企业的分销目标与策略。渠道目标与策略要支持营销目标与策略。

（2）确定渠道成员选择的标准。选择标准要结合产品特点以及企业实际运营情况来制定。

（3）开发渠道成员。根据已有的、详尽的信息资料，搜寻渠道成员，并依据选择标准对准渠道成员进行评价，找出符合企业渠道目标和策略的渠道成员；对符合渠道要求的渠道成员进一步深入洽谈，达成合作意向，将企业所需要的渠道成员确定下来。

（4）细化和分配渠道任务。将企业分销渠道的整体任务进行细化，更加具体地落实到每一个渠道成员，以便对渠道成员进行绩效考核与利益分配。

（5）形成战略合作伙伴关系，保持渠道成员的相对稳定性。现代分销渠道管理理念强调企业与渠道成员是战略合作伙伴关系，企业与所选择的渠道合作者建立关系不是为了一笔买卖或一次交易，而是要实现长期共赢。

一、选择渠道成员的原则和标准

（一）选择渠道成员的原则

企业在选择渠道成员时，应把握以下几个原则。

1. 到达目标市场的原则

这是选择中间商的基本原则。因为企业选择中间商的目的就是要将自己的产品打入目标市场，方便消费者购买。根据这一原则，企业在选择中间商时，应了解所要选择的中间商是否在企业产品的目标市场拥有销售渠道、销售场所。让目标市场的消费者就近、方便地买到企业的产品，是选择中间商最基本的原则。

2. 形象匹配原则

中间商的形象应与厂家的形象相匹配。对拥有卓越产品品质的厂家来说，尤其要重视中间商的形象。

3. 角色分工原则

这是指所选择的中间商应当在经营方向和专业能力方面符合所建立的分销渠道功能的要求。明确角色分工，既是合作的前提，也是选择中间商的原则与标准，如宝洁公司在每一地区只发展少数几个大分销商，然后通过分销商对下级批发商零售商进行管理。分销商与宝洁公司签订合同，双方明确权利、义务和责任，并进行合理分工。

4. 突出产品销售原则

企业所选择的中间商，必须能够弥补企业在产品销售方面的劣势，尤其要选择那些在销售企业产品上拥有专长的中间商。

5. 共同愿望原则

分销渠道作为一个整体，只有所有的渠道成员具有合作愿望，才能建立起一个有效的分销渠道。在选择中间商时，要分析中间商参与有关商品分销的意愿，以及与其他渠道成员的合作态度等。这是最难坚持的原则，却是最重要的原则。

（二）选择渠道成员的标准

企业确定了产品销售策略，选择以间接渠道进入市场，下一步应采取的步骤是选择合适的中间商,包括批发中间商和零售中间商。中间商选择得是否得当,直接关系到生产企业进行市场营销的效果。然而,大多数企业在选择渠道成员时,缺乏具体的选择标准,凭感觉、凭印象选择渠道成员的情况十分普遍,而由这些渠道成员组成的渠道系统很不稳定,从而导致渠道成本偏高。因此,在渠道成员选择的原则指导下,确定相应的选择标准是十分必要的。

选择渠道成员的标准主要有以下几个方面。

1. 选择中间商的经济性标准

(1) 地理位置。

地理位置是制造商在选择渠道成员时需要考虑的很重要的经济性指标之一。区位优势即位置优势。选择零售中间商最理想的区位应该是顾客流量较大的地点。批发中间商的选择则要考虑它所处的位置是否利于产品的批量储存与运输。通常以交通枢纽为宜。如果中间商处于交通主干线,或者接近工厂或制造商中转地,进货必然容易,也必然提高了企业的分销效率;如果中间商处于目标消费者购物活动范围之内,或者说目标消费者能够方便地从中间商那里购货,那么该中间商的商品销售就有优势。

(2) 市场范围。

市场是选择中间商最关键的原因。首先要考虑预选定的中间商的经营范围所包括的地区与产品的预计销售地区是否一致,比如,产品在东北地区,中间商的经营范围就必须包括这个地区。其次要考虑预选定的中间商的销售对象是否是生产商所希望的潜在顾客,这是一个最根本的条件。因为生产商都希望中间商打入自己已确定的目标市场中,并最终说服消费者购买自己的产品。

(3) 经营历史与经验。

长期经营某种商品的中间商,通常会积累一些比较丰富的专业知识和经验。一方面可以根据产品的特点进行有针对性的营销活动,因而在市场行情变动中能够掌握经营的主动权,保持销售的稳定性或乘机扩大销售量;另一方面,经营历史较长的中间商通常拥有一定的市场声誉和一批稳定、忠诚的顾客,会增强顾客对企业产品的信任感和认同感。

(4) 经营范围和实力。

中间商的经营范围通常有批发、零售、批零兼营和代理之分。中间商的经营范围如果与企业所要建立的分销渠道功能要求相吻合,就是一种分销优势。

经营实力表现为中间商在商品购销规模、市场开发等方面的投资力度。经营实力强的中间商会在资金实力、库存面积和配送能力上都会优于其他的中间商。经营规模大的中间商购销流量也较大,而在市场开发方面能够保持较高投资的中间商,其商品购销流量也绝不会少,因而他们在商品分销方面具有优势。

(5) 经营机制和管理水平。

经营机制是指企业经营者在所有权的约束下,对市场机会或威胁灵活制定对策,并组织资源努力提高经济效益的制度性安排。经营机制灵活的中间商能适应市场环境的变化,抵御市场风险。

管理水平主要是指计划体系、组织结构、激励机制以及控制系统的完善程度、现代化水平。一般来说,管理水平较高的中间商能适应市场变化,保持企业经营稳定与发展,提高资本收益。

(6) 经营方式。

经营方式在一定程度上影响着有关中间商的市场定位。从批发业来说,经营方式主要是指为厂家提供的订货、收购、融资、物流等功能以及为零售商提供的商品组合、配销、库存、采购等功能的选择,如总经销制、总代理制、外包生产等;从零售业来说,经营方式就是指零售业态的演变,主要是指为顾客提供的购物环境特色和零售服务特色,如从杂货店演变出来的百货店、从柜台售货方式演变出来的超级市场、从单店销售演变出来的连锁店。市场竞争推动着经营方式的变迁,新的经营方式总是能够吸引顾客、扩大销售。

(7) 自有分销网络。

一些批发商、连锁企业等拥有自己的零售商店和固定的零售商,相当于拥有自己的分销渠道,使得他们经常保持一定的顾客流量用以维持其商品销售水平。一个中间商拥有自有分销网络越多,说明该企业商品销售量也越大。

(8) 产品政策。

中间商承销的产品种类及其组合情况是中间商产品政策的具体体现。选择时一要看中间商有多少"产品线"(即供应的来源),二要看各种经销产品的组合关系,是竞争产品还是促销产品。一般认为应该避免选用经销竞争产品的中间商,即中间商经销的产品与本企业的产品是同类产品。但是,若产品的竞争优势明显可以选择经销竞争者产品的中间商。因为顾客会在对不同生产企业的产品做客观比较后,决定购买有竞争力的产品。

(9) 中间商的综合服务能力。

服务已经成为产品销售过程中必不可少的一部分。由于顾客更接近于中间商,因此,这就需要中间商向顾客提供更多的服务。例如,重型机械在销售中需要提供技术支持或财务帮助(如赊购或分期付款),液态产品需要专门的运输存储设备。因此,厂家在评价中间商时,不能忽视其顾客服务能力。合适的中间商具有一定的顾客服务能力,提供的顾客服务项目应与企业产品分销所需要的服务要求相一致。

(10) 预期合作程度。

中间商与生产企业间良好的合作关系会让中间商更积极主动地销售企业的产品,对双方都有益处。有些中间商希望生产企业也参与促销,扩大市场需求,并相信这样会获得更高的利润。生产企业应根据产品销售的需要确定与中间商合作的具体方式,然后再选择与最理想的中间商合作。

2. 企业对中间商的可控制性评估

由于分销渠道管理涉及多个组织,并且这些组织具有一定的独立性,而企业分销渠道目标的实现,必须依靠整个渠道系统中的成员保持协调一致的行动,因此,生产企业就产生了对渠道中间商进行控制的需要,以实现企业渠道目标。

从可控制性角度来评价渠道中间商,就是看企业控制某一个候选渠道中间商的可能性。一般来说,企业会根据实际需要,对不同的渠道中间商实施不同的控制。例如,如果企业需要实施绝对控制,不但要控制渠道中间商的数量、类型和区域网点分布,而且要控制渠道中间商的销售价格和促销政策。这样,渠道中间商就类似于企业的分支机构,要根据企业的控制指令从事经营管理活动。再如,如果企业需要对渠道中间商实施较低程度的控制,通常只是通过提供帮助来影响渠道中间商的经营管理方式与行为。

由此可见,企业越是需要高程度的渠道控制,渠道中间商可控制性的评价结果对企业选择渠道中间商的影响程度就越大,就越是需要认真地评估渠道中间商的可控制性。渠道中间商的可控制性评估,可以从控制内容、控制程度、控制方式等方面来考虑。

(1) 控制内容。

从控制内容上评价渠道中间商的可控制性,就是要指出企业可以从哪些方面对渠道中间商进行控制。例如,企业可控制或可影响渠道中间商的营销决策有哪些,企业可控制或可影响渠道中间商的职能有哪些,企业能否控制渠道中间商可能发生的投机行为。

(2) 控制程度。

从控制程度上评价渠道中间商的可控制性,就是要指出企业对渠道中间商进行控制需要达到什么程度。例如,渠道中间商在产品的价格上是否会完全按企业的政策行事;渠道中间商会在多大程度上接受厂家在其渠道职能上所提出的建议;对渠道中间商可能发生的投机行为,企业能否使用相应的处罚措施。

(3) 控制方式。

从控制方式上评价渠道中间商的可控制性,就是要分析企业可采取什么方法、在哪些方面控制渠道中间商。例如,企业能否通过建立合理的渠道治理结构来控制渠道中间商的投机行为;企业能否使用自己所拥有的渠道权利来影响渠道中间商在产品价格等方面的决策;企业能否通过建立良好的合作关系或彼此之间的信任来影响和控制渠道中间商。

3. 中间商的适应性评估

开发分销渠道中的新成员,最关键的问题是该渠道中间商能够适应企业原有的分销渠道系统。因此,对渠道中间商的适应性评价主要是分析、评估渠道中间商对企业原有分销渠道的适应能力以及对渠道环境变化的应变能力。

(1) 适应原有分销渠道能力。

评价渠道中间商对企业原有分销渠道的适应能力,既可通过拜访来了解渠道中间商的经营理念和发展思路,也可通过实地考察来了解渠道中间商的基础设施及其人员素质,以判断其融入企业原有分销渠道的难易程度和所需时间。例如,在信息化管理的今天,厂家在选择其渠道中间商时,对计算机、互联网、办公自动化等办公设施都要有硬性条件的规定。

(2) 对渠道环境变化的应变能力。

评价渠道中间商对企业分销渠道环境变化的应变能力,可通过调查来了解渠道中间商的发展历史及特殊事件,以便判断其处理危机的能力和应变能力。例如,在新零售、直播电商、圈层营销等新趋势下,渠道中间商是采取什么样的渠道策略和措施来应对的,取得的效益如何。

需要强调的是,以上这些选择标准并非适用于任何企业的任何情况,它们只适用于一般情况而非特殊情况。因此,企业在设计渠道成员的选择标准时,还应结合自身的渠道状况。

二、开发渠道成员

（一）渠道成员开发的目的

开发渠道成员，就是搜寻和确定未来在营销渠道活动中可能的合作伙伴。渠道成员开发关乎企业营销目标的达成，具有重要的意义。

1. 扩大终端市场通路

制造商生产的产品最终是要到消费者手里消费和使用的。如何才能快速地让消费者购买到我们的产品，如何能够让更多的人购买到我们的产品，以实现营销目标？那就必须要及时有效地建立企业的终端销售渠道。只有通过渠道成员开发，建立了良好的销售渠道网络，企业才能更有效地抢占终端市场，进而提高市场占有率。"渠道为王，得渠道者得天下。"

2. 形象传播

营销渠道的开发能够把产品和服务的信息以顾客乐于接受的、富有吸引力的形式传递给消费者。随着终端渠道网络的一步一步建立和完善，可以不断提升企业的形象和知名度。

3. 信息搜集和传送

企业的决策行为不是凭空凭感觉做出的，而是源于对大量信息的收集、归纳及分析基础上的认识。除重大决策行为需要专业调查公司参与外，大量的决策依然要靠企业的力量去收集信息。分销网点的开发是绝对的终端销售通路，最接近市场，能够了解消费者的意见，代理商及经销商的态度乃至竞争对手的举措，公司通过代销分销网点的开发和维护来搜集和整理有关消费者、竞争者以及市场营销环境中其他影响者和影响力的信息，有的放矢，做出正确决策来指导公司采取相应的行动。

4. 提供快捷、温情服务

在日趋激烈的市场条件中，为消费者提供温情、周到、细致而又快捷的服务已成为国内越来越多企业的共识。分销网点在各地的建设，使售后服务在各个地方迅速成为可能，庞大的分销网络可以提供对消费者面对面的微笑与关怀，使消费者感受到企业的力量，进而产生无比的信赖，在销售产品的同时不断地传播企业文化和价值观。

（二）渠道成员开发的流程

1. 渠道成员的搜寻

对于有营销经验的企业来讲，尤其是对于拥有独立销售队伍的企业来讲，足不出户就可获得丰富的潜在渠道成员名单，那就是通过企业的现场销售队伍，这些活跃在批发和零售层面上的销售队伍，通过多年与现有中间商的接触和交往，比谁都更了解在某些地域有哪些潜在的渠道成员。

事实上，许多公司正是通过现有的现场销售人员来获得潜在渠道成员的。原因很简单，通过长时期在销售现场的经常性交往和接触，他们可以掌握有关地区的大部分中间商的基本信息。对销售人员来说,出于敏感或由于工作接触的关系,他们通常与那些不代理本企业的销售中间商内部的某些管理和销售人员相识。因此,如果公司打算在某一个地区重新选择渠道成员,该地区的销售人员不仅可以提供较完善的潜在中间商的名单,甚至还可以为这些潜在的中间商排序,充分估算他们被开发成为真正的渠道成员的可能性。显然,当需要改变现有的渠道销售网络或者增加新的渠道成员时,渠道经理应该尽量通过销售人员的介绍来获得新的渠道成员。

一般来说,寻找渠道成员时,搜寻的范围越大越好。搜寻的范围越大,找到合适渠道成员的机会就越大。企业寻找渠道成员的途径,还可以通过以下几种方式招募合适的渠道成员。

(1) 利用工具书。工具书主要包括当地的电话号码簿、工商企业名录、地图册、手册、消费指南、专业杂志等。尤其是电话号码簿,一般情况下,当地比较有经验、有实力的经销商都会在当地电话号码簿上刊登自己公司的名称,媒体上也常常有同类产品的广告,且有"由××公司总经销"的字样。

(2) 利用媒体广告。到达一个新的市场,先买几份当地的报纸,看看当地电视,听听广播或到街上走走,或许就能发现同类产品的经销商的名称。媒体上常常有同类产品广告,且有"由××公司总经销、总代理"的字样。

(3) 到专业性的批发市场搜寻相关信息。许多城市有小商品市场或日用品批发市场,到这种地方走走,经常会看到经销商门口或是店里面有"××地区总经销、总代理"的各式各样的招牌。大部分经销商为了扩大自己的知名度,会要求厂家给他们制作类似的招牌、条幅等。

(4) 向广告公司咨询。当地的广告公司对当地的媒体、市场情况比较了解,他们要争着做你公司的广告代理商,必然会详细地告诉你本地经销商的情况。

(5) 刊登招商广告。这种方式费用大、见效快、操作水平高,可以较全面地了解经销商的情况。

(6) 举办产品展示会、订货会。这种方式对展示公司品牌形象有着巨大的推动作用。专业性的订货会,会招来专业性的经销商。

(7) 网上招募。通过互联网,尤其是访问专业网站,渠道管理人员可以搜寻到某一行业中很多同一类型或不同类型的企业。通过因特网上的这些网站,企业可以找到很多未来可能的合作伙伴,而且几乎不需要什么投入。应用这种方法的唯一要求就是:企业必须具备上网的手段;或者按照后面的说法,企业必须生活于电子网络环境之中。

(8) 向顾客和中间商咨询。企业营销活动围绕的中心是顾客需求,而要满足顾客的需求则需要借助中间商,如零售商。顾客对中间商的服务满意,他们就会经常与这些中间商打交道;对中间商的服务不满,他们可能就不再去这些中间商那里购买商品。企业可以通过正式或非正式的调查,了解顾客在他们所处的区域内对不同中间商的看法,以便确定哪些中间商可以成为企业未来的合作伙伴。

另外,通过咨询现有中间商或让现有中间商推荐,企业也可能找到新的合作伙伴。

再者,很多方法可以交叉使用。例如,一方面做广告,等有兴趣的渠道成员前来联系;另一方面在企业黄页和网上查找,或让中间商推荐。

2. 渠道成员的拜访

为了能够确定最优中间商,企业要在招募的名单中进行逐一拜访,进一步了解情况,从而开发出企业所需要的渠道成员。

(1) 拜访前的准备工作。

① 信息资料的准备。拜访分销渠道成员时,要对受访者的整体情况进行充分调查和了解,从而使拜访工作取得应有的效果。受访者的整体情况主要包括受访者的年龄、经历、收入及生活水平;受访者的经济、社会地位;受访者的性格、爱好及生活方式;受访者的家庭状况和交际范围;受访者的工作态度与业绩;受访者最感兴趣和最关心的话题。

② 语言准备。拜访分销渠道成员时,如何有效地运用语言进行表达是一个十分重要和复杂的问题。渠道开发成员要讲究语言艺术性和技巧性,做好必要的语言表达准备工作。语言表达准备的重点是开场白的准备,简单地说,是如何得体地说好第一句话。语言表达应随交谈环境不同而采取不同的表达方式,不必开场白弄成一个固定的模式,但一定要把握语言的变化原则。切记转向正题,用语随和又不失庄重,激发对方非谈不可的欲望等。

③ 心理准备。拜访分销渠道成员之前,渠道开发成员要对拜访时将会出现的各种情况做充分估计,进行必要的心理准备,拜访请求难免遭到拒绝,拒绝的形式有时候会是直截了当地逐客,有时会是间接婉转的推辞,有时还可能是不负责任的敷衍等,消除各种拒绝的最有效的办法是坚定信心,百折不挠,耐心说服,以礼待人。渠道开发人员必须坚定必胜的信心,准备好若干套说服客户的方案,依次运用,直至受访者愉快地接受预约,从而获得拜访的成功。同时要善于抓住拜访者的心理,如好奇心理、好胜心理、探秘心理、虚荣心理、自尊心理、表现心理、逆反心理等,对症下药。

④ 着装的准备。对于企业的渠道开发人员而言,恰当的着装不仅有助于展现企业的精神风貌,更有助于提高开发人员的自信心。因此,渠道开发人员在进行渠道成员拜访之前,应努力使着装能够展现自信、庄重和品位。服装、仪容、言谈举止乃至表情动作上都力求自然,就可以保持良好的形象。

⑤ 拜访计划的准备。

计划拜访目的:由于我们的销售模式是具有连续性的,所以上门拜访的目的是推销自己和企业文化而不是产品。计划拜访任务:营销人员的首要任务就是把自己"陌生之客"的立场短时间内转化成"好友立场"。脑海中要清楚与顾客电话沟通时的情形,对顾客性格做出初步分析,选好沟通切入点,计划推销产品的数量,最好打电话、送函、沟通一条龙服务。计划拜访路线:按优秀的计划路线进行拜访,制订访问计划。今天的顾客是昨天顾客拜访的延续,又是明天顾客拜访的起点。销售人员要做好路线规划,统一安排好工作,合理利用时间,提高拜访效率。计划拜访开场白:如何进门是我们遇到的最大难题,好的开始是成功的一半,同时可以掌握75%的先机。

(2) 拜访的方式。

渠道开发人员对分销成员进行拜访,应当遵循拜访活动的规律,寻求最佳的拜访方式。下面分别对上门拜访、信函拜访、电话拜访、委托拜访等方式及其特点进行阐述。

① 上门拜访。

上门拜访的优点:有利于双向的沟通,加深厂商双方印象与感情,有助于详细了解中间商的有关情况;比较可靠,可以防止中间商虚有其表,上当受骗;简便易行。其不足有:上门拜访存在一定的空间限制,作为一种传统的方式,效率更低;虽然简单易行,但容易产生误会,如果遭到中间商拒绝,会使渠道开发人员无颜面。但其适合的情形有:拜访新开辟市场的潜在中间商、拜访与企业从未发生联系的陌生中间商、拜访能够接受销售的中间商。

② 信函拜访。

信函拜访就是渠道开发人员通过各种形式的商务信函拜访分销渠道成员。商务信函种类很多,这里专指拜访信,包括个人拜访信和集体拜访信。拜访信的写作原则要求内容准确,简明扼要、重点突出、文笔流畅、书写工整。拜访信既要讲形式,也要讲内容,必须做到笔笔带笑、字字传情、句句带诚,行行带信。

信函拜访的优点:信函一般由中间商亲自拆阅处理,有利于渠道开发人员接近中间商;拜访信经渠道开发人员的反复推敲,能够避免各种失误或不当之处;适用面广,费用低廉;能够表达口头语言难以表达的种种言外之意。

信函拜访的不足:拜访远的中间商时消耗时间较长;现在很多中间商对拜访信重视不够,使得信息难以反馈;由于无法当面沟通,难免给中间商留下疑团。

应该注意,拜访中间商的信件必须亲自写,各种打印信件都会让中间商产生例行公事的感觉,不可能收到很好的效果。

③ 电话拜访。

电话拜访就是渠道开发人员利用电话、电传等手段拜访分销渠道成员。就目前而言,电话用途最为广泛,现代人越来越习惯于使用电话。电话拜访时,中间商只闻其声,不见其人,重点应放在对话上;通话时间不宜太长,应做到出言从容,语调平稳,口齿清晰,重点突出,说理充分。进行电话拜访,渠道开发人员事先必须做好语言准备。现在很多企业都将电话营销作为自己重要的营销手段,电话招商的使用也非常普遍。

电话拜访的优点:及时迅速,能使渠道开发人员随时拜访受访者;灵活方便,可以反复电话拜访;能够及时反馈中间商的意见和要求;中间商有时来不及推辞。此外,电话拜访具有上门拜访及信函拜访类似的特点。电话拜访的不足:费用较高,受受访者所在地区电信条件、受访者使用通信工具情况的限制。

④ 委托拜访。

委托拜访就是渠道开发人员委托第三者拜访分销渠道成员。受托人是与受访者有一定社会关系、社会交往或具有一定社会影响的有关人士,如朋友、同事、亲属、邻居。

受托拜访者的优点:能够克服有些受访者对陌生人的戒备心理,有利于排除拜访异议,有利于获得受访者的真实信息。委托拜访的不足:渠道开发人员处于被动的地位;容易引起误会,贻误机会。

上述拜访中间商的方式各有利弊,渠道开发人员选用这些方式时要注意因人而异,因事而异,因时而异,因地而异,针对具体情况、具体内容、具体环境及实际需求单独采用某一种方式或同时并用多种方式。

(3) 拜访的对象。

一般来说，渠道开发人员在开始拜访之前就已选定了受访的分销渠道成员。但是，在实际工作中，渠道开发人员常常发现自己无法接触到受访者。事实上，许多决策者往往将这类事务委托给秘书、下属及有关接待人员，因此渠道开发人员应该直接拜访决策者或能对决策产生重大影响的人，避免在无关人员身上浪费时间。

3. 渠道成员选择的洽谈

渠道成员选择洽谈是厂商双方为实现商品或服务流通的合作需要，就各种合作条件进行协商的活动。洽谈过程中，渠道开发人员应向中间商全面介绍企业及商品相关情况，展示合作利益，使中间商能较好地了解、认识并喜爱商品，消除中间商的疑虑与异议，使中间商产生合作欲望。渠道开发人员采用的手段是说服，渠道开发人员必须借助于思维、语言、文字、神态等来传递和交流信息，通过摆事实、讲道理、以理服人的说服活动来实现选择的目的。

渠道开发人员在进行洽谈时要善于抓住渠道成员的心理。

(1) 追求优惠的心理。

商人逐利而为，追求优惠是所有商人最正常、最普遍的心理，但由于中国人的含蓄，没有人会直接给你讲明，他们总是通过一些巧妙的问题来传递这个信号，业务人员要捕捉到这些信号背后的目的。例如，当中间商和你抱怨生意难做、不赚钱的时候，如果你的产品是市场上的主导产品，这可是个非常危险的信号。这说明两个问题：可能是想向你要促销；也可能有竞品在与这个中间商接触。要从侧面打探一下信息。

(2) 爱挑毛病的心理。

中间商总爱拿你的产品的缺点和竞品的优点相比较，说你的产品价格高、没名气、没促销、质量差、服务跟不上等。这是很多中间商应对供应商的策略，即在心理上打击你，在气势上压住你，只有打击了你的自信心，你才能让步，他才能达到目的。

(3) 独家销售的心理。

很多中间商都希望在一定范围内独家销售，特别是县城和乡镇的中间商。因为商家竞争也很激烈，独家销售可以控制价格和利润。但除非采取分销模式，一般情况下供应商都不会让一家中间商经销产品的，除非他有足够的实力。

对于中间商的这种心理，我们首先要讲道理：市场要大家一起做才能做起来，一家独做看似利润高，但没销量，还会流失客源。其次，给实力大的中间商多一点的礼品，采取差别政策，以使多家中间商都能销售。或者先从小户入手铺货，然后采取夸张式的促销，造成旺销局面，刺激其他中间商要货。更多的时候我们是先让一部分中间商销售，放弃一部分，让铺货率达到60%～70%即可，再慢慢寻找机会扩大份额。

(4) 从众销售心理。

许多中小中间商有很强的从众心理，自己不敢担风险，别人进货，他也进，别人不进，他也不进。对于这种心理，我们先找有号召力的中间商进货，哪怕条件放宽一点（告诉他只有他有这种待遇，其他中间商都不享受，让他保密），然后下货的时候，动静搞大点，让其他中间商看到，就好办了，所谓"擒贼先擒王"，一呼百应。

(5) 炫耀心理。

很多中间商都爱在厂方人员面前表现自己卖得好，卖得快。目的是得到厂方的重视，获得更多优惠。如果关系熟了，他还会和你谈他的小孩，谈他的宠物，谈他的爱车以及其他他认为得意的事情。这是增加感情、鼓励中间商的好时机，一定要附和他的话题，适当地赞美。这样，你不仅能销售产品，还能得到朋友。

4. 渠道成员的确定

通过对分销渠道成员的筛选，进一步的洽谈，增进了厂商之间的理解，强化了合作意向，下一步就是确定分销渠道成员。确定分销渠道成员的方法主要有评分法、销售量法、销售成本法、逆向做渠道确定法等。其中，评分法、销售量法、销售成本法既可用于评选渠道成员，也可用于确定渠道成员。

(1) 评分法。

评分法又被称为加权平均法，即对拟选择合作的中间商，分别就其所具备商品分销的各项能力和条件进行打分，然后按照分数高低进行选择。具体步骤如下：

① 列出营销渠道成员选择中所需考虑的全部因素；

② 对影响渠道功能的各个因素根据不同的重要程度赋予一定的权重；

③ 根据渠道成员在不同因素中的表现分别打分；

④ 将每个成员在每一个因素上的得分与该因素的权重相乘，得出每个成员在每一因素上的加权分；

⑤ 将每个成员在每一因素上的加权分数相加，得出该渠道成员的总分；

⑥ 将各渠道成员的总分进行排序，为渠道成员的选择提供标准。

例如，一家生产企业决定在某地区采用独家分销渠道模式建立自己的营销渠道，为此，该企业初步筛选了三家候选中间商作为备选。该企业在选择时看重的主要因素有：经营规模、地理位置、市场声望、可控性、客流量、信息沟通、货款结算等。各候选中间商都在某一方面具有优势，但没有一家在全部因素中占据绝对优势，因此，该企业对这三家候选中间商采用评分法进行评价，如表 9-1 所示。从结果中分析，虽然中间商 1 和中间商 3 的打分总和相等，都是 575 分，但由于各评价因素的重要性不同，因此，最后的选择应根据加权总分的排序，该企业将选择中间商 3 作为独家渠道代理。

(2) 销售量分析法。

销售量分析法是根据中间商近年来销售额的总量情况、销售额每年增长情况、顾客流量等指标进行分析，判断该中间商是否有担当渠道任务的能力，这也是挑选中间商的主要方法。

(3) 销售费用分析法。

在日常管理和运作过程中，渠道销售不可避免地要发生一些费用，主要包括分担市场开拓费用、让利促销费用、由于货款延迟支付而带来的收益损失、谈判和监督履约的费用等。这些费用构成了销售费用或流通费用，减少了生产企业的净收益。因此，关于渠道销售费用的分析对生产企业来说显得格外重要。一般来说，分析方法主要有以下三种。

① 总销售费用比较法。

在分析候选中间商的可控性、营销战略、市场声誉、顾客流量、销售记录的基础上，预估各个中间商作为分销渠道成员在执行分销功能过程中的总费用，然后，选择费用最低的中间商作为渠道成员。

② 单位商品销售费用比较法。

当销售费用一定时，产品销量越大，单位商品的销售成本就越低，渠道成员的效率就越高。因此，在评价有关渠道成员的优劣时，需要把销售量与销售成本两个因素综合起来考虑，单位商品的销售成本最低的中间商即为渠道成员。

③ 费用效率分析法。

把销售业绩与销售费用的比值作为评价依据，取效率高者作为渠道成员。此方法采用的比值是某渠道成员能够实现的销售业绩（销售量或销售额）除以该成员的销售费用，因此被称为费用效率。费用效率的计算公式为：

费用效率＝某分销商的总销售额（或总销售量）÷该分销商的总销售费用

从公式中可以看出，费用效率是单位商品销售费用的倒数。

表 9－1　加权评分法选择渠道成员

评价因素	权重	中间商 1 打分	中间商 1 加权分	中间商 2 打分	中间商 2 加权分	中间商 3 打分	中间商 3 加权分
经营规模	0.20	80	16.00	85	17.00	80	16.00
地理位置	0.15	85	12.75	85	12.75	90	13.50
市场声望	0.20	90	18.00	80	16.00	85	17.00
可控性	0.10	80	8.00	85	8.50	80	8.00
客流量	0.15	90	13.50	85	12.75	90	13.50
信息沟通	0.05	75	3.75	65	3.25	70	3.50
货款结算	0.15	75	11.25	85	12.75	80	12.00
总分	1.00	575	83.25	570	83.00	575	83.50

注：打分时，每个因素的得分区间为 0 到 100 分。

知识拓展

全渠道营销，是指利用消费者旅程中所有的接触点，并将各种渠道无缝联结，满足消费者任何时候、任何地点和任何方式的需求，用他们喜欢的方式创造无差别体验的营销活动。全渠道营销让用户成为资产、中心，用户的体验决定满意度，用户满意度决定口碑，通过用户增长、用户价值增长和运营效率提升来创造出更高效的增长。全渠道不同于多渠道，它是整个系统化、数字化能力的匹配。其主要包括平台层、应用层、交互层、服务层、需求层、旅程层等，是科技平台＋智慧服务的组合。目前时尚行业像中国的江南布衣，餐饮行业麦当劳、肯德基等在这方面做得较好。在全渠道里面最关键的是数字接触点，数字接触点可以扮演不同的角色来个性化个人旅程。当前，社群、讲故事、个性化作为数字营销的三个关键词，对于全渠道营销非常重要。数据是资产，应用是行为和决策，内容激励则是新时代的内容策略。数字化和大数据最终会成为企业运营的基础设施，是每个企业的必备，它是逻辑和理性的支撑。在 Web 1.0 时代，内容是广播、广告，Web 2.0 时代讲究的是互动，Web 3.0 时代则是大家绑定在一起，形成一个强社群，因此真正的社群运营是在 Web 3.0 时代。

运营产品、包装、促销、渠道、广告等载体都是内容，内容在运营方面首先需要成本控制，其次需要批量管理，需要流程化、标准化、可视化的供需链条，以及工程师视角和主编思维的创作理念。媒体即渠道，渠道亦媒体。去中心化不仅体现在媒体上，也体现在渠道上，应该让所有人都拥有赚钱的机会，各种各样的渠道百花齐放，而不是仅有的一些头部大品牌占据80%的市场份额。因此，渠道和媒体相互的依存度要进一步提高，媒体不断进化成渠道，渠道不断发展成为媒体，如"品牌直播间"的兴趣电商大物料，就是"媒体即渠道，渠道亦媒体"最好的见证。内容驱动渠道品牌和渠道之间正在从收租模式进化为共赢模式，品牌的动销模式也在从"政策扶植"进化为"策略赋能"，以内容驱动用户，才能撬动流量增长。以兴趣为导向，以建设社交品牌为己任，整合营销传播需要讲好故事，而讲故事就要以兴趣为导向，如从个体外观、特定精神消费品、特定幻想概念、特定体验、个人属性、特定物品、特定人物、特定事情、个人技能、特定规则等出发，按照不同消费者的兴趣点讲好品牌发展故事，并以建设社交品牌为己任，用故事增加口碑。以传播"原则"为指导不同于一家企业的使命和愿景，宗旨（Purpose）阐明了品牌存在的理由——它是品牌对人们生活、社会和环境产生积极影响的一种表达；不仅是企业社会责任（CSR）的一部分，宗旨驱动型的品牌在每一个行动和互动中都表明了他们对这一目标的消费者承诺。研究表明，宗旨驱动型的品牌具有更高价值的增长、更好的 KPI、更高的市场份额与良性循环。以创造"故事"为方法，最好的品牌传播是先做故事再讲故事。讲故事要遵循普世价值、架构、目标、逆袭、情绪、意外、戏剧冲突七大法则。一切新的媒体都是新媒体。在数字化时代，以前的 4P'S（产品、价格、渠道、推广）转变为 6P'S：产品（数字化品牌与接触点）；渠道（线上、线下、移动）；价格（价值创造与影响力）；推广（整合营销与用户内容）；参与（可持续的关系与网络拓展）；原则（价值观与可持续发展）。用马斯顿提出的公关模式（RACE：Research、Action、Communication、Evaluation）模型表示，即从网站或其他媒体上建立知名度并推动用户触达到吸引受众行动，转化为营销目标，如粉丝、销售线索、网上或线下销售等，最后到与客户和粉丝建立长期良好关系，"（人设＋行为）×场域"才是品牌文化链接的方程式。如蔚来汽车，因为没有产业链放弃了硬核路线，选择情感体验路线，以用户为中心，把用户变成"股东"，产生了女王副驾、车展历史上第一个亲子空间、用户中心——Nio House、用户社区、"蔚来教"等，通过品牌溢价、自然裂变、用户深度认同获得了更高的体验回报。

思政园地

2008 年 5 月 12 日我国四川省发生特大地震，在 5 月 18 日晚，由多个部委和央视联合举办的募捐晚会上，加多宝集团代表手持一张硕大的红色支票，以 1 亿元的捐款成为国内单笔最高捐款企业,顿时成为人们关注的焦点。"希望他们能早日离苦得乐。"伴随着这句话,1亿元的巨额捐款,也让王老吉背后的生产商——广东加多宝集团"一夜成名"。而王老吉早就以"怕上火,就喝王老吉"的广告语,在消费者心目中树立起了怕上火可以喝王老吉预防、上火了可以喝王老吉败火的心理暗示和不错的口碑。而此番王老吉向地震灾区捐款1亿元的义举,更是把自己的社会责任感体现得淋漓尽致,迅速在全国引起很大轰动。而随后王老吉运用合适恰当的方法,使得很多消费者在超市里看到王老吉的时候,都会忍不住从货架上拿走几罐王老吉凉茶,造成很多超市货不供求,为王老吉带来直接而丰厚的经济效益。同时,借由此次机会,王老吉在全国打开了知名度,拉近了产品跟消费者的距离,又为灾区人民献上了爱心,真所谓一举多得。

 项目小结

　　市场营销渠道是指配合起来生产、分销和消费某一生产者的产品和服务的所有企业和个人,是促使产品或服务顺利地被使用或消费的一整套相互依存的组织。分销渠道是指某种产品和服务在从生产者向消费者转移过程中,取得这种产品和服务的所有权或帮助所有权转移的所有企业和个人。分销渠道具有研究、促销、接洽、配合、谈判、物流、融资和风险承担的职能。

　　分销渠道的结构,可以分为长度结构(即层级结构)、宽度结构以及广度结构三种类型。三种渠道结构构成了渠道设计的三大要素或称为渠道变量。分销渠道的长度结构,又称为层级结构或纵向结构,是指按照其包含的渠道中间商(购销环节),即渠道层级数量的多少来定义的一种渠道结构。渠道的宽度结构,也称为水平结构,是根据每一层级渠道中间商的数量的多少来定义、由同一渠道层级中同一类型的中间商的数量决定的一种渠道结构,其数量越多,渠道就越宽。渠道的广度结构,实际上是渠道的一种多元化选择,是渠道宽度的一种扩展和延伸,是指企业选择多条渠道进行某种产品的分销活动,而非几个批发商或几个零售商的参与。

　　中间商是指在生产者与消费者之间参与商品交易业务,促使买卖行为发生和实现的、具有法人资格的经济组织或个人。它是联结生产者与消费者的中介环节。中间商从不同的角度可以分为许多类型:按是否拥有商品所有权,可分为经销商和代理商,前者是在商品买卖过程中拥有商品所有权的中间商;按其在流通过程中所起的不同作用,又可分为批发商和零售商,前者是不直接服务于消费者的中间商。此外,广义的中间商还包括银行、保险公司、运输公司、进出口商人、一切经纪人等。但是,就主要的中间商类型来看,只有批发商和零售商两种。

　　分销渠道设计受到顾客特性、产品特性、中间商特性、竞争特性、企业特性和环境条件等因素的影响。一般来讲,设计一个有效的渠道系统,必须经过确定渠道目标与限制、明确各主要渠道交替方案和评估各种可能的渠道交替方案三个步骤。企业管理人员在渠道设计之后,还必须对个别中间商进行选择、激励与定期评估。

　　分销渠道成员开发要把握相应的原则和标准。分销渠道成员开发首先要明确渠道成员开发的目的,进而开展渠道成员的搜寻、渠道成员的拜访、渠道成员选择的洽谈和渠道成员的确定等具体的工作。

 ## 项目知识结构图

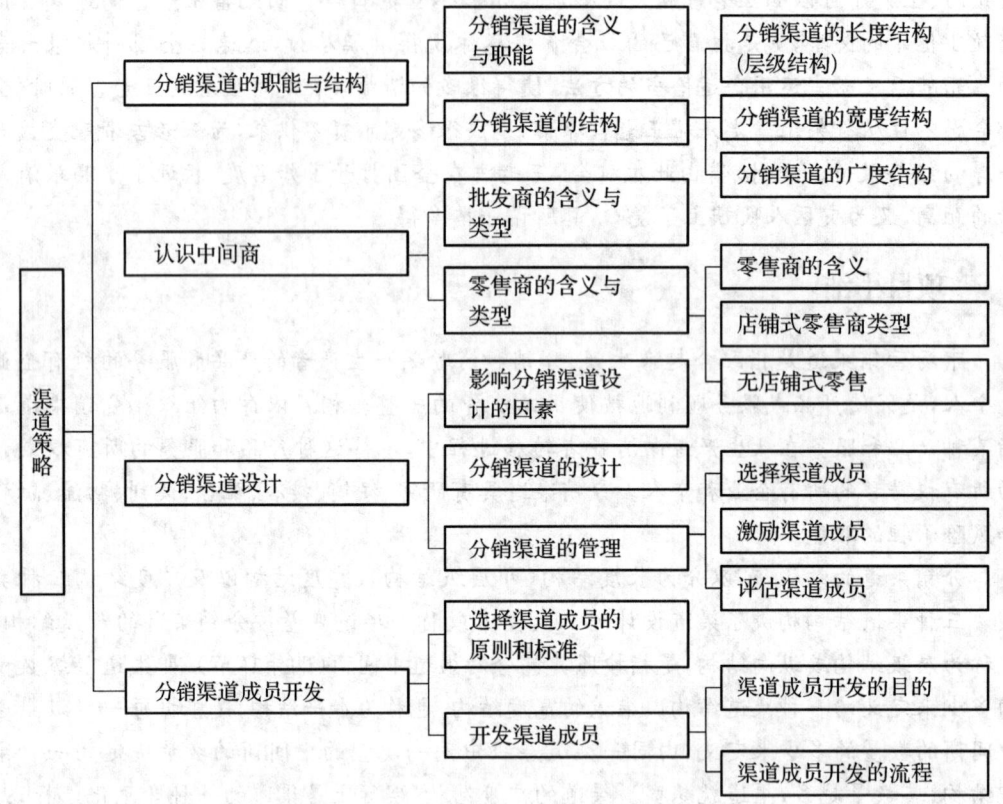

课后习题

项目十　促销策略

 引例

国货品牌故事——百雀羚：流水的时代，铁打的情怀

1920年，人潮涌动的南京路矗立着一栋占地广阔、外形气派的欧式大楼，这是国内首家由国人筹设而成的环球百货商店。这个时候，百雀羚的品牌创立者顾植民还是一个穿梭于顾客和柜台之间的营业员。

1931，百雀羚"小蓝罐"在上海贵妇圈掀起了酝酿已久的风潮。季节还未更替，百雀羚已经在市区街头张贴出上海滩众美人协助完成的广告画报，百雀羚冷霜成为时下最热门的美妆类产品。

1949年夏天，爱国护国的热血气息在祖国大地无声弥漫，上海市人民政府与上海市工商界协会决定订立爱国公约，作为成功商人代表的顾植民是第一批在合约上签名的企业家。

1950年冬天，朝鲜战争的炮火震动鸭绿江两岸，顾植民心系援朝士兵，决定将百雀羚冷霜捐赠至前线，为志愿军提供防寒护肤补给。这一大爱之举让百雀羚再次名扬全国各地，甚至东南亚各国也开始预订百雀羚各款产品。

2000年之后，国内美妆行业的发展可谓是一日千里。合流为民营公司的百雀羚仿佛被岁月的尘埃掩盖了往日的光辉，那个曾经让无数上海佳人争相购买的蓝色小铁罐，在改革开放后的中国市场失去了优势竞争力，直到2009年，百雀羚的总体销量不到两个亿。

经过谨慎的重复商讨，专攻战略定位的广州成美公司和百雀羚达成一致：下一款新品，必须以"百雀羚草本"为口号，争夺定位机会，奠定品牌主打概念。2011年，百雀羚从着手《中国好声音》等热门综艺的冠名项目开始，投入不止1亿元营销费用，最终将"百雀羚草本，天然不刺激"的产品标语送到全国观众的耳中。

2013年，百雀羚以"国礼"的身份去到坦桑尼亚，"民族骄傲、国货自强"的精神，说是促使了百雀羚重焕新生也不为过。2016年，百雀羚线上旗舰店以1.45亿元的销量蝉联天猫"双十一"购物节化妆品类销售冠军。2017年，百雀羚凭借广告短片《百雀羚1931》在网络上留下了一段"高光时刻"，视频投放期间，单是一条广告图文就被转发600万余次。2019年，百雀羚找到在敦煌非遗彩塑技艺上颇有建树的工美大师杜勇卫，更新护肤产品阵容，同时推出敦煌悦色岩彩系列彩妆。当年"双十一"，百雀羚凭借这套"应战装备"达成了新品最早破千万元的纪录，开售十分钟，销售额攻破亿元大关。

可见,百雀羚的营销战略是跟随着时代的发展,通过各种方式打动消费者。

知识准备与业务操作

知识准备:已经学习了市场营销4P理论中的产品策略、价格策略和渠道策略等相关内容和具体实践方法。

业务操作:熟悉每种促销的工具:广告、人员推销、营业推广及公共关系的方法和优势;依据产品和市场的类型,运用推式与拉式策略,基于购买者准备情况和产品生命周期阶段制定促销组合。

任务一 促销组合

一、促销的含义和作用

(一)促销的含义

促销是促进产品销售的简称。从市场营销的角度看,促销是企业通过人员和非人员的方式,沟通企业与消费者之间的信息,提升品牌形象,引发、刺激消费者的购买欲望,使其产生购买行为的活动。从这个概念不难看出,促销具有以下几层含义:

(1)促销工作的实质与核心是沟通信息。企业与消费者之间达成交易的基本条件是信息沟通。若企业未将自己生产或经营的产品和服务等有关信息传递给消费者,那么,消费者对此就一无所知,自然谈不上认购。只有将企业提供的产品或服务等信息传递给消费者,才能引起消费者注意,并有可能产生购买欲望。

(2)促销的目的是提升品牌形象,引发、刺激消费者产生购买欲望。在消费者可支配收入既定的条件下,消费者是否产生购买行为主要取决于消费者的购买欲望,而消费者购买欲望又与外界的刺激、诱导密不可分。促销正是针对这一特点,通过各种传播方式把产品或服务等有关信息传递给消费者,以激发其购买欲望,使其产生购买行为。

(3)促销的方式有人员促销和非人员促销两类。人员促销,亦称直接促销或人员推销,是企业运用推销人员向推销对象推销商品或服务的一种促销活动。它主要适合于消费者数量少、比较集中的情况下进行促销。非人员促销,又称间接促销或非人员推销,是企业通过一定的媒体传递产品或服务等有关信息,以促使消费者产生购买欲望、发生购买行为的一系列促销活动。它适合于消费者数量多、比较分散的情况下进行促销。通常,企业在促销活动中将人员促销和非人员促销结合运用。

(二)促销的作用

促销在企业营销活动中是不可缺少的重要组成部分,是因为促销具有如下作用:传递信息,强化认知。销售产品是市场营销活动的中心任务,信息传递是产品顺利销售的保证。信息传递有单向和双向之分。单向信息传递是指卖方发出信息,买方接收,它是间接促销的主要功能。双向信息传递是买卖双方互通信息,双方都是信息的发出者和接收者,直接促销就有此功效。在双向信息沟通过程中,一方面,卖方(企业或中间商)向买方(中间商或消费者)介绍有关企业现状、产品特点、价格、服务方式和服务内容等信息,以此来诱导消费者对产品或服务产生需求欲望并采取购买行为;另一方面,买方向卖方反馈对产品价格、质量和服务内容、方式是否满意等有关信息,促使生产经营者取长补短,更好地满足消费者需求。在激烈的市场竞争中,企业产品的市场地位常常不稳定,致使有些企业的产品销售起伏波动较大。企业运用适当的促销方式,开展促销活动,可使较多的消费者对本企业的产品滋生偏爱,进而巩固已占领的市场,达到稳定销售的目的。对于消费者偏爱的品牌,即使对该类产品需求下降,也可以通过一定形式的促销活动,促使消费者对该品牌产品的需求得到一定程度的恢复和提高。

二、促销组合及促销策略

广告、人员推销、营业推广和公共关系每种促销工具都有独特的性质。营销人员在选择前必须对这些特性有所理解。

(一) 广告

很多形式的广告非常有助于综合的促销组合。每次广告的播出能以低成本接触在地理上很分散的广大的购买者。它使得销售者多次重复接收一个信息,而且它让购买者接收和比较不同竞争者的信息。由于广告的公开性,消费者倾向于将广告的产品视为标准和合法的——购买者知道,买广告上的产品,是被大众理解和接受的。大规模广告正面宣传销售者的规模、名望及成就。

广告也是很有表现力的。它使公司通过巧妙地运用视觉、印刷、音响和色彩来使其产品引人注意。一方面,广告可用来建立一个产品的形象(如可口可乐的广告),另一方面,广告能引发快速销售。

广告也有一些缺点:虽然它能很快地接触许多人,但它是非个人的而且不能如公司推销人员那样对接收者有说服力。在很大程度上,广告与接收者只能实行单向沟通,接收者不觉得要加以注意或有所反应。除此之外,广告的费用会很高,如明星广告、电视广告都需要一大笔预算。不过,因为互联网的发展,新媒体广告从一定程度上降低了广告的费用。营销人员可以借助新媒体平台发布视频广告,其传播率和传播速度也是传统电视广告难以达到的。

(二) 人员推销

在购买过程的某些阶段,人员推销是最有效的工具,尤其是在塑造购买者的偏好、信念和行动方面。与广告相比,人员推销有几个独特的性质。它包含两个人或更多人之间个人的相互作用,所以每个人都能观察其他人的需要和特性并做出快速调整。人员推销可以建立各种关系,从实际上的销售关系到深厚的私人友谊。优秀的销售人员随时将顾客的利益记在心中,为的是建立长期的关系。最后,人员推销通常使购买者感到有较大的需要去聆听和反应,即使反应仅为一声礼貌的"不要,谢谢你"。然而这些独特的性质是有代价的。人员推销也是公司中最昂贵的促销工具。

(三)营业推广

营业推广包括各式各样用以刺激早期需求或产生较强的市场反应的促销工具,这些工具都拥有独特的性质,它们吸引消费者的注意力并提供信息,可能促使消费者产生购买行为。它们通过提供劝诱或给予消费者额外价值的贡献强有力地激发消费者的购买意愿。营业推广邀请消费者立刻购买,并给快速响应者奖赏。广告上写着"买我们的产品",而营业推广说"现在就买"。

公司利用营业推广工具产生一种较强烈和快速的反应。营业推广可以用来戏剧性地推出新产品和提高下降的销售量。然而营业推广的效果往往是短暂的,在建立长期品牌偏好方面效果不大。

(四)公共关系

公共关系提供了几种独特的性质,它是很可信的新闻故事、特写和事件,对读者而言似乎比广告更真实、可信。公共关系也可接触避开推销人员和广告的潜在顾客。这些信息是以"新闻"而不是以销售指向的沟通方式接触到购买者。而且如同广告,公共关系也可使一个公司或产品引人注目。营销者往往很少用公共关系,或者把它作为一种事后的思考。然而一个深思熟虑的公共关系活动与其他促销组合因素配合使用是非常有效及节约的。

各种促销方式都有其优点和缺点,在促销过程中,企业常常将多种促销方式同时并用。所谓促销组合,就是企业根据产品的特点和营销目标,综合各种影响因素,对各种促销方式的选择、编配和运用。促销组合是制定促销策略的前提,只有在促销组合的基础上,才能制定相应的促销策略,而促销策略又是促销组合的结果。因此,促销策略也称促销组合策略。促销策略从总的指导思想上可分为推式策略和拉式策略两类。推式策略,是企业运用人员推销的方式,把产品推向市场,即从生产企业推向中间商,再由中间商推给消费者或最终用户,故也称人员推销策略。推式策略一般适合于单位价值较高的产品,性能复杂、需要做示范的产品,根据用户需求特点设计的产品,流通环节较少、流通渠道较短的产品,市场比较集中、集团性购买的产品等。拉式策略也称非人员推销策略,是指企业运用非人员推销方式把顾客拉过来,使其对本企业的产品产生需求,以扩大销售。对单位价值较低的日常用品,流通环节较多、流通渠道较长的产品,市场范围较广、单次购买量少、市场需求较大的产品,常采用拉式策略。

任务二 广告策略

一、广告基本概念

广告作为促销方式或促销手段,是一种带有浓郁商业性和艺术性的综合体。虽然说广告并不一定能使产品成为世界名牌,但若没有广告,产品肯定不会成为世界名牌。成功的广告可使默默无闻的企业和产品名声大振,家喻户晓,广为传诵。

(一) 广告的含义

广告作为一种传递信息的活动，是企业在促销中普遍重视的应用最广的促销方式。市场营销学中探讨的广告，是一种经济广告。广告是广告主以促进销售为目的，付出一定的费用，通过特定的媒体传播商品或服务等有关经济信息的大众传播活动。从广告的概念可以看出，广告是以广大消费者为广告对象的大众传播活动；广告以传播商品或服务等有关经济信息为其内容；广告是通过特定的媒体来实现的，并且广告主须对使用的媒体支付一定的费用；广告的目的是为了促进商品销售。

(二) 广告目标

广告目标取决于企业的整体营销目标，具体说来取决于促销目标。在实现促销目标的过程中，有不同的阶段，广告在各阶段起的作用不同，即不同阶段有不同的广告目标。归纳起来，广告目标有告知目标、劝说目标和提示目标三种。

(1) 告知目标。即广告是以激发顾客对产品的初始需求为目标，主要介绍刚刚进入投入期的产品的用途、性能、质量、价格等有关情况，以促使新产品进入目标市场。

(2) 劝说目标。即广告以激发顾客对产品产生兴趣，增进"选择性需求"为目标，对进入成长期和成熟期前期的产品所做的各种传播活动。

(3) 提示目标。是指对已进入成熟期后期或衰退期的产品所进行的广告宣传，目的在于提醒顾客，使其产生"惯性"需求。

(三) 广告的种类

根据不同的划分标准，广告有不同的种类：

(1) 根据广告目标，商品广告分为三种类型：一是开拓性广告，亦称报道性广告。二是劝告性广告，又叫竞争性广告。三是提醒性广告，也叫备忘性广告或加强性广告。

(2) 根据广告传播的区域来划分，可将广告分为国际广告、全国广告和地区广告。

(3) 根据广告的表现形式来划分，可将广告分为图片广告、文字广告和声像广告。

(4) 按广告的媒体不同来划分，可将广告分为报纸广告、杂志广告、广播广告、电视广告、互联网广告、邮寄广告、基于地点的广告、附着在产品上的广告等。

二、广告媒体的选择

不同的广告媒体有不同的特性，这决定了企业从事广告活动必须对广告媒体进行正确的选择，否则将影响广告效果。企业选择广告媒体，一般要考虑以下影响因素。

(一) 产品的性质

不同性质的产品，有不同的使用价值、使用范围和宣传要求。广告媒体只有适应产品的性质，才能取得较好的广告效果。生产资料和生活资料、一般生活用品和高技术产品、价值较低的产品和高档产品、一次性使用的产品和耐用品等都应采用不同的广告媒体。通常，对高技术产品进行广告宣传，应面向专业人员，多选用专业性杂志；而对一般生活用品，则适合选用能直接传播到大众的广告媒体，如新媒体、电视等。

(二) 消费者接触媒体的习惯

选择广告媒体，还要考虑目标市场上消费者接触广告媒体的习惯。一般认为，能使广告信息传到目标市场的媒体是最有效的媒体。例如,对妇女儿童用品的广告宣传,宜选用电视媒体。当然,对妇女用品的广告,也可选用妇女喜欢阅读的妇女杂志或在妇女商店布置橱窗或展销。

(三) 媒体的传播范围

媒体传播范围的大小直接影响广告信息传播区域的广窄。适合全国各地使用的产品,应以全国性发放的报纸、杂志、广播、电视等作为广告媒体;属地方性销售的产品,可通过地方性报刊、电台、电视台、楼宇等传播信息。

(四) 媒体的影响力

在电视、广播、杂志、报纸、网络等媒体上做广告有各自的优缺点,企业要在众多媒体种类中选择适当的媒体进行品牌传播是一个非常复杂的过程。媒体影响力的强弱决定了媒体传播价值的大小,从而决定了企业品牌传播效果效率的高低。

(五) 媒体的费用

各广告媒体的收费标准不同,即使同一种媒体,也因传播范围和影响力的大小而有价格差别。考虑媒体费用,应该注意其相对费用,即考虑广告效果。千人成本(是指一则广告每送达1 000人所花费的广告费用)是选择广告媒体时考虑的影响因素。

总之,要根据广告目标的要求,结合各广告媒体的优缺点,综合考虑上述各影响因素,尽可能组合选用效果好、费用低的广告媒体。

任务三　人员推销

一、人员推销的性质

销售是世界上最古老的职业之一。从事销售工作的人常拥有各式各样的名称:推销员、销售代表、业务员、销售顾问、销售工程师、代理人、地区经理以及营销代理等。人们对推销人员有许多成见——包括一些不好的印象。如今,大部分推销人员都受过良好的教育和很好的职业培训,他们通过听取顾客意见,评价顾客的需求,组织力量去解决顾客的问题和满足顾客的需求建立和维持与顾客的长期关系。

二、销售人员的角色

人员推销是促销组合中人与人之间直接接触的推销方式。广告是单向和非人员的沟通;而人员推销是双向的沟通,不论是面对面,还是通过电话或录像会议或其他方法,这个过程都是双向的信息交流。这意味着人员推销在更复杂的销售情况下,可能比广告更有效。销售人员能对顾客深入调查以更多了解他们的问题,能调整营销商品以符合每个顾客的特殊需求并谈判销售的条件,能与主要决策者建立长期的个人关系。

各个公司人员推销的角色有所不同。有些公司根本没有推销人员,例如,只通过邮购目录销售的公司,或通过制造商代表、销售代理商或经纪人出售商品的公司。然而在大部分公司中,销售人员充当重要的角色。在销售工业产品的公司,它们的销售人员直接与顾客打交道。实际上,对许多顾客而言,销售人员可能是唯一的接触。对这些顾客来说,销售人员就是公司。在消费产品公司,它们通过中间商出售商品,最终的消费者很少遇到销售人员甚至不知道他们,销售人员扮演着幕后的重要角色,他们与批发商和零售商共同工作,以便获得后者的支持,并帮助他们更为有效地出售该公司的产品。

销售人员在公司和其顾客之间作为一种关键的联系,在许多情况下,销售人员充当了卖主和买主两者的主人。首先,他们代表公司与顾客接触;他们寻找和发展新的顾客,并将公司的产品和服务的信息告诉顾客;他们通过接近顾客、介绍他们的产品、回答反对意见、谈判价格和条件以及成交来出售产品。此外,销售人员为顾客提供服务,完成市场研究和情报工作,填写销售访问报告。

同时,销售人员代表顾客与公司打交道,在公司内部担当着消费者利益的拥护者。销售人员将消费者有关公司产品和行动的关心传达给那些能处理的人;他们了解顾客的需求,并与公司的其他人共同发展更大的顾客价值。因此,销售人员往往扮演一种"客户经理"的角色,他管理买卖之间的关系。

当公司走向更强的市场导向,他们的销售人员变得更有市场针对性和顾客导向。旧的观点认为销售人员应该关心销售而公司应关心利润。然而,现在的观点认为销售人员关心的不仅仅是产品销售,他们也应该知道如何创造顾客满意和公司利润;应该能够研究销售资料,衡量市场潜力,收集更多市场情报,并拟定营销策略和计划;应该知道如何安排公司的力量为顾客传递价值和满足。从长期来说,一个以市场为导向而非以销售为导向的销售队伍将更为有效,除了赢得新的顾客和完成交易,还帮助公司与顾客建立长期有利的关系。

三、人员推销的步骤

(一) 发掘和选拔合格者

推销过程的第一步是发掘,找出合格的潜在顾客。销售人员经常必须接近许多潜在顾客才能得到一些订单。举例来说,在保险业,平均每 9 个人中才会有 1 个人成为真正的顾客。在计算机行业,125 个电话访问中只有 25 个愿意面谈,愿意看产品示范的只有 5 个,最后可能只有一桩买卖成交。虽然公司也提供一些线索,但是销售人员还需要具有自己发掘潜在顾客的技巧。例如,可以要求现有的顾客提供潜在顾客的名单,建立获得有关资料的途径,包括供应商、经销商、非竞争者的销售人员以及银行家;加入潜在顾客所属的组织或从事会吸引潜在顾客的演讲和写作活动;在报纸或工商指南上寻找顾客名单并利用电话或信件来追踪线索;或者未经预约直接到不同的办公室拜访顾客(称为贸然拜访)。

销售人员需要知道如何找到合格的线索——就是如何识别好的而过滤差的潜在顾客。通过查看潜在顾客的财力、营业额、特殊需求、所在位置以及增长的可能性而找到合格的潜在顾客。

（二）事前筹划

销售人员在访问潜在顾客前应尽可能了解顾客（需要什么，谁参与购买决策以及他们的个性和购买方式）。这个步骤称为事前筹划。销售人员可以参考权威性的资料来源，或向熟悉的朋友或其他人请教顾客的情况。销售人员应制定访问目标，可能是确定潜在顾客、搜集信息或马上达成交易。另一任务是决定最佳接近方式，是亲自拜访，电话联络，还是发送信函。由于许多潜在顾客在某些时间会特别忙，所以销售人员也应考虑最佳的访问时间。最后，销售人员应考虑到对这个客户的总的销售策略。

（三）接近

在这一阶段，销售人员应该知道如何会见和招呼顾客，并使彼此的关系有个好的开始。销售人员应注意仪表、开场白，以及接下去的话题。开场白应该是积极的，如"李先生您好，我是小王，来自××××公司。我的公司和我都非常感谢您在百忙中特地抽空与我见面。我将尽最大的努力使您和贵公司能从这次访问中获益并感到有价值。"在这个开场白以后就可接着洽谈一些关键性的问题，去了解更多顾客的需求，或展示货样以引起顾客的注意及好奇心。

（四）介绍和示范

在推销过程的介绍阶段，销售人员向顾客讲述产品的"故事"，显示产品如何能使顾客赚钱或节约钱。销售人员描述产品的各种特性，应集中在带给顾客利益、使用需求和满足方法上。销售人员要探寻顾客的需求，最好让顾客多说话。

（五）应付反对意见

顾客在整个推销过程中或者在要求订购产品时，几乎都会有反对意见。问题可能是逻辑型或者是心理型的，而且通常顾客并不说出拒绝的理由。在处理异议时，销售人员必须采取积极的态度，设法找出隐瞒的反对原因，要求购买者阐明其拒绝理由，使拒绝成为提供信息的机会，并将这种拒绝转变为使顾客购买的理由。每个销售人员都需要接受各种应付拒绝技巧的培训。

（六）成交

在处理好潜在顾客的反对意见后，销售人员就应试着达成交易。有些销售人员无法进入这个成交阶段或不能将它处理好。他们可能对自己缺乏信心，或是向顾客要求订单有罪恶感，或是没有掌握适当的成交时机。销售人员应该知道如何识别购买者所发出的特定成交信号，包括身体的动作、言辞或意见。例如，顾客可能往前坐，不断地点头赞许，询问价钱或付款条件。届时，销售人员就可以使用各种达成交易的技巧。销售人员可以向潜在的顾客要求订单，审查双方协议的要点，提议帮助顾客填写订单，询问顾客想要这一类型产品还是另外一种类型产品，或者告诉顾客如现在不买可能就买不着了。销售人员也可提供给购买者成交的特殊理由，如特价优惠或额外奉送。

（七）事后追踪

如果销售人员希望确保顾客满意，并与顾客继续保持业务上的往来，最后这个销售步骤是必不可少的。生意一成交，销售人员就要立刻将交货时间、付款条件等一切必要的细节处理妥当。在收到第一张订单之后,销售人员就要安排一次追踪访问,以确保所有的安装、指导与服务都很恰当。这项访问的目的在于发现各种问题,向买主证实销售人员的关怀,减轻任何购买者在售后可能产生的担心。

任务四　营业推广

营业推广包括各式各样用以刺激早期需求或产生较强的市场反应的促销工具。它包括消费者促销:样品,赠券,购后退款,减价优待,奖励,比赛及其他;中间商促销:购买折让,免费赠品,商品折扣,合作广告,推销奖金,经销商销售竞赛;销售人员促销:奖金,比赛,推销大会。

一、营业推广的目的

营业推广的目的各有不同。例如,免费样品刺激消费者试用;免费的管理咨询服务则巩固了与零售商的长期关系。销售者利用营业推广吸引新的试用者,奖励忠实的顾客。

提高偶尔使用者的重复购买率。新试用者有三类:非此类产品的试用者、另一品牌的忠实使用者和经常换品牌的使用者。营业推广经常吸引第三类群体:品牌转换者。因为非使用者和使用其他品牌者并不经常注意此类促销或有所行动,品牌转换者经常寻找低价或良好价值,因而营业推广不可能使他们成为忠实品牌的使用者。因此,营业推广用于各品牌相当类似的市场,它能产生高的短期销售反应,但很少增加永久性的市场份额。在品牌差异性大的市场,营业推广能更永久地改变市场份额。

许多销售者将营业推广作为打破品牌忠实的工具而将广告视为建立品牌忠实的工具。因此,营销经理的重要课题在于如何在这两者之间分配预算。有一种危险倾向是让广告让位于营业推广。减少广告支出能导致消费者品牌忠实的损失。

当公司以低价促销一种品牌次数太多时,消费者会开始认为它是廉价产品。很快,许多消费者将只在打折扣时才购买。大部分营销者相信营业推广活动不会像广告一样建立长期的消费者偏好,认为它只能带来无法持久的短期销售额。

二、营业推广的方式

销售促进的方式多种多样,每一个企业不可能全部使用。这就需要企业根据各种方式的特点、促销目标、目标市场的类型及市场环境等因素选择适合本企业的销售促进方式向消费者推广。营业推广的方法主要有以下四种。

(一) 赠送样品

向消费者免费赠送样品,可以鼓励消费者认购,也可以获取消费者对产品的反映。样品赠送,可以有选择地赠送,也可在商店或闹市地区或附在其他商品和广告中无选择地赠送。这是介绍、推销新产品的一种方式,但费用较高,对高价值商品不宜采用。

（二）赠送代金券

代金券或折价券是对某种商品免付一部分价款的证明,持有者在购买本企业产品时免付一部分货款。代金券可以邮寄,也可附在商品或广告之中赠送,还可以对购买商品达到一定的数量或金额的顾客赠送。这种形式有利于刺激消费者使用老产品,也可以鼓励消费者认购新产品。

（三）包装兑现

即采用商品包装来兑换现金。例如,收集到若干个某种饮料瓶盖,可兑换一定数量的现金或实物,借以鼓励消费者购买该种饮料。这种方式的有效运用,也体现了企业的绿色营销观念,有利于树立良好的企业形象。

（四）廉价包装

又叫折价包装,即在商品包装上注明折价数额或比例。廉价包装可以是一件商品单装,也可以是若干件商品或几种用途相关的商品批量包装。这种形式能诱发经济型消费者的需求,对刺激短期销售比较有效。

任务五　公共关系

一、公共关系的含义

公共关系又称公众关系,"公共关系有助于组织(企业)和公众相适应",包括设计用来推广或保护一个企业形象及其品牌产品的各种计划。也就是说,公共关系是指企业在从事市场营销活动中正确处理企业与社会公众的关系,以便树立品牌及企业的良好形象,从而促进产品销售的一种活动。

公共关系不是广告。不可否认,广告可以是特定的公共关系计划的一部分内容,或者说,公共关系能够支持广告传播活动。但是,公共关系并不等同于广告。首先,广告需要购买媒体的时间或空间并使用其传递企业想传递的品牌、产品等信息;而公共关系则无须为媒体的报道支付酬金。企业公关活动是通过新闻发布等手段来吸引媒体给予报道的,至于媒体报道什么内容由媒体决定。也就是说,广告要支付费用、控制广告传播内容;而公共关系不支付费用,也不能控制媒体报道内容。

公共关系不以具体产品(或服务)为导向。一般而言,公共关系关注的是企业及品牌形象,公关活动的目的是力图为企业营造对企业及品牌信任的公共环境(包括舆论氛围等),而不是为具体的企业产品或服务创造需求。当然,这并不意味企业的公共关系活动就不能激活或创造产品(或服务)的需求。事实上,成功的公关活动为激活需求、扩大产品(或服务)销售积累了人脉资源。

二、公共关系的决策

在考虑产品公共关系的使用时机和方法时,管理者应制定公共关系目标,选择公共关系信息和工具,执行公共关系计划,并评估公共关系的成果。

(一) 设定公共关系目标

几年前,某葡萄酒酿造者协会曾雇用公共关系公司拟定一项方案,以支持两个主要营销目标:使消费者确信喝葡萄酒是生活优雅快乐的表现,改进葡萄酒的形象和市场份额。它因而设定以下的公共关系目标:撰写有关葡萄酒的故事,并将它们发布在社交媒体上;撰写有关葡萄酒的健康价值的故事,并向医学界介绍;针对年轻人市场、大学生市场、政府机关及团体,以及不同的少数民族社区拟定特殊的公共关系宣传。这些目标又被转换成明确的目的,以便活动结束后能评估活动成果。

(二) 选择公共关系的信息和工具

宣传人员接着还要挖掘使人感兴趣的产品故事。假设有一所鲜为人知的大学想要更多的公众承认,它将寻找可能的故事:师资阵容中有没有不寻常之处,或者有没有人从事非凡的研究计划?有无开设有兴趣的新课或校园内有没有发生过任何吸引人的事件?通常这种搜寻会发现数以百计能提供给新闻界的故事。所选用的故事应该反映该校所追求的形象。

如果现有的故事不够使用,该校要发起有新闻价值的事件。在此,机构制造新闻而非发掘新闻。这类想法包括主办重要的学术会议、聘请名人演讲、召开记者招待会等。每种事件为不同的接收者发展出许多新闻故事。制造事件对于宣传非营利组织的募捐活动尤为重要。募捐人员已发展出一系列特殊的活动,如艺术展览、拍卖会、义演、书籍义卖、比赛、舞会、宴会、博览会、时装表演、捐赠品义卖、徒步。只要一出现一种新的活动,如马拉松竞走,竞争者就会立即推出新的活动方式,如阅读比赛、自行车比赛、慢跑比赛。

(三) 执行公共关系方案

执行公共关系方案需要细心。从将故事刊登在媒体上来说,重大的故事很容易被刊出来,但是大多数的故事并非那么有分量,也就不一定被忙碌的编辑们所采用。因而,公共关系专职人员的主要资产之一是他们与媒体编辑之间所培育的私人关系。实际上,公关专职人员往往是过去的新闻记者,他们认识许多媒体编辑而且了解编辑们需要什么样的新闻。他们将媒体编辑视为一个市场,并满足其需求,这样编辑会乐意继续采用他们的故事。

(四) 评估公共关系活动的成果

公共关系的成果难以评估,因为公关常与其他促销工具合并使用,所以它的影响往往是间接的。但如果在使用其他工具之前从事公共关系活动,它的贡献较易评估。最容易衡量宣传效果的是媒体中的展露次数。但这种衡量展露次数的办法并不太令人满意。它无法指出有多少人真正读到或听到此信息,也不知道他们事后有何感想。除此之外,因为各媒体的阅读和收看率有些部分重复,所以也不能提供接收者的净接触程度的信息。评估这种改变需要衡量这些方法事前与事后的水平。

 **知识拓展**

危机公关 5S 原则

危机公关 5S 原则,是指危机发生后为解决危机所采用的原则。

(1) 承担责任原则。在危机公关的处理中,公众注意力的焦点,一是谁来承担责任,二是公众情感是否获得补偿。在公众的心目中,无论在事故中谁是谁非,企业总是作为强势群体出现的。因此,即使事故中的另一方存在过错,企业也应当主动承担大部分责任,而不是首先对另一方进行责任追究。同时,公众希望企业能够站在消费者的角度来感受和思考问题,他们在意企业是否在意公众的感受。因此,企业应当更多地和公众进行情感上的交流和沟通,而不是一味地在谁是谁非上过多纠缠;应当通过感性的、心理层面的交流来获得公众的理解和支持。

(2) 真诚沟通原则。在企业危机公关中,公众并不关心企业怎么说,只关心企业怎么做、如何做。这其实是一个态度的问题。企业应当诚实地面对公众,并拿出最大的诚意与公众进行沟通。

(3) 速度第一原则。危机公关处理中最关键的时间段是在危机爆发后的 12~24 小时。这个时段内,消息会像病毒一样高速传播,而可靠的消息往往不多,消息里充斥着谣言和猜测。公司的一举一动将是外界评判公司如何处理这次危机的主要根据,对于公司在处理危机方面的做法和立场,舆论赞成与否往往都会立刻见于传媒报道。因此,公司必须当机立断、快速反应,与媒体和公众进行沟通,从而迅速控制事态。

(4) 系统运行原则。危机公关是一项系统工程。在进行危机管理时,企业必须注重系统运作,组建专门的团队来统筹安排,处理危机公关各项事宜。在逃避一种危险时,不要忽视另一种危险。在进行危机管理时必须系统运作,绝不可顾此失彼。只有这样才能透过表面现象看本质,创造性地解决问题,化害为利。

(5) 权威证实原则。由于公众的防备心理,企业在证实自己的无辜和清白时,自说自话是没有用的。正确的做法应当是请出有公信力的权威第三方为自己作证,从而消除公众的戒备心态,重新赢得公众的信任。

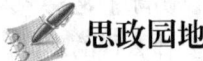 **思政园地**

2021 年 7 月 20 日,河南省多地遭遇极端强降雨天气,部分地区积水严重,其危难牵动着全国人民的心,不少互联网公司、平台机构、品牌和明星、个人纷纷捐款支援河南。21 日,鸿星尔克通过郑州慈善总会、壹基金紧急捐赠 5 000 万元物资,驰援河南灾区,但却并未过分宣传。"高调"的捐款援助,"低调"的宣传方式,让网友们急了:"宝,你好糊,怎么不宣传一下啊?"于是,在网友们的"激情"转发之下,话题#鸿星尔克的微博评论好心酸#迅速登上了热搜第一位。截至 24 日 18 时 30 分,话题阅读量达 9.3 亿人次,讨论量达 16.3 万人次。这么多品牌捐款,为何只有鸿星尔克让网友心疼?

知名媒体人微博@凯雷发布博文称:刚翻了下鸿星尔克美股一季度报表,根本没看到什么盈利,净利润负6 000万元,2020年的年报净利润负2亿元。

不仅是报表上捉襟见肘的数据,有细心的网友发现,捐了5 000万元物资的鸿星尔克官微连微博会员都舍不得开。这把不少网友给整破防了:堂堂大企业的官方微博,竟然没舍得开会员。"不会是捐了款没钱充了吧,你可千万别倒闭啊宝!"网友们一边"劝"鸿星尔克:"捐款尽力就好!"一边用行动告诉鸿星尔克:"你还有我们!"于是,网友你一个月,我三个月,直接将会员充了120年的。鸿星尔克官博小编立马发博:"鸿星尔克立志成为百年品牌,不然对不起网友送的会员。"与此同时,很多网友涌进鸿星尔克直播间,仅22日晚,直播观看人数超200万,以前他们的直播观看数仅几千。

主播多次提醒"理性消费",不要因为支持我们买自己不喜欢的鞋子。网友仿佛买红了眼:不!我偏要野性消费!甚至有网友调侃:"你们工厂缝纫机不冒烟,在场的每一个都有责任。"新抖数据显示,抖音7月23日鸿星尔克品牌官方旗舰店近30个小时的直播累计观看数达2 493万人,在线峰值人数10.6万人,销售额达到2 285.43万元。

而在此之前,该号日均单场直播时长在8小时左右,累积观看人数和预估销售额均仅在5万左右,在线人数峰值不过数百人。面对突如其来的流量,鸿星尔克的这份"理性"显得格外珍贵。对网友们的"溺爱",鸿星尔克从员工到老板均表示:承蒙厚爱!但还是请大家更多地心系河南现状,把宣传资源留给更需要被关注的灾区,将钱花在更有用的地方!也看看"隔壁"其他的国货品牌!

河南汛情中,来自五湖四海的驰援者仍在和当地民众一同对抗天灾。而在直播间内,"野性消费"的背后是无法抵达救灾现场的人们在用另一种方式表达爱与温良。"有雪中送炭的人,咱们就愿意为他众人拾柴火焰高!"14亿中国人的支持,让鸿星尔克从"门可罗雀"到一时的"运动品牌顶流",正是这句话最生动的实践。

二十大报告中明确指出"广泛践行社会主义核心价值观,弘扬以伟大建党精神为源头的中国共产党人精神谱系,深入开展社会主义核心价值观宣传教育,深化爱国主义、集体主义、社会主义教育,着力培养担当民族复兴大任的时代新人"。面对突如其来的灾情,鸿星尔克生动诠释了国货品牌的人道主义和企业担当;消费者的"野性消费"也体现了对于具有社会责任感的企业,国人给予支持的态度。皆为赤子之心!

项目小结

四种主要的大众促销工具为广告、人员推销、营业推广和公共关系。广告、营业推广和公共关系是大众营销工具,与针对特定的购物者的人员推销有所不同。

广告——由销售者使用有偿的媒体去告知、说服、提醒消费者有关它的产品或机构,是一种强有力的促销工具。它有许多形式及用途。广告决策是包含有关目标、预算、信息、媒体及最后评估效果的五步决策过程。广告商应制定明确的目标,决定广告是告知、说服,还是提醒购物者。

人员销售——大部分公司使用销售人员,而且许多公司在营销组合中为人员推销指派了重要的任务。作为营销组合的一个因素,销售人员在达成某些营销目标(如发掘顾客、交流、销售和服务以及搜集资料)方面都很有效。一个以市场为导向的销售人员除了传统的销售技巧外,还需要具有营销分析和计划的能力。

营业推广——包括各式各样短期激励工具,如赠券、奖品、竞赛、购买津贴等来刺激消费者、中间商以及公司本身的销售人员。

公共关系——获得有利的宣传和创造一个有利的公司形象,是用得最少的主要促销工具,虽然它在建立认知和偏好方面有很大的潜力。

项目知识结构图

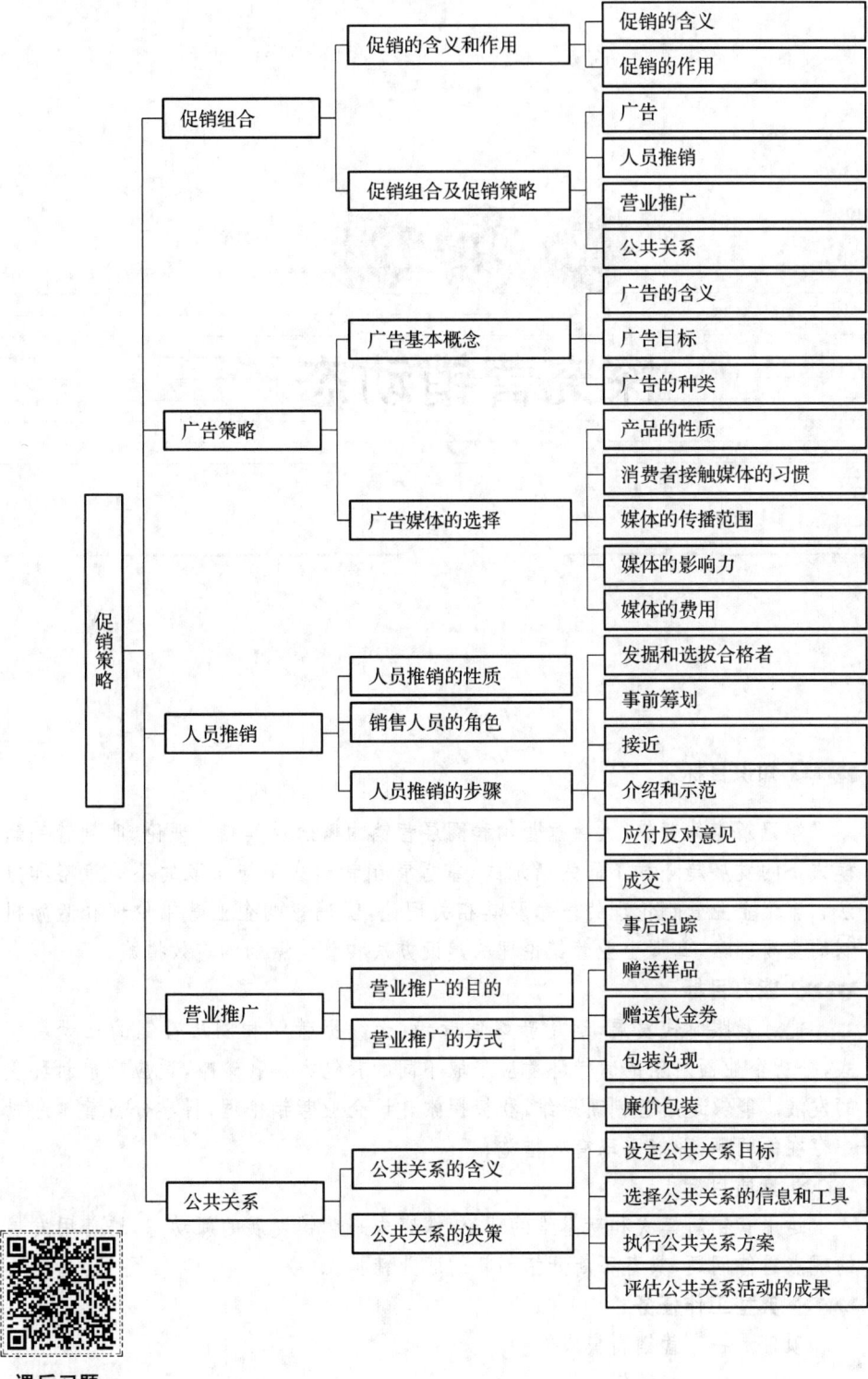

课后习题

模块四

探究营销动态

>>>>> **知识目标**

牢记新媒体营销、大数据营销和圈层营销的概念及其相关理论,明确营销新模式下的发展趋势和不同的新形式,掌握营销新模式下应采取的不同策略和方法。牢记企业营销伦理的概念及其相关理论,明确影响企业营销伦理和激励机制的主要因素,掌握企业营销伦理的建设方法和营销激励的有效措施。

>>>>> **能力目标**

能够紧跟时代发展,运用新媒体营销、大数据营销和圈层营销的三大新模式,分析企业面对新的营销环境应采取不同的营销方法和策略,适应当前新环境的发展。能够运用营销新思维,积极探索建设企业营销伦理,科学分析营销激励中存在的问题,并能采取有效措施。

>>>>> **素质目标**

运用营销新模式和新思维的理论,探究未来营销发展的新动态,培养用发展的观点看待问题,具备不断开拓创新的职业精神。

>>>>> **典型工作任务**

项目十一　营销新模式

项目十二　营销新思维

项目十一　营销新模式

引例

新零售商业评论

　　随着时间的流逝,2022年品牌在营销上呈现出了许多的变化与趋势,对于大多数企业来说,未来能够在哪些方面继续发力,又在哪些赛道上可以进行放弃?2011年,微信诞生,iPhone 4S发布,安卓市场全面爆发,智能手机加速普及……当年被称为移动互联网元年。自那一年起,营销和广告技术依托移动互联网平台快速发展,数字化、程序式广告自带的精准人群能力,不仅改变了全球媒体市场的运行格局,更颠覆了"人、货、场"三大元素,一时间,数字化营销成了几乎所有企业CEO和CMO的头等大事。随着互联网平台的流量价格水涨船高,一些营销预算有限、对投资回报有需求的品牌开始专注于效果广告,它们将长效品牌营销束之高阁,一味地加倍投入短期流量,以达到快速增长的目标。与此同时,转化路径短、见效快的电商渠道则通过与数字广告的深度结合,创造出大量高速增长的奇迹,使得品牌方无不对其趋之若鹜。然而,随着互联网流量见顶,加上隐私保护法规落地等重大事件的发生,数字化营销逐渐接近边际效用的峰值,难以支持品牌方长久而持续的增长需求。目前,人(用户)、货(产品)、场(场域)的本质正在不断演变,驱动着品牌不断调整并提升营销竞争力的方法与路径,品牌、产品、用户、场域四个方面是未来企业的重中之重,中国市场营销集中于八大核心趋势:趋势一,长期品牌建设投入,重回中心;趋势二,内容创意和品牌建设相结合,实现叙事升级年轻化;趋势三,产品科技感营销持续加速品牌上升;趋势四,互动种草新模式,加速产品出圈;趋势五,搭建以用户为中心的无界触点体系;趋势六,高科技门店配置,体验科技感升级;趋势七,AR/VR沉浸式链接,全新内容体验;趋势八,元宇宙重构未来人、货、场、内容。

知识准备与业务操作

　　知识准备:本项目是在学习和掌握已学的市场营销概念知识,能运用营销组合,进行产品、价格、渠道、促销策划的基础上,探究互联网时代的新媒体营销、大数据营销、圈层营销三大新的营销模式。

　　业务操作:拓展营销新动态新模式知识,能将市场营销知识与技能运用于新媒体营销、大数据营销、圈层营销新营销模式中。科学分析营销激励中存在的问题,并能采取有效措施进行完善。

任务一　新媒体营销

新媒体营销是指利用新媒体平台进行营销的方式。在Web 2.0带来巨大革新的时代,营销方式也带来巨大变革,沟通性、差异性、创造性、关联性、体验性,互联网已经进入新媒体传播时代。新媒体营销的渠道,或称新媒体营销的平台,主要包括但不限于门户、搜索引擎、微博、微信、SNS、博客、播客、BBS、RSS、百科、手机、移动设备、App等。新媒体营销并不是单一地通过上面的渠道中的一种进行营销,而是需要多种渠道整合营销,甚至在营销资金充裕的情况下,可以与传统媒介营销相结合,形成全方位立体式营销。

一、与新媒体营销相关的概念

互联网、移动电视、手机短信等一系列在高新科技承载下展现出来的媒体形态,被现代人们称为新媒体。新媒体营销已经开始逐渐成为现代营销模式中最重要的部分。新媒体营销是以新媒体平台(微博、微信、知乎、脉脉等)为传播和购买渠道,把相关产品的功能、价值等信息传送到目标群众的心里,以便形成记忆和喜欢,从而实现品牌宣传、产品销售目的的营销活动。

(一)新媒体

新媒体一词最早见于1967年美国哥伦比亚广播公司技术研究所所长P.戈尔德马克提出的一份商品计划。1969年,美国传播政策总统特别委员会主席E.罗斯托在向尼克松总统提交的报告书中,也多次使用了"new media"一词。由此,新媒体一词开始在美国流行,并很快传播至全世界。联合国教科文组织对新媒体下过一个定义:"新媒体就是网络媒体。"不过,这个定义没有对新媒体与传统媒体的本质区别做进一步的阐述,没有揭示出媒体传播在模式和内容生产上发生的变化。本书结合专家理论,将新媒体定义为:建立在数字技术和互联网基础之上的媒体形式,和以往的媒体相比,具有全新的传、受关系和全新的技术手段。"新型"是区别于报刊、户外、广播、电视四大"传统"媒体,所以新媒体也被形象地称为"第五媒体"。新媒体包括手机、平板电脑、电脑、IPTV(交互式网络电视)等。传统媒体(电视、报纸等)是单向的、一对多的媒体,而新媒体(手机、电脑等)是可以多对多、交互式的媒体。所以说,新媒体也可以说是以网状互动传播为特点、以网络为载体,进行信息传播的媒介。

(二)新媒体平台

新媒体平台是具有新媒体多对多、交互式特点的平台,主要包括微信、微博、搜索引擎、知乎、自媒体平台(百度百家、搜狐媒体平台、今日头条)等。

1. 视频平台

包括直播平台(映客、花椒等)、短视频平台(抖音、快手、秒拍、美拍等)、长视频平台(B

站、优酷、爱奇艺等）、音频平台（喜马拉雅、企鹅 FM 等）。

2. 社交平台

包括微信平台（微信群、微信公众号、个人号、微信广告等）、微博平台（企业官博、微博广告等）、问答平台（知乎、百度问答等）。

3. 自媒体平台

包括今日头条、腾讯企鹅号、豆瓣、天涯论坛等。

(三) 新媒体运营与新媒体营销的关系

平时大家所说的新媒体运营，严格意义上应该叫作新媒体平台运营。举个例子，电视叫媒体，CCTV 叫电视台；手机叫新媒体，微信、微博叫新媒体平台。从本质上来说，新媒体运营是企业软性渗透的商业策略在新媒体形式上的实现，通常借助舆论传播使消费者认同某种概念、观点和分析思路，从而达到企业品牌宣传、产品销售的目的。所以，新媒体运营属于新媒体营销的一部分，新媒体营销是以新媒体平台作为传播和购买的渠道。

二、新媒体的特点

(一) 网状传播

现在的新媒体平台连接在一起了，形成了一张大网，每个人就是网上的一个节点。一个消息从一个节点传播出来以后，每个节点上的人可以分享，可以评论，可以互动。

(二) 互动传播

在手机上看到一个活动，抽奖、投票、集赞等，直接点击"立即参与"就可以参加了，而且可以立刻分享出去，邀请朋友帮忙或者参加活动。互动营销是新媒体营销的一个重要方式，越互动用户越能分享，越互动用户黏性越大，营销也就会越成功。

(三) 传播渠道与交易终端合并

传统企业营销传播渠道与交易终端是分离的，企业一面需要在电视上、报纸上、户外等处打广告，一面需要铺渠道、铺终端，让顾客不仅能看到自己的广告，还能方便地购买到自己的产品。而现在，企业通过微博、微信或者搜索引擎推广自己的产品时就可以附带上自己店铺的链接，顾客可以随时随地购买产品。企业和顾客的距离只有拇指到手机屏幕的距离。另外，顾客购买完产品后，发微信、发微博，通过一个简单的分享动作，就能形成口碑传播，促进二次销售。这种传播速度之快，是传统营销难以比拟的。

(四) 集及时性、个性化、超文本于一体

新媒体技术打破了传统媒体在时间上的限制，使信息能在瞬间到达地球上的任何地方，真正实现了"地球村"的预言。

诚如美国西北大学媒介研究所的学者詹姆斯·韦伯斯所言："媒介融合，不是强调技术，不是强调产品，而是强调对用户特定需求的满足。"新媒体时代，正在对不同的个体实现最大限度的延伸，能够为受众提供个性化的服务，现在各平台都能采用客户画像千人千

面呈现给客户,并提供服务,如主页设计、页面排版、好友管理、图片视频分享、广告页面、信息资源等,用户不仅拥有信息的选择权,还拥有信息的控制权,可以用自己的个性创造信息内容,改变信息传播方式。

新媒体还改变了信息的组合方式,将分布于全世界的图文并茂的多媒体信息,以超链接的方式组合在一起,用户只要打开一个网页,点击链接就可以访问其他相关网页,如企业官方网站、购买页面、用户分享等,实现用户按照自己的所需所好进行信息的编排与传播,大大提高了信息的可读性与传播速度。

三、新媒体营销的优势

(一) 成本低廉

新媒体营销是数字技术的产物。按照吉尔德定律,随着通信能力的提高,每比特传输的价格朝着免费的方向下跌,无限接近于零。相对于传统媒体的购买成本,新媒体的成本要低廉很多。而且,营销信息的传播与传统媒体的相关行政部门审批不同,大大简化了工作程序,不仅节约了经济成本,也节约了时间成本。因此,只要信息可以触碰到消费者的兴奋点,消费者就会自动进行信息传播,由此形成信息的免费传播和共享。

(二) 精准定位

数字技术和通信技术的发展,为营销的精准定位提供了很好的技术支持。不管是门户网站的按钮广告、搜索引擎的关键词广告,还是 SNS 网站的推广等,都通过大数据进行分析,进行更精准的定位,满足客户的个性化需求。譬如,如果用户在网上购买或观看化妆品相关的链接,那么系统会向该用户推送化妆品的宣传。新媒体营销之所以可以做到这一点,是因为它有全新的数据库和技术工具。

(三) 更易形成病毒式传播

新媒体的传播由传统的单向传播演变为双向甚至多向传播,使得每一个信息的接收者都有可能变成信息源。同时,新媒体的多元、便利,以及传播渠道和平台的开放性、易得性,都使得发散效应颇为显著的病毒式传播在新媒体形式下有大范围出现的可能。为此,企业需要真正了解和懂得消费者,了解消费者真正感兴趣的是什么,了解用户最喜欢参与的话题和事件又是什么,通过与消费者的讨论和分享,推动信息在大范围内自发传播,形成病毒式营销。

四、新媒体营销策略

(一) 粉丝拥护

新媒体的发展带动了社群的发展,而社群的发展带来的是粉丝群体。粉丝群体足够强大的企业和个人足以生产社会关注的热点。众所周知,小米公司就是依靠粉丝发展起来的,小米有自己的粉丝和粉丝节,每一个粉丝都是小米产品的拥戴者,并且会无条件地为小米宣传。

(二) 内容为王

新媒体不是简单地发布微信和微博,而是需要有文案、创意、策划、美编,设计出非常详细的内容,并结合创意及互联网传播模式来实现。

(三) 互动参与

进行新媒体营销必须非常重视用户的参与感,提供给用户一个可参与的窗口,再结合粉丝效应,实现企业的宣传目的。

(四) 整合营销

除了前面三个方法,新媒体营销还需要进行整合营销,创意、平台、技术缺一不可。许多企业在进行新媒体营销时,不是单单的文字营销,还有图片、小游戏等,不仅做 PC 端,还要做移动端,并且还要搭建矩阵式媒体平台,只有全面、整体覆盖到所有目标和潜在客户的传播才能达到应有的营销效果。

五、新媒体营销主要渠道与策略方法

(一) 微博营销

1. 定义

微博是一种基于用户关系的信息分享、传播以及获取的通过关注机制分享简短实时信息的广播式的社交媒体、网络平台,用户可以通过 PC、手机等多种移动终端接入,以文字、图片、视频等多媒体形式,实现信息的即时分享、传播互动。

新浪微博是由新浪网推出,提供微型博客的服务网站。推广策略上,新浪微博以名人效应拉动。用户可以通过网页、移动端等发布文字、图片和链接视频,实现即时分享。

2. 基本功能

(1) 品牌推广。它是企业塑造自身及产品形象以获得广大消费者认同的过程。品牌的构成一般认为有三个要素,品牌标志、品牌道德和品牌形象。微博作为企业发声以及进行社会化营销的重要平台,是企业与消费者进行直接接触的桥梁。

(2) 客户关系管理。利用微博进行客户关系管理可以分为两个方面。第一,客户信息梳理与关系维护。微博作为一个带有社交功能的平台,在微博上展示个人生活是很普遍的现象。企业通过微博,可以在不打扰用户的情况下收集必要信息,在拥有一定的粉丝基数后,组建群组,应用标签分类、第三方"粉丝"分析软件等,灵活进行客户归类,时刻保持与用户和谐关系的维护,将自己的产品或服务传递给用户。第二,在线客服。微博具备 24 小时在线特点,服务人员通过微博接收信息、进行反馈,还可同时进行一对多的沟通交流。另外,企业微博还可以构建内容,主动帮助用户解决问题,主动宣传自己的服务信息。

(3) 公共关系管理。通过微博收集信息,使用微博检索工具、检索组件可以时刻对企业品牌、产品的相关话题进行监控,还可以建立一个日常监测预警机制,一旦发现微博上有与企业相关的负面信息,及时向相关具体部门或人员报告,找出问题根源,快速检索相关留言,了解情况,进行危机处理,将企业损失降到最低。

3. 微博营销技巧

(1) 内容策略。在微博上,只有高质量的内容,才能够引起网友的关注,形成话题。

（2）名人效应。大多数明星都在新浪微博注册账号，其粉丝数量非常可观，由于各明星自身有不同定位，其粉丝也通常有着比较显著的特点，部分明星的粉丝就是某些企业的目标消费者。

（3）互动策略。微博营销中常用的互动策略是有奖转发，企业经常设置一些奖励来激励用户关注企业官微，或激励粉丝转发并@自己的好友。这种方式可以扩大企业微博的曝光度，但精准度也会下降，"僵尸粉"比例也提高了。所以，官方微博应加深对用户需求的了解，根据其实际需要进行具有针对性的营销；实时关注用户搜索关键词，用用户喜欢和容易理解的语言进行交流；关注一些微博"段子手"，多使用网络语言和用户进行交流，拉近距离，只有成为用户一个人格化的"朋友"，才能为以后的关系维护奠定良好基础。

（4）掌握发布时间。数据表明，上午9—10点，下午4—5点，晚上8—11点是微博的使用高峰期。

（5）整合营销。微博应与其他营销策略相配合，做好营销活动的线上宣传或活动中期客户服务、活动后期的其他服务。

（二）微信营销

1. 定义

微信（WeChat）是腾讯公司于2011年1月21日推出的一款面向智能终端的即时通信软件，由张小龙带领腾讯广州研发中心产品团队打造。微信为用户提供聊天、朋友圈、微信支付、公众平台、微信小程序等功能，同时提供生活缴费、直播等服务。其用户覆盖200多个国家、超过20种语言。2023年4月20日，腾讯面向国人征集生僻字的微信小程序上线，这是由工信部电子工业标准化研究院指导和推荐的生僻字提交入口。同月，微信朋友圈的"听一听"功能更新，可以免费听QQ音乐里需要付费充会员的音乐。2023年5月，微信开始向部分用户推送3.9.5版本更新。同年6月，微信面向Windows用户推送了3.9.5.85正式版更新，手机端"问一问"上线。

2. 基本功能

（1）聊天。支持发送语音短信、视频、图片（包括表情）和文字，支持多人群聊。

（2）添加好友。微信支持查找微信号、查看QQ好友添加好友、查看手机通讯录好友、分享微信号添加好友、摇一摇添加好友、扫描二维码添加好友和漂流瓶添加好友等七种方式。

（3）实时对讲机功能。用户可以通过语音聊天室和一群人进行语音对讲。与在群里发语音不同的是，聊天室的消息几乎是实时的，并且不会留下任何记录，在关闭手机屏幕的情况下仍可进行实时聊天。

（4）微信支付。用户可以通过微信完成快速支付流程。微信支付向用户提供了安全、快捷、高效的支付服务，它以绑定银行卡的快捷支付为基础。支持支付的场景包括微信公众平台支付、App（第三方应用商城）支付、二维码扫描支付、刷卡支付。微信支付的前提是用户需要在微信中绑定一张银行卡，并完成身份认证。

（5）朋友圈。用户可以通过朋友圈发表文字和图片，同时可以在其他软件中将文章或音乐分享到朋友圈。用户可以"评论"或"赞"好友新发的照片，用户只能看相同好友的评论或赞。

（6）语音提醒。用户可以通过语音提醒功能提醒自己打电话或查看邮件。

（7）通讯录安全助手。开启此功能后，可将手机通讯录上传至服务器，也可将之前上传的通讯录下载至手机。

（8）QQ邮箱提醒。开启此功能后，可在QQ邮件收到后直接在微信中进行回复或转发。

（9）私信助手。开启此功能后，可接收来自QQ微博的私信，收到微信私信后可直接回复。

（10）查看附件的人。微信将会根据用户的地理位置找到在附近同样开启本功能的人（LBS功能）。

（11）记事本。"记事本"可以进行语音速记，还支持视频、图片、文字记事。

（12）微信摇一摇。它是微信推出的一个随机交友应用，通过摇手机或点击按钮，可以匹配到同一时段使用该功能的微信用户，从而增加用户间的互动和微信黏度。

（13）群发助手。通过群发助手可以把消息发给多个人。

（14）流量查询。微信自身带有流量统计的功能，可以随时查看微信使用的流量动态。

（15）游戏中心。可以玩游戏，还可以和好友比得分高低，如"飞机大战"等。

（16）微信公众平台。通过这一平台，个人和企业都可以打造自己的微信公众号，可以群发文字、图片、语音等。

3. 微信营销方式

（1）通过LBS功能进行营销。LBS指基于位置的服务，它可以通过电信移动运营商的无线电通信网络或外部定位方式获取移动终端的位置信息。用户可以寻找添加好友，进行营销活动；可以查找"附近的人"，寻找到1 000米以内的潜在消费者，有针对性地投放广告信息，促使消费者进店消费。奔驰曾通过此功能，摇一摇奔驰车呈现新的颜色，吸引消费者；肯德基与客户互动，页面出现不同午间套餐。"摇一摇周边"，用户可以在线下商铺、餐厅、橱窗甚至货架前，摇到由企业提供的红包、优惠券、小游戏或者导航服务，将用户与所处空间更加紧密地连接起来。

（2）通过扫描二维码功能进行营销。二维码具有信息容量大、编码范围广、保密性能强、防伪性能好、译码可靠性高、纠错能力强、制作容易、成本低廉等众多优点。用户通过"扫一扫"企业的二维码，成为企业的微信会员，从而获取产品、促销信息或直接获得打折优惠。

（3）通过朋友圈进行营销。"朋友圈"营销是指企业让用户把广告信息分享到"朋友圈"，最主要的形式是消费者在自己的"朋友圈"分享商品信息。企业期望以一个消费者为基点，利用该消费者与朋友之间的强关系将商品信息向该消费者的亲朋好友进行渗透，以取得滚雪球式的营销效果。

在自己的"朋友圈"做推销时，首先要知道自己的朋友圈中有哪些人，他们会对什么样的产品感兴趣,可设置可见范围,只对产品目标受众的朋友显示产品信息,以免引起其他朋友反感。同时,每日适宜推送1至2条,并注意产品为王,只有产品好,口碑效应才会形成裂变。

(4) 通过微信公众平台营销,有以下两种方式:① 企业微信公众账号。一是推送式,通过主动推送活动、游戏、文章等方式与用户建立亲密且深入的互动关系,维护、提升品牌形象,如杨澜在节目公众号中时常将《杨澜访谈录》的内容编写成文章进行推送;二是客服式营销,是指将微信与自身的客户服务系统相结合,满足用户在售前、售后的各类服务需求,将微信打造成客服平台,如中国南方航空公司以自动回复的形式推送客服信息,用简单的数字编号代表不同业务类型,向消费者提供预订机票、查询订单、办理登机牌以及行李查询、天气查询等服务。② 非企业微信公众号。微信公众号种类繁多,一些普通账号在粉丝积累到一定程度后,会通过发广告来盈利,多见于提供本地服务信息的微信公众号,针对地域细分受众,向其提供本地及附近地区关于吃喝玩乐、衣食住行等方面的建议,并在其中嵌入广告。

(5) 众筹式营销。众筹式营销是指微信用户利用与微信好友之间的强关系,按照企业的要求向好友募集需要的援助,或向好友提供企业的产品或服务。"红包"式众筹营销是最常见的方式,以向好友派发红包,变相向好友推广企业产品或服务。如滴滴打车的"打车红包活动",用户通过微信支付成功后,分享到"朋友圈"里,和朋友一起抽取几毛到十几元不等的红包,下次打车可使用。朋友集赞,也是常见的众筹营销方式。

(6) 通过漂流瓶进行营销。"漂流瓶"主要功能为:扔一个,用户可输入语音或文字,然后将漂流瓶投入"大海";捡一个,每个用户每天有20次捡漂流瓶的机会。微信官方通过对漂流瓶的参数更改,可以让合作商某一段时间内抛出的漂流瓶数量大增,使得普通用户捞到的频率增加。但漂流瓶是随机捞取,针对性不强,无法针对特定目标受众,因此应用不广泛。同时,用户在使用漂流瓶时,常常为了消磨时间,排解无聊,单纯的硬广告易引人反感,可采用互动广告的方式,激励消费者进一步参与。

4. 微信营销技巧

(1) 获取微信用户的关注。第一,转换老用户,通过微博获取用户,在微博上告知微信号,将微博粉丝转换为微信粉丝,并通过官方网站和实体店获取用户;第二,发展新用户,通过活动(注意要明确活动主题,明确奖励才能吸引消费者),并通过媒体广告、产品、合作、社交关系获取新用户。

(2) 维护微信用户。第一,把握推送内容。注意设置用户感兴趣的标题,以内容为王,向客户提供最优质的内容。第二,把握推送时间和频率。碎片化阅读是当今手机阅读的趋势,应把握推送量和时间。据微信数据统计,周末是低谷期,不要发重要内容和文章,平时上午9点到10点,中午1点、下午5点、晚上9点到11点是用户上网密集期,其中晚上9点到11点访问量最大。第三,把握沟通方式,注意及时回复、增强互动性。第四,线上线下同步营销。微信"扫一扫""朋友圈""查找附近的人"等功能都为企业提供了线上线下同步营销的工具;在实体店"扫一扫"企业微信公众号,就可线下获得优惠;在"朋友圈"分享转发企业信息,就可线下抽奖得优惠;等等。

(三) 视频与直播营销

1. 视频营销

视频营销是指企业或个人以视频短片的形式在互联网上进行宣传的活动。目前,视频营销的方式主要为广告、宣传片、微电影、网络视频等,只有良好的制作、精彩的故事情节、符合大众的口味,才能起到好的宣传作用。

视频营销的策略:

(1) 视频网站整合。中国的视频网站众多,口碑较好和点击率较高的网站主要由爱奇艺、优酷网、搜狐视频等长视频网站,以及抖音、快手等短视频网站组成,需要将不同视频网站的资源进行整合。

(2) 收看平台整合。虽然人们观看视频的方式逐步向移动终端倾斜,但仍然有许多人通过搜索引擎搜索后进行观看。因此,企业在进行视频营销过程中,也要有效利用搜索引擎对广告的受众目标进行分析,根据不同受众定向投放广告,进行精准营销。例如,可以对用户平时的搜索、浏览行为进行分析,具体到什么时间、什么地点等,当用户用搜索引擎或平台打开时就可以看到企业广告或视频信息。

2. 直播营销

网络直播平台,广义上可以分为视频直播、文字直播、语音直播。本书研究对象主要是视频直播。网络直播平台的本质是用户生产内容(UGC),主播直播相关内容,弹幕系统负责沟通,从而实现和观众实时的双向交流。目前,游戏、才艺表演、美食教程、汽车评测、新闻发布会……几乎所有内容都可以在直播平台上找到踪影。

直播营销策略:

(1) 坚持内容为王。
(2) 定位准确。
(3) 构建传播品牌社群。
(4) 坚持整合营销。

任务二　大数据营销

大数据营销是指基于多平台的大量数据,在大数据技术的基础上,应用于互联网广告行业的营销方式。大数据营销衍生于互联网行业,又作用于互联网行业。依托多平台的大数据采集,以及大数据技术的分析与预测能力,能够使广告更加精准有效,给品牌企业带来更高的投资回报率。大数据营销的核心就是让网络广告在合适的时间,通过合适的载体,以合适的方式,投给合适的人群。

一、大数据营销分析工作流程

(一) 数据分析准备

1. 目标业务理解

在数据分析前,需要有一个合理的数据分析思路,明确业务场景及业务需求。针对数据分析的内容,确定分析目标,构建分析体系,梳理核心业务指标。通过了解业务部门的相关流程,深度思考业务分析需求的原因。

2. 数据分析计划

项目实施前期,明确项目目标,通过数据分析计划表等,将项目按最终目标划分成不同节点和时间段。

3. 数据分析方案

数据分析方案是一个长期积累的过程,由于不同企业有不同的业务场景,所以针对不同业务场景,需设计不同的解决方案。

(二) 数据采集

1. 数据采集规则

(1) 真实性;

(2) 多维性;

(3) 高效性。

2. 数据采集的方式

数据源是数据分析的基础,准确的数据源是管理者的决策保证。根据不同类型的数据采取的方法各有不同,如公司的销售数据、用户数据等,可直接从企业数据库调取;对于科研机构、政府等对外开放的公开数据集,一般较为科学完善,但有一定滞后性;其他还可在法律法规的规范下,编写网页爬虫去收集互联网上的数据。

(三) 数据处理

1. 数据加工

数据的形式可以是数字、文字、图形或声音等。数据处理是指对数据(包括数值的或非数值的)进行分析和加工的技术过程。

2. 数据清洗与分析

数据清洗是将重复、多余的数据筛选清除,将缺失的数据补充完整,将错误的数据纠正或删除。数据建模和分析是对数据进行高阶处理循序渐进的结果。

(四) 数据可视化

对数据进行清洗、整理、加工、分析后,就需要使用合适的形式进行可视化展现,使数据结果能更直观地表达出来。数据可视化可采用的方法主要有以下三种。

1. 对比分析法

在对数据分析时经常使用对比分析法,做到知己知彼,这是大数据营销的关键分析方法,如图 11-1 所示。

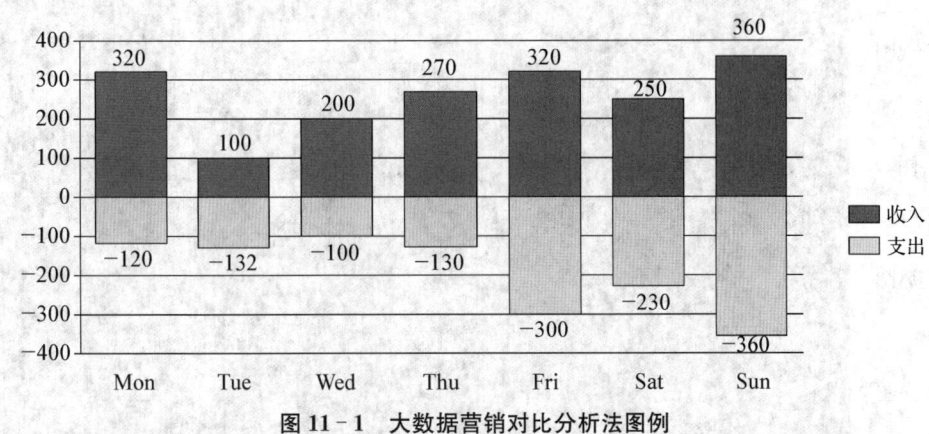

图 11-1 大数据营销对比分析法图例

2. 结构分析法

反映部分与整体、部分与部分间构成关系的分析方法,可以与对比分析法混合使用,如图 11-2 所示。

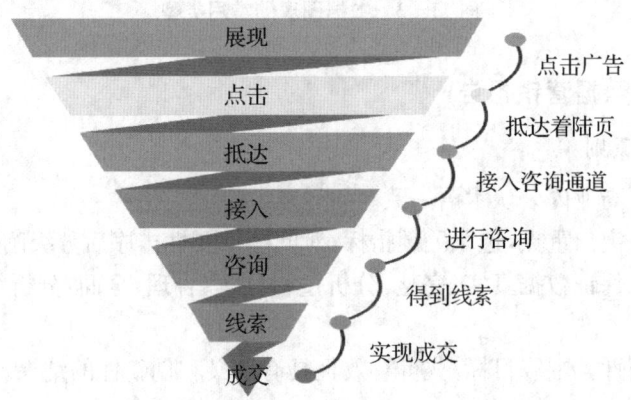

图 11-2 大数据营销结构分析法图例

3. 数据图表的常用类型(见图11-3)

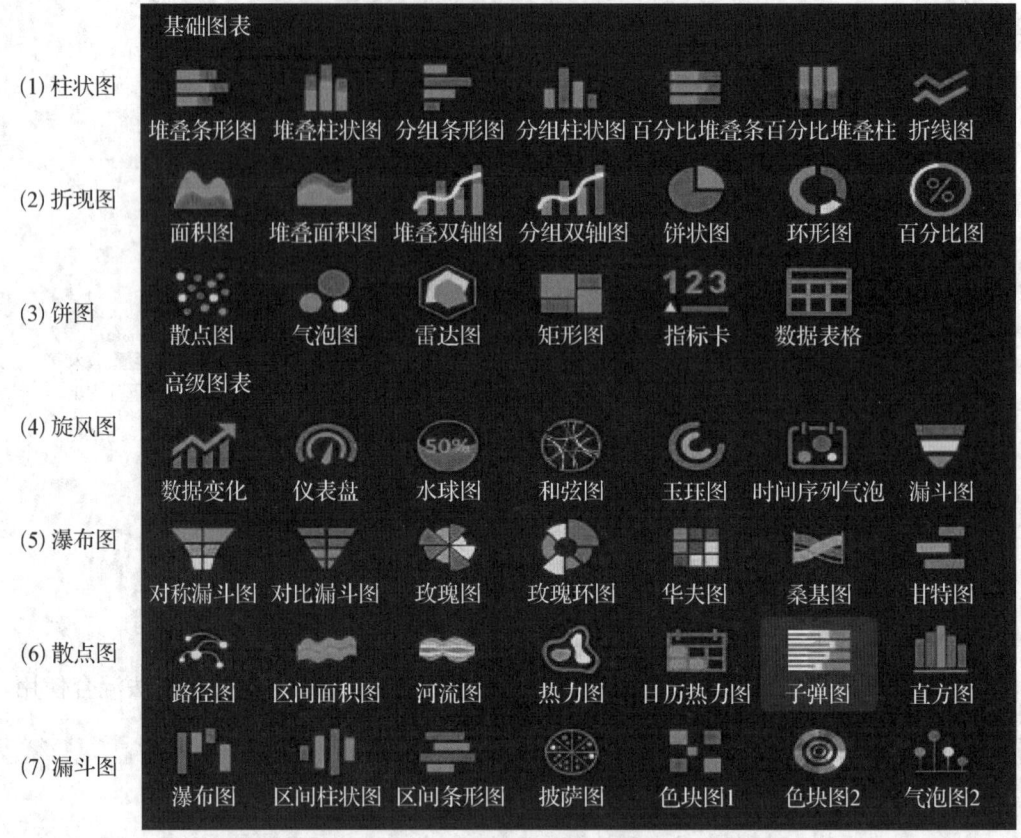

图 11-3 数据图表的常用类型

(五)撰写大数据营销报告

1. 报告写作原则

(1) 规范性。与业内公认术语一致。

(2) 重要性。突出重点,选取关键指标,对问题重要性排序后分级阐述。

(3) 谨慎性。保证数据真实、完整,分析过程科学、合理、全面,分析结果可靠,内容实事求是。

(4) 保持创新性。围绕目标,获得有效且具有意义和创新性的结果。

2. 报告结构

(1) 标题页。精简干练,在1至2行内完成,既要表现分析主题,又要激发读者的阅读兴趣。

(2) 目录。清晰展现报告内容。

(3) 正文。系统全面表述数据分析的过程与结果。

二、大数据营销分析常用工具

(一) 生意参谋

1. 定义

生意参谋是阿里巴巴集团的首页商家统一数据平台,面向淘宝网、天猫商家提供一站式、个性化、可定制的商务决策体验。集成了海量数据及店铺经营思路,还新增了自助取数、单品分析、商品温度计、实时直播大屏等新功能,可以让商家充分使用到大数据带来的便利和价值。生意参谋的作用是,电商卖家可以通过生意参谋进行数据收集、分析、监控,对于自己的店铺情况做出整体的了解,同时还可以实时监控同行的数据,然后制定出属于自己店铺的成长规划,让商业预测、营销决策更科学和更准确。

2. 生意参谋模块功能

(1) 首页:全面展示店铺经营全链路的各项核心数据,包括店铺实时数据、商品实时排行、店铺行业排名、店铺经营概况、流量分析、商品分析、交易分析、服务分析、营销分析和市场行情等。

(2) 实时直播:提供店铺实时流量交易数据、实时地域分布、流量来源分布、实时热门商品排行榜、实时客户访问等功能。

(3) 经营分析:流量分析展现全店流量概况、流量来源及去向、访客分析及装修分析;商品分析提供店铺所有商品的详细效果数据;交易分析包括交易概况和交易构成两大功能,可从店铺整体到不同颗粒度细分店铺交易情况;营销推广包括营销工具、营销效果两大功能,可以帮助商家精准营销,提升销量。

(4) 市场行情:包括行业洞察、搜索词分析、人群画像。

(5) 专题工具:提供竞争情报、选词助手、行业排行、单品分析、商品温度计、销量预测等专项功能。

(二) Excel

1. 定义

Microsoft Excel 是 Microsoft 为使用 Windows 和 Apple Macintosh 操作系统的电脑编写的一款电子表格软件。直观的界面、出色的计算功能和图表工具,使 Excel 成为最流行的个人计算机数据处理软件。

2. Excel 的主要功能

(1) 数据管理功能可以形成各种表格;

(2) 制作图表功能可以提供 14 类 100 多种基本图表;

(3) 数据网上共享功能。

(三) 常用 BI 工具

Power BI 是一套商业分析工具,用于在企业中提供决策指导。可连接数百个数据源、简化数据准备并提供即时分析。生成报表并进行发布,供组织在 Web 和移动设备上使用。用户可以创建个性化仪表板,获取针对其业务的全方位独特见解。在企业内实现扩展,内置管理和安全性。Power BI 是基于云的商业数据分析和共享工具,它能把复杂的数据转化成简洁的视图。通过它,可以创建可视化交互式报告,即使在外也能用手机 App 随时查看。

任务三　圈层营销

作为一个营销术语,"圈层营销"概念在地产行业流行有一段时间了,好多高端项目的营销中"圈层营销"发挥了不小的作用,如万科·兰乔圣菲、广州星河湾、北京星河湾以及贵阳山水黔城等。但多数项目还只是把它作为与所谓的"文本营销""活动营销"一样的"营销活动",而不是一个系统的营销战术或者特定的营销策略。我们对于"圈层营销"的理解还过于简单化。通过字面意义,我们对它有个基本的理解,就是在项目营销过程中,把目标客户当作一个圈层,通过针对他们的一些信息传递、体验互动,进行所谓精准化营销。而在操作手法上,最普遍的就是做个品质鉴赏酒会、高尔夫球比赛、网球比赛之类的活动等。

纵观商业 1.0 到 6.0 时代的发展,我们会发现每一阶段所做的所有事情,本质上都是在提升信息流动的效率。而商业领域信息效率的处理本身就是品牌的底层逻辑或核心 DNA。所以,当人群按不同领域、不同渠道被打散后,信息的处理效率和管理效率便会降低,而能够高效整合好这一切的关键策略便是按渠道传递,通过圈层来渗透引导。对于圈层,其实已经不能笼统地定义为某一兴趣领域,因为它可以是内容上的聚合,也可以是同一目的社群,还可以是以地理位置为标准的社区。也可以延伸其定义,称圈层营销为"社群营销"。

一、社群思维的概念

社群是时代的产物,更确切地说是移动互联网时代的产物,是移动互联网时代人的一种新的生存方式和生存载体。它构建了很多新的社交关系,社群思维就是基于这种关系而产生的。社群思维的大环境下,随着移动互联网的普及,其特点充分发挥出来:第一是零距离,第二是去中心化传播,第三是分布式资源的重组。这三个因素导致人与人之间的关系发生了新的变化,新的链接。

(一) 生理链接

这种链接最基本,人与人之间从陌生到熟悉,从伙伴到朋友等,有了移动互联网之后,这种链接变得更为便利。

(二) 情感链接

人与人之间只要进行沟通,就会建立情感,当跟某人产生情感之后,之间的链接关系就升级了。

(三) 精神链接

每个人的价值观、人生态度都不一样,但即便如此,人还是能找到与自己有相同精神追求的群体,也就是有相同价值观的群体。

人与人之间的三种链接需要用行动去维护,才能实现彼此间的互动,也就是要有社群思维。传统营销思维模式是不停地挖掘新用户,而不注重对老用户的维护,导致老用户流失。在这种恶性循环之下,企业也只能在赚取中间差额中成长,很难与消费者建立强链接。

如果我们能够充分利用社群思维,在圈子里经常搞一些活动,让大家彼此认识,形成一种关系,在社群中人的链接关系就发生了变化,从一个基础的生理链接,升级到了情感链接或是精神链接,这样的社群才会牢不可破。一个企业的发展壮大需要这样的社群思维。

二、社群经济,商业时代下的新趋势

(一) 社群模式成就移动商业

在这个不同于工业化时代的社群商业时代,移动互联网使企业找到了直接与消费者接触和交流的机会以及最有效的便捷方式。只要抓住用户的痛点,便可迅速地聚集一群追随者,形成各种各样的社群。社群模式具备很大的优势,它是一种去中心化的自组织形态,通过社交工具聚合的关系链,形成社群组织,以"失控"的模式打造品牌传播力。社群成员一起分享观点,引起彼此之间的共鸣。例如,微商就是在微信移动社群平台兴起的,各关键意见领袖(Key Opinion Leader, KOL)的群引起的种草也是如此。

(二) 社群+粉丝=客户

社群成员基于共同兴趣、爱好等社交属性而聚集在一起。对企业来讲,想要让社群成员成为忠实粉丝,需要有足够的闪光点、吸引力、人格魅力,这样才能迅速聚集追随者。粉丝情绪是一种情感纽带的维系,粉丝的消费行为基于对品牌的感情基础。当粉丝喜欢或认可了某一款产品,他们往往过于感性,如"果粉"(苹果粉丝)就是典型例子。

(三) 社群+情景=消费

互联网时代,企业竞争激烈,对消费者来说,选择机会多了,往往更注重好的口碑以及触发他们情感的产品。比如,触发消费者的情景需要,让他们进行消费,像唯品会的"我是买手"活动就是一个很好的情景营销案例。

三、互联网时代的社群分类

(一) 产品型社群

在商业社会里,产品始终是第一位的。优秀的产品能直接带来可观的用户、粉丝群体,基于这个群体往往还可以开展更多业务,实现利润的增加。企业要经营自身的产品社群,做到营销和产品合一、粉丝和用户合一。

(二) 兴趣型社群

一般来说,兴趣相像的人总是喜欢相类似的事物,他们总是在网上寻找相类似的东西。兴趣型社群，就是基于兴趣而创建的社群，通过虚拟网络，参与者互动交流，实现了人与人之间的自由聚合。

（三）品牌型社群

品牌型社群是一种新的品牌营销模式，这一概念强调品牌与消费者以及消费者之间的各种关系，而不只是当前顾客会员制所强调的折扣与优惠，消费者可以通过参与品牌社群分享知识、情感和物质等方面的资源，甚至是通过多种方式来构建和表达自我的个性，如参与品牌社群活动、展示自己喜爱的品牌、发布与品牌相关的广告等。例如，哈雷车友会，由一群喜爱哈雷品牌精神而聚集在一起的车友，通过哈雷大奖赛、哈雷故事会等，将全球哈雷车友会聚在一起。

（四）知识型社群

知识型社群，从狭义上讲，是指通过互动机制，如讨论区、留言板、聊天室、公布栏等共同创造知识、分享知识的企业团体。通常来说，它是由一个或多个小的讨论区组成。从广义上讲，知识型社群则是以学习知识为主要动机的社群，它提供高质量的文字、视频、分享会、课程、参观等形式的知识内容。在知识爆炸的时代，要分享知识内容是很容易的事情，在知识型社群中，务必保证分享的知识内容具有高质量的特点，否则无法提升社群黏性。

（五）工具型社群

工具型社群，更具体地说是社群应用平台，如微博、微信等，是为人们进行社群交流提供的基础性工具。如今，社群已经渗透到了人们的工作、学习、生活中，成为最普遍的日常状态，成了加强实时沟通的一种灵活方便的工具。比如，公司用微信群组织会议、协调项目和处理工作。一个工作或者学习项目成立时，一个社群也随之组建好了。工具型社群具有应用性、灵活性、场景性等特点。

四、社群营销的运行方式

（一）意见领袖是动力

社群虽然不像粉丝经济那样依赖个人，但它依旧需要一个意见领袖，这个领袖必须是某一领域的专家或者权威人士，这样才能推动社群成员之间的互动、交流，树立起社群成员对企业的信任感，从而传递价值。

（二）提供优质的服务

企业通过社群营销可以提供实体产品或某种服务，来满足社群个体的需求。在社群中最普遍的行为就是提供服务，比如招收会员、得到某种服务、进入某个群得到某位专家提供的咨询服务等。

（三）优质的产品是关键

无论是在工业时代，还是在移动互联网时代，产品都是销售的核心。如果没有一个有创意、有卖点的产品，则再好的营销也得不到消费者的青睐。

（四）宣传一定要到位

企业有了好产品之后，以什么样的方式展现出来就显得尤为重要。充分利用社群营销的社群成员间的口碑传播,就像锁链一样,一环扣一环,信任感强,容易扩散且能量巨大。

(五) 选对开展方式

社群营销的开展方式多种多样,比如,企业自己建立社群,做好线上、线下交流活动;与目标客户合作,支持或赞助社群进行活动;与部分社群领袖合作开展一些活动。总之,企业必须在开展社群营销方面多下功夫,才能达到良好的社群营销效果。

五、社群营销策略

(一) 社群构建的基本要素

1. 定位

建立社群目的就是让对的人在一起做对的事。"对的人"就是要吸引精准的成员,"对的事"就是要明确这个社群的主题。因此,建立社群之前一定要做好定位,有明确定位的社群才能成长。

2. 聚粉

(1) 多与粉丝交流,社群领袖不但要将各种元素融入社群,让粉丝有内容看,有故事可听,还必须要保持一定的交流频率,如分享社群领袖日常生活中的点滴或成长与创业经历,从而与粉丝增进了解。

(2) 多组织创意活动。社群应组织丰富多彩的线上、线下活动。社群必须是活跃的,通过创意吸引粉丝眼球,并邀请他们参加品牌活动,越造势越能留住粉丝。

(3) 发挥奖励的作用。红包是引爆人气的最有效利器,用实实在在的优惠吸引粉丝,包括社群领袖进行的精神奖励,增强粉丝的归属感。

3. 运营

(1) 仪式感,社群是一个团体,必须要有群规,这样才能维持良好的秩序。

(2) 参与感,社群运营有高质量的内容是至关重要的,越多成员参与就会越热闹,群内要有话说,有事做,有收获,才能提高成员参与感和社群质量。

(3) 组织感,社群成员必须有组织性,如对某主题的分工、协作、执行等。

(4) 归属感,是社群的灵魂,只有成员认同归属社群,这个团体才能长久。

(二) 如何让社群具备持久的生命力

(1) 发挥社群领袖的作用,给消费者社群树立一个有力的榜样,进行传染性传播,从而形成流行观念。

(2) "活"着的社群才有价值,共识是基础,让客户社群自愿达成某种共识,企业不去指挥、控制,满腔热情地去拥抱并参与其中,社群才会活起来。

(三) 社群运营的关键策略

1. 管理的中心化与去中心化

社群运营必须有人管理,这必然产生管理层级。社群是围绕管理层中心运转的,需要中心化管理,但同时又是去中心化的。去中心化是指社群传播的内容、信息不再是由专人或特定人群产生,而是全体成员共同参与、共同创造的结果。在大社群中,对核心成员采用中心化管理,对外围成员采取去中心化管理,保持中心化管理成员对外围群的影响力,适当平衡两者之间的比例。

2. 找准自己的目标粉丝

有了准确的目标粉丝,企业才知道如何定位,如何去运行社群。

(1) 兴趣定位,企业可以从兴趣角度来定位目标粉丝群。

(2) 网站定位,目标粉丝有喜欢浏览的网站,如妈妈们喜欢去婴幼儿论坛,摄影爱好者喜欢关注摄影论坛等,企业可以发布有价值、有见地的帖子或观点,吸引目标粉丝关注、收藏。

(3) 关键词定位,搜索目标粉丝群的相关关键词,如减肥女性常搜索"瘦身"等,通过关注、评论、转发等吸引粉丝。

虽然寻找目标粉丝群的方式不同,但唯一不变的一点是,目标粉丝群在哪里,我们就到哪里找他们。

3. 态度和服务要表里一致

(1) 认真对待每一个人,如不应该向用户承诺要与每个用户、成员进行互动,却忽略某些用户的留言、评论等。

(2) 保持一流的客服态度,企业在客服方面应做到态度和服务表里如一。

 知识拓展

数字化营销:不止于"卖货"——如何高效地利用效果媒体来沉淀品牌用户资产,已成为当下不容忽视的挑战与机遇。

"中国的媒体环境已经发生结构性变化,随着媒体资源去中心化的推进,用户触达的链路和逻辑也在迭变,无论是对国际知名品牌还是本土新兴品牌来说,如何高效地利用效果媒体来沉淀品牌用户资产,都已成为当下不容忽视的挑战与机遇。"

(一) 效果媒体的崛起与"品效合一"的趋势

在传统认知中,所谓品牌营销,就是以广告宣传的形式让品牌独特的符号、文化和产品等在用户心中形成价值认可的过程。传统的广告投放以电视、广播、报纸、杂志、户外广告等载体为主。搜索广告、信息流、公众号、视频贴片等互联网广告形式虽看似新颖,但也已步入大众视野近十年之久。

互联网广告因其"可直接衡量效果"的特点,往往给人一种可轻松实现"品效合一"的错觉。然而,App 开屏广告、视频贴片、内容种草、社交互动等曝光率广告,如以实际跳转的成交金额计算,通常回报率极低,主要承载的仍是商家"品牌建设"的诉求。当下炙手可热的效果媒体营销,则泛指效果导向型的市场营销,即通过跟踪明确的结果指标来追踪投资回报率(ROI)的市场营销方式,主要载体为网络广告,包括电商广告、直播、短视频、搜索引擎、信息流、社交媒体互动、程序化购买等。现如今,流量红利逐渐消失又日趋昂贵,关键意见领袖(KOL)的头部效应益发明显且奇货可居,使得"品效合一"再度成为值得究诘的话题。

过去20年，中国完成了从传统媒体到互联网媒体的迁移。根据《2020年中国网络广告市场年度洞察报告》数据，到2021年年底，中国网络广告收入预计将占主要媒体广告总收入的90%以上，网络广告作为效果媒体营销的主要载体，在过去十年进化出了多样化的媒体形式，以及可直接以效果计费的媒介采买方式。其中，短视频广告到2022年预计将在网络广告市场份额中约占22%，实现五年翻五番的快速增长；同时，电商广告的比重将维持在较高水平，而搜索引擎广告的比重将逐渐缩小。

（二）媒体环境变化映射在消费者、品牌和产业技术端的三大趋势

趋势一：在消费者端，线上渗透率进一步加深，社交、内容对品牌和销售的驱动力进一步加强。

低线城市消费崛起，线上渗透率持续加深。根据麦肯锡发布的《2020年中国消费者调查》报告，中国18～35岁的年轻人在总人口中所占比例约为25%，但贡献了约60%的消费增长。其中，低线城市中大众富裕及宽裕小康家庭的占比在过去10年增长了38%，已与2013年一、二线城市中同级家庭的占比持平。低线城市年轻消费者的网购比例与一线城市年轻消费者基本持平，达90%左右。消费者浏览社交类、内容类产品的时间增长，浏览行为进一步碎片化。中国消费者每人日均上网总时长约为358分钟，其中浏览社交类应用（如微信、微博、抖音）和内容类应用（如在线视频、新闻资讯）的时间占上网总时长的三分之二。相关数据显示，在移动互联网时代，用户每小时会切换36次应用，这意味着用户几乎每两分钟就会切换一次应用，浏览行为呈进一步碎片化趋势。购买决策越来越受到社交驱动因素的影响。约40%的消费者表示曾由于社交互动（如朋友或KOL推荐）触发无计划购买或换品牌购买的行为。社交直达消费者（DTC）自推出之日起就发展迅猛，通过微信小程序建立品牌认知的用户，已占到品牌在领先电商平台上用户总数的约四分之一。

综上所述，我们认为品牌方要抓住今时今日的消费群体趋势，在传统的品牌建设之上，更高效地结合效果媒体，在碎片化的触点上敏捷抓住消费者的兴趣，进而影响他们的购买决策。

趋势二：在品牌端，效果媒体营销得益于可量化投资产出的优势，已逐渐升级为品牌方不可或缺的营销工具。但品牌方同时会以品牌营销来平衡知名度和美誉度建设，确保效果媒体营销的投资回报。

随着传统品牌逐渐转向争夺线上份额，越来越多的品牌通过效果媒体营销实现了线上业务增长。以国内某知名运动服饰品牌为例，过去该品牌的销售基本依靠传统线下零售，而近年来随着品牌深耕线上市场，其在天猫端的销售额占比已逐年上升至6%～9%，品牌在享受线上流量带来的业务增长之时，也计划继续扩大在效果营销方面的投入。以天猫端为例，该品牌计划增投2%的营销费用以助力品牌在线上的持续增长。

趋势三：在产业技术端，营销曾经是经验主义的领域，但随着信息技术逐渐成熟，"营销技术"这一名词也逐渐步入了人们的视野。信息技术正在改造品牌从产品研发到媒体分发的全链路。

推荐算法日益成熟，推动数字化广告分发趋于精准。基于标签的千人千面算法，极大地提升了媒体展现形式的灵活性和精准性。完善的标签体系和反馈机制的建立,对内容分发而言尤为关键。这些底层技术的成熟,也为实现效果营销乃至"品效合一"奠定了重要基础。闭环分析消费者行为的工具得到升级,为全链路"品效合一"优化提供支持。过去,品牌方在完成一波营销活动后,只能根据同比、环比的销量和获客等数据来判断活动成功与否,如今用户在线上的各类转化行为都能通过埋点等技术手段来追踪,用户转化的漏斗透明化,并最终量化为广告投资回报率,使得品牌方能基于闭环的投放数据判断投放效果,并及时调整投放逻辑。精确的人群画像和标签,为精细化用户需求识别乃至产品研发奠定基础。过去品牌进行消费者研究,大多会利用抽样问卷、小组访谈等形式获取一手的消费者洞察,这些方法行之有效,但触达面有限。如今,品牌可以轻易通过平台提供的营销工具(如阿里妈妈)从成百上千的标签中圈定更精细的人群画像,深挖人群需求,并推动相应的产品设计、定位和开发。全产业链上供应商百花齐放,品牌方需要精挑细选高质量供应商以实现差异化。过去五年中,为广告主提供内容生产的MCN机构呈"井喷"式增长。根据《2020年中国MCN行业发展研究白皮书》数据,2015年中国登记在册的MCN机构仅160家,而如今已形成了逾20 000家之势。MCN机构的迅速增加为众多广告主提供了差异化的内容解决方案,与此同时,激烈的竞争也会加速产业的规范化、优胜劣汰和迭代升级。

(三) 媒体环境变化对品牌的核心启示

媒体环境风起云涌,置身其中的品牌能否把握趋势、占得先机,对其未来发展之途至关重要。

内容为王、产品为王

大品牌对媒介资源的"垄断壁垒"效应正在递减。品牌需要通过简短、精致的内容快速抓住消费者的注意力,这样的内容通常也能成为产品的载体和记忆点,为产品种草服务。内容驱动结合优质商品和鲜明卖点,能持续实现多波次的触达和销售。效果媒体的迅速数字反馈也能够促进内容制胜的快速迭代和深度竞争。

全链路"品效合一"

众所周知,中国存在若干割裂的生态圈,阿里巴巴、腾讯、京东、字节跳动等技术巨头筑造了各自城池,在消费者从知晓到购买的各个触点各有所长。品牌需要理解消费者旅程,并善用技术手段打通各链路之间的数据壁垒,打造跨生态化体系的营销与购买链路,实现全域的品效跟踪与品效优化,进而提升品牌知名度和美誉度,沉淀用户价值。品牌还需要建立敏捷迭代的数据作战室,具体要素包括打破部门壁垒的联合团队,量化各类广告并衡量效果的科学指标体系,分解并精准控制价值链各环节的管理体系,以及快速反馈、快速迭代的能力。品牌广告与效果广告之间的壁垒也需要打破,以品牌带动效果,以效果实现品牌。具体表现为两类广告之间的协同效应,包括定位协同、节奏协同、内容协同与资源协同。

新品制胜

对于品牌而言,利用新品制胜不窘一条捷径。在这方面我们有如下洞察:首先是精准标签画像,洞察新品趋势。品牌可借助数字化媒体完善内容推荐所沉淀的人群、标签体系,共创快速辨析并获取新品洞察的机制,以期推出下一个"新国潮"或"网红爆品"。其次是全链路反馈收集,快速迭代优化新品投放。在新品上线之时,品牌可运用全链路消费者行为分析工具快速获取反馈,测试并迭代投放策略、内容和靶向人群,精准实现人群触达。

最后是沉淀数据信息,持续支撑柔性供应链。品牌需要沉淀不同策略下(如不同人群、不同价格区间、不同投放力度)的投入产出数据,以支撑智能需求预测,为柔性供应链提供源源不断的输入。

以组织能力建设应对媒体变局

在媒体环境发生变化的当下,由传统品牌营销驱动的企业应在维稳大盘的前提下,寻求组织模式的创新。在维持市场部业务主轴模式的同时,企业可通过新建电商子公司或成立相对独立的电商部门等方式,探索支撑效果媒体、全渠道、内容媒体的组织能力。电商原生企业则应立足于效果媒体,完善品牌营销能力。依托支撑电商业务的效果媒体能力,进一步完善内容和品牌营销,搭建"品效合一"的基础能力,在进一步优化效果媒体投资回报的同时,实现从"卖货"到"涵养品牌"的转型。

 思政园地

2023中国新媒体大会展现媒体"智能化"新趋势

观众扫脸便可"走进"十多米长的数字图卷,沉浸式感受历史文化;设定主题、轻点鼠标,人工智能系统便能自动生成文稿、匹配图片,并进行精准推送……

图11-4　2023中国新媒体大会主题活动中国新媒体技术展现场

在湖南长沙举办的2023中国新媒体大会上,"智能化"成为与会人士热议的媒体融合新趋势。人工智能技术的新应用、"媒体+"新场景等内容,吸引了众多参观者。作为大会

主题活动之一的新媒体技术展上,国家重点实验室、主流媒体、科技企业以及视频文创园区等参展机构带来了"数字人""媒体+大模型"等一项项融合新技术。

高三毕业生张芊和父亲一起逛展,并体验了"AI生成文章"等互动项目。她说:"我今年报了数字媒体专业,这些智能产品和前沿技术让我开阔了视野,对新媒体行业更加向往了。"不少与会代表说,主流媒体正在积极拥抱5G、元宇宙、生成式人工智能等新技术,加快推进智能化、数字化转型,拓展更多应用场景,用受众喜欢的方式打开内容创新的广阔空间。

 项目小结

新媒体营销是指利用新媒体平台进行营销的方式,已经开始逐渐成为现代营销模式中最重要的部分。新媒体营销的特点:网状传播、互动传播、传播渠道与交易终端合并,以及集及时性、个性化、超文本于一体;其优势主要体现在:成本低廉、精准定位和更易形成病毒式营销;新媒体营销策略:粉丝拥护、内容为王、互动参与和整合营销;新媒体营销主要渠道与策略方法:微博营销、视频营销与直播营销。

大数据营销是指基于多平台的大量数据,在大数据技术的基础上,应用于互联网广告行业的营销方式。大数据营销分析工作流程:数据分析准备、数据采集、数据处理、数据可视化和撰写大数据营销报告;大数据营销分析常用工具:生意参谋、Excel和常用BI工具。

圈层营销就是在项目营销过程中,把目标客户当作一个圈层,通过针对他们的一些信息传递、体验互动,进行所谓精准化营销。也可以延伸其定义,称其为"社群营销"。社群思维是移动互联网时代人的一种新的生存方式和生存载体,它构建了很多新的社交关系,社群思维就是基于这种关系而产生的。它产生了新的链接:生理链接、情感链接和精神链接;社群经济,商业时代下的新趋势:社群模式成就移动商业、社群+粉丝=客户、社群+情景=消费;互联网时代的社群分类:产品型社群、兴趣型社群、品牌型社群、知识型社群和工具型社群;社群营销的运行方式:意见领袖是动力、传播一定要到位、选对开展方式;社群运营的关键策略:管理的中心化与去中心化,找准自己的目标粉丝,态度和服务要表里一致。

项目十一 营销新模式

项目知识结构图

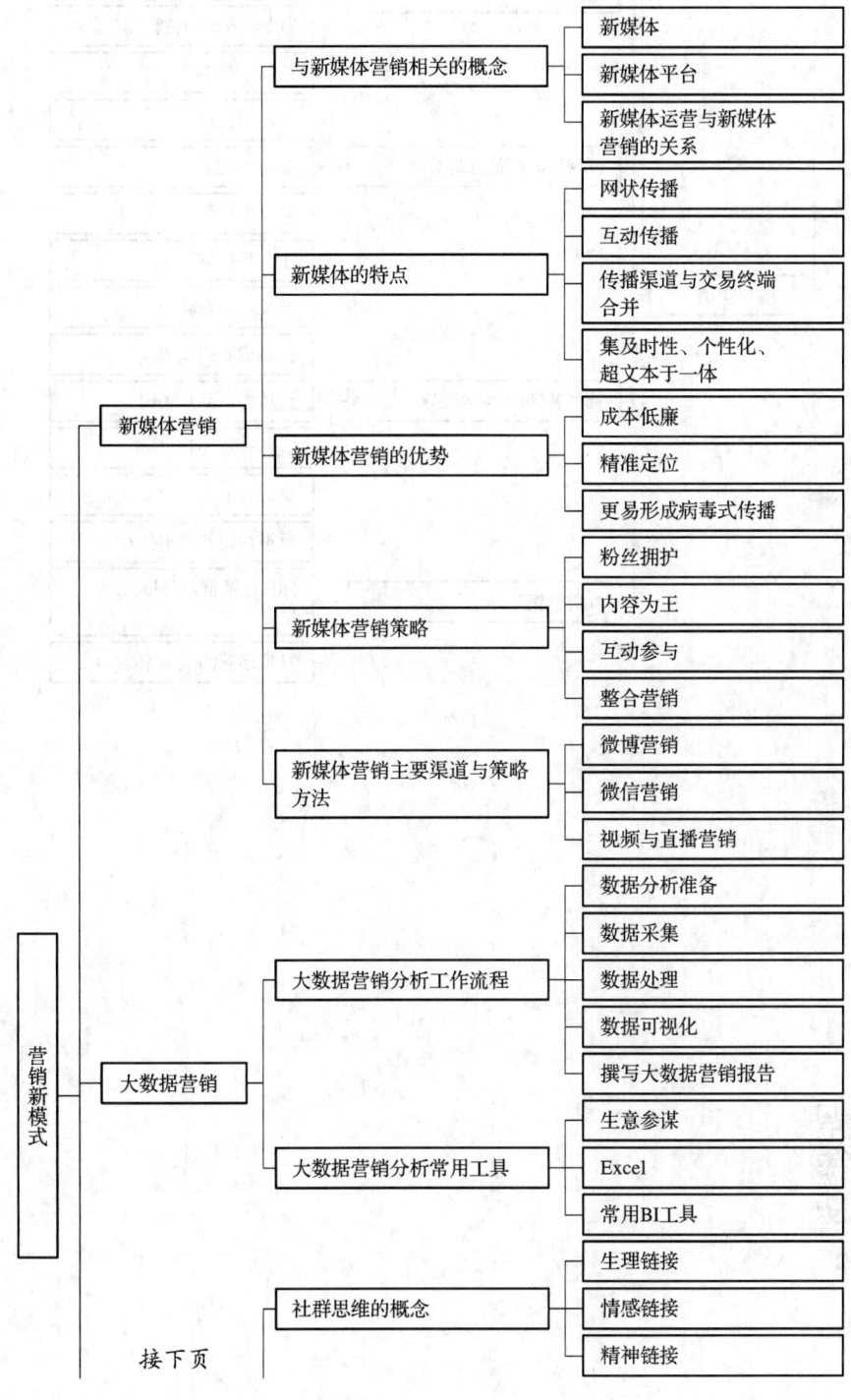

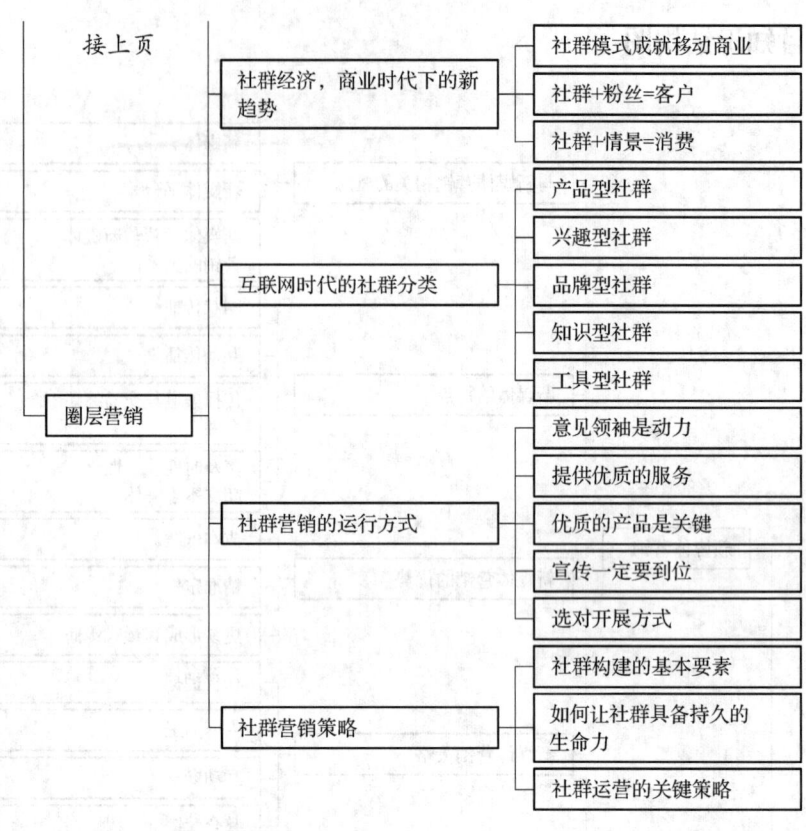

课后习题

项目十二　营销新思维

引例

2023年"3·15"晚会"涉假"案例

每年3月15日为国际消费者权益日(World Consumer Rights Day),目的在于宣传和保护消费者权益,促进各国和地区消费者组织之间的合作与交往。在中国,央视频道每年都会在这一天举办晚会,报道相关消费者权益受害事件。2023年第33届"3·15"晚会于3月15日20点在中央电视台财经频道现场直播,主题是"用诚信之光照亮消费信心"。2023年"3·15"晚会共曝光12个"涉假"案例,部分案例如下。

(一)直播水军诱导购物

近年来,直播电商行业发展迅速,越来越多的商家和主播利用直播间进行销售和宣传。然而,在这些直播间背后,存在一些不法之徒——水军。水军是利用虚假身份和大量账号进行造势,制造虚假流量,欺骗用户。有些直播间会花钱买流量,雇用水军进行虚假评论,引诱消费者购买。

(二)免费软件"有猫腻"

目前在网络上,有许多网站都向用户提供免费软件,超过80%用户有从网络上下载并使用免费软件的经历。一些无良商家发现了这个问题,开始大肆推出"免费软件"。实际上某些免费的软件除了正常的功能之外,它还监控用户的上网行为,强制弹出广告。甚至有些免费软件是间谍软件,表面上提供一些实用功能,但会在后台收集用户的私人信息。更有一些软件以IE插件的形式强制安装,无法卸载。

(三)"假头盔"要人命

电动自行车头盔是电动车驾驶员的"安全卫士",能在关键时候拯救我们的生命。然而,不少电动自行车头盔厂家偷工减料,许多安全头盔都不满足安全标准,简单的撞击就会导致碎裂变形。甚至一些劣质头盔不仅不能有效吸收碰撞能量,保护骑乘人员的头部,反而可能造成更大的伤害,甚至有"戴在头上的刀片"之称。

(四)"香精大米"加香精

国内某米厂自称生产"泰国香米",米源来自泰国原产的优质大米。实际上,经过记者调查,发现这些所谓的"泰国香米",实际都是添加过香精的普通米。这种"香精大米"里添加了多种香精,外形看上去与普通大米没差别,吃到嘴里时会有一股强烈的米香味道,这是因为商家往里面添加了大量香精。勾兑香精后,这样的大米对人体不但没有益处,反而

还存在害处。

知识准备与业务操作

知识准备：掌握走进市场营销、分析市场需求和运用营销组合三大模块，熟悉营销三大新模式：新媒体营销、大数据营销和圈层营销。

业务操作：开拓营销新思维，分析影响企业营销伦理的内外因素，从社会、消费者和企业三个方面来完善，科学分析营销激励中存在的问题，并提出有效的解决措施。

任务一　企业营销伦理

一、企业营销伦理的概念

企业营销伦理是营销主体企业在从事营销活动中所应具有的基本的道德准则，即判断企业营销活动是否符合消费者及社会的利益，能否给广大消费者及社会带来最大幸福的一种价值判断标准。

在当前竞争越来越激烈的商业环境中，有些企业为了生存和发展，采取了一些奇葩的营销手段，以此谋求经济利益，给消费者造成了损失，给现代营销管理蒙上了一层阴影。比如产品质量差却以次充好、以假乱真，夸大产品功效误导消费者购买，刷单炒信骗取消费者关注，虚构用户评价提升产品销量，非法炒作收割消费者的"智商税"，等等。以上种种，均属于企业的营销伦理失范行为。这些失范行为虽然使企业当前获得了一些既得利益，但从长远看企业必将失信于消费者、合作伙伴和社会，最终难逃破产清算的命运，甚至受到法律的严惩。因此，营销伦理应该引起企业足够的重视。

二、企业营销伦理的特性

企业营销伦理具有自身的特性，这种特性主要表现在五个方面。

（一）外显性

企业通过营销活动输出产品或服务，无论是营销活动，还是产品和服务，都是营销伦理水平的外在体现。

（二）广泛性

企业的营销伦理影响营销决策，将进一步传至产品和服务，直至消费者，营销伦理的影响链和面将非常广。

（三）直接性

消费者、社会与企业紧密相连，营销伦理将决定企业对待消费者、社会的态度，直接影响其营销行为。

(四) 互动性

企业与消费者之间营销伦理的作用是双向的,是作用力与反作用力的关系,要么一荣俱荣,要么一损俱损。

(五) 持久性

企业的营销伦理水平往往是长期的营销行为和结果形成的,一旦形成又具有长时间的影响力,决定较长一段时间内的营销行为,并且给消费者产生长期持久的感受。

三、企业营销伦理的作用

企业营销伦理的作用,体现在以下方面。

(一) 树立良好的企业形象

一个遵守道德规范、尊重消费者权益的企业,会更容易赢得消费者的认可和信任,这种正面的企业形象将吸引更多的潜在顾客,提高企业的市场份额。

(二) 加强企业市场竞争力

遵循营销伦理可以提高企业的品牌知名度和美誉度,当企业以诚信、公平、责任等价值观为准则进行营销活动时,消费者更容易接受并青睐该品牌,从而提高企业的市场竞争力。

(三) 建立信任合作关系

当消费者或者合作伙伴认为某个企业是一个诚信、公平、负责任的企业时,他们更愿意与该企业建立长期的合作关系。在这种合作关系下,企业与消费者、供应商、分销商等更能建立稳定和可靠的关系。

(四) 降低社会交易成本

遵守营销伦理的企业具有较高的可信度和信赖感,这些可信度和信赖感可以有效地减少交易双方的沟通成本,降低交易支出的潜在费用,提高市场有效运行的能力,减少市场失灵的概率等。

(五) 促进市场经济完善

当企业遵守营销伦理开展商业活动时,诚信、公平、责任等价值观将占据主导地位,整个市场经济将形成一套内生的商业逻辑,这种逻辑远比法律要更实用,并具有约束其成员的效用,进而促进市场经济完善。

比如京东立下了"新规":国内无论何地发生灾难,就近的仓库无须上报,直接捐出灾区所需物资即可。这一新规在网络称为京东救灾制度。因此无论是疫情,还是暴雨,京东的救援物品总是第一时间到达。京东救灾制度是企业承担社会责任的正面榜样,是营销伦理中正能量的行为,为京东赢得了良好的社会声誉。

四、影响企业营销伦理的因素

企业营销伦理的特点和作用进一步说明了它对企业的重要性,但企业要想运用好营销伦理,还必须了解影响营销伦理的因素。

企业营销伦理往往受到企业外部因素和内部因素的影响。其中,外部因素包括市场、文化和政府等,内部因素包括企业文化、管理者、员工等。

(一)外部影响因素

1. 市场因素

从市场因素看,在产品供不应求的情况下,企业往往片面追求自身利益,忽视消费者的合理权益,以及企业应承担的社会责任。

2. 文化因素

从文化因素看,社会主义文化追求共同富裕,资本主义文化强调利益至上,两种不同的价值取向必然使身处其中的企业采取不同的营销伦理选择。

3. 政府因素

从政府因素看,法制体系是否健全,执行是否到位,这两点也是影响企业营销伦理选择的重要考量。

(二)内部影响因素

1. 企业文化

从企业文化因素看,秉持"消费者至上"和奉行"社会整体效益优先"的企业必将具有较高的营销伦理水平。

2. 管理者

从管理者因素看,企业管理者所持有的市场营销观念,以及衍生的行为准则,必将在其营销决策时产生直接影响,进而导致不同的营销伦理选择。

3. 员工

从员工因素看,企业员工的综合素养,尤其是思想道德、文化水平、执行力等,将直接影响其在营销活动中的行为方式。

五、企业营销伦理建设

通过上述介绍,营销伦理对企业的影响"大而深远",企业开展营销伦理建设势在必行。但企业营销伦理建设是一项系统复杂的工程,需要社会、消费者和企业齐抓共管,共同努力,才能有所作为。

(一)社会层面

要想将营销伦理建设好,应发挥社会层面的积极作用。

(1)完善法律条款,加大执法力度。从国内外经验看,完善的法律法规是抑制和打击营销伦理失范行为的最有力武器。在完善法律法规上,现阶段的重点是尽快细化和完善相关法规制度,做到"条文明晰、责任明确"。在法律法规完善的基础上,要能够"有法可依、有法必依、执纪必严、违法必究"。

(2)建立诚信体系,引导诚信营销。建立完善的信用诚信体系,让诚信营销成为常态,让守信的企业处处受益,使失信的企业寸步难行。

(3) 加快改革开放,完善市场经济。加快完善社会主义市场经济体制,增强区域发展的平衡性,强化行业发展的协调性,丰富企业经营发展的沃土,打造稳定、公平、透明、可预期的营商环境。

(4) 建立行业协会,发挥管理作用。行业协会是我国社会主义市场经济体系中不可缺少的重要组成部分,是加强和改善行业管理与市场治理的重要支撑,是连接政府、企业、市场之间的桥梁纽带。行业协会要努力适应新形势的要求,积极参与相关法律法规、宏观调控和产业政策的研究、制定,担负实施行业自律的重要职责,要围绕规范市场秩序,健全各项自律性管理制度,制订并组织实施行业职业道德准则,大力推动行业诚信建设,建立完善行业自律性管理约束机制,维护公平竞争的市场环境。

(二) 消费者层面

消费者与营销伦理息息相关,既可能是营销伦理的受益者,也可能是营销伦理的受害者。因此,消费者应该积极主动参与营销伦理的建设中。

(1) 理性消费,切勿贪小求利。正所谓"苍蝇不叮无缝蛋",只有消费者树立正确的消费观念,不贪小求利,就不会给持有坏的营销伦理的企业"可乘之机"。同样,好的消费观念也鼓励和引导好的营销伦理,便于在市场环境中形成良好的营销伦理氛围。

(2) 合理维权,维护合法权益。当消费者的权益受到侵害时,应积极通过法律层面合理维护自己的权益,切勿抱有"忍一时风平浪静、退一步海阔天空"的纵容思想,更不能抱着"置身事外、袖手旁观,嘲讽同样吃亏上当的人"的想法,好的营销伦理氛围需要消费者共同营造。

(3) 积极监督,营造良好环境。消费者不仅仅是营销伦理结果的受影响者,同样也是营销伦理建设的参与人。消费者积极参与监督,反馈营销理论建设的不足之处,肯定其中的可取做法,能够进一步促进企业建好建优营销伦理。

(三) 企业层面

企业是营销理论建设的主体,要充分认识到营销理论对企业发展的积极作用,科学掌握营销伦理建设方法,将营销伦理建设好。

(1) 树立正确的营销伦理观念。企业在开展营销活动时,要充分认识到企业、消费者和社会三者之间的利益关联,树立正确的营销伦理观念。企业不能仅考虑一企之私,也不能片面追求消费者满意,要兼顾好社会的总体利益和可持续发展。

(2) 制定负责的营销伦理战略。企业应制定营销伦理的总体战略,从总体社会和个体企业、从长远发展和短期收益、从社会责任和经济效益等多方面谋划,走出一条适合企业自身特点的发展之路。

(3) 建立规范的营销伦理制度。在经营管理上,企业应建立规范的营销伦理制度。正所谓"有法可依,有据可查",好的营销伦理制度给企业管理人员和员工一套好的行为准则。通过规范的营销伦理制度,管理企业的营销策略和约束员工的营销行为。

(4) 形成积极的营销伦理文化。当企业长期树立正确的营销伦理观念,制定负责的营销理论战略,建立实施规范的营销伦理制度,企业必将会形成一种积极的营销伦理文化。这种积极的营销伦理文化是一种软实力,在无形中进一步规范企业经营管理行为,约束员工营销行为等。

(5) 发挥担当的领导示范效应。当企业管理人员积极遵守营销伦理制度,提倡营销伦理文化时,必然能够在企业内部形成一种"人人说营销伦理,人人行营销伦理,人人守营销伦理"的良好氛围。领导的带头示范效应必将促进企业更高更好更快地建设营销伦理。

(6) 健全完善的监督奖罚机制。好的文化和制度,还要配上好的激励奖罚措施。对严守营销伦理的决策和行为进行精神和物质方面的奖励,对营销伦理的失范行为进行批评教育,甚至是物质惩罚等,这种正激励和负激励同时作用,健全企业完善的监督奖罚机制,能够更加有效地建好企业营销伦理。

任务二 营销激励管理

营销人员的精神面貌、工作态度最直接地影响企业在顾客心目中的地位,决定企业的经营成败。按照企业营销观念建立一个科学合理的激励机制,引导并激励营销人员进行营销活动可以整合企业营销力量,保证经营目标的实现。然而,当前很多企业都面临激励机制这一难题。因此,对照营销观念及相应的营销人员与营销环境,建立新型营销观念下的营销人员激励机制对于企业的生存发展具有极为重要的指导意义。

一、营销激励

(一) 营销激励的概念

营销激励,是指激发营销员积极性,使其聪明才智得以充分发挥的一种管理活动。营销激励能强化个人行为,提高其工作和展业效率,培养团队精神,增强群体凝聚力,充分调动营销员的积极性和创造性,发掘他们最大潜力,使之更好地完成目标任务。

(二) 营销激励理论及过程

1. 营销激励理论

营销激励理论是指能准确反映商品经济下企业营销人员心理及行为变化动因的激励理论。除了前面已提及的马斯洛需求层次理论之外,还有公平理论和期望理论。

(1) 需求层次理论。马斯洛的需求层次理论给了企业管理者有益的提示,处在不同生命周期和事业周期的员工的需要是不同的,管理者应从其根本需求出发,采取有差别的激励措施,最大限度地调动员工的工作热情。

(2) 公平理论。亚当斯的公平理论认为,员工在一个组织中很注重自己是不是受到公平对待,常常以此来决定自己的行为。其公平理论可用下列公式表示:自己所得收入(W)/自己的付出=别人所得收入(W')/别人的付出。营销人员通常会比较自己收入和付出的比率与别人收入和付出的比率,可能会得到三种不同的结果,而其最终会根据该结果决定自己的行为。公平理论对企业管理人员制定合理的奖励及薪金分配政策具有十分重要的意义,但其也存在一定缺陷,主要在于公平与否取决于营销人员的主观判断。因此,营销人员对公司政策的学习也尤为重要。

(3) 期望理论。北美著名心理学家和行为科学家维克托·弗鲁姆于1964年在《工作与激励》中提出了期望理论。弗鲁姆的期望理论认为,一个人采取某一行动的内在动力取决于他对行动结果或目标的重视程度和评价,以及对实现这一目标可能性的估计,二者缺一不可。用公式可表示为:动力＝效价×期望值。弗鲁姆的期望理论是以下列两个前提展开的:① 人们会主观地决定各种行动所期望的结果的价值,所以,每个人对结果的期望各有偏好;② 任何对行为激励的解释,不但要考虑人们所要完成的目标,也要考虑人们为得到偏好的结果所采取的行动。弗鲁姆说,当一个人在结果难以预料的多个可行方案中进行选择时,他的行为不仅受其对期望效果的偏好影响,也受他认为这些结果可能实现的程度影响。

从期望理论中我们可以得知,管理人员在制定奖励、分配政策时,不仅要考虑营销人员的个人需要,还要考查营销目标的制定是否合理,目标太高或太低均不利于调动营销人员的积极性。

2. 激励的过程

激励的过程是需要决定动机,动机产生行为的过程。可是作为一个具体的激励来说,过程要复杂得多。当然,需要始终是激励过程的原动力。当需要未被满足时,会产生紧张,进而激发个人的内在驱动力,驱动力又驱使人们去寻找能满足需要的行为,结果需要得以满足,紧张感消失。未满足的需要→紧张→动力→行为→满足→紧张解除,上述激励过程为有效的激励政策提供了新的思路:从满足个体需要方面调动人的积极性,从目标设置上研究如何调动人的积极性,同时还要强化动机,使个体需要的满足与组织目标的实现相一致。另外,激励是一个连续不断的过程,旧的需要满足后新的需要又产生了,所以要及时反馈,对不同的需要,其激励的方法和手段也不应相同。

二、影响激励机制的主要因素

从企业的角度去考虑,对营销人员的激励是一个复杂的过程。影响企业对营销人员激励的主要因素有四个。

(一) 企业主要负责人的领导风格

不同企业的主要领导人的领导风格是不同的,这种不同的风格导致对营销人员的管理制度和方式上会有很大的差别。例如,有的企业喜欢有一定经验的营销人员,认为他们可直接创造价值,但也有的企业喜欢刚入行业的新手,认为他们易于培养等。

(二) 营销管理制度及薪资体系

实践证明,营销制度或薪资体系的不合理,是促使营销人员流失的主要原因之一。尤其是那些经常变换营销制度和薪资体系的企业,给营销人员造成了"说话不算数"的感觉。

(三) 企业发展状况

采取有效激励措施的核心是企业的发展,只有企业正常发展,才能采取合理、有效的激励措施;否则,只是一句空话或"口号"而已。

（四）行业发展平均水平

行业发展平均水平也会影响企业所采取的激励措施。一般来说，处在行业发展水平较高的企业，所采取的激励措施也较高，而处在行业发展水平较低的企业其采取的激励措施也较低。

三、营销激励模式

（一）目标激励

目标激励是指给营销人员确定一定的目标，以目标为诱因，驱使员工去努力工作，以实现自己的目标。目标激励要求把企业的经营目标与员工的个人目标结合起来，使企业目标和员工目标相一致。例如，企业可以给营销人员在一定的时期内客户开发数目、销售额数目、费用数目等确定目标，根据目标完成的情况确定升职、奖金发放等。

（二）领导者激励

领导者激励主要指领导者的品行给企业员工带来的激励效果。企业领导者应是员工的表率，此所谓"上行下效"。领导者清正廉洁，对物质的诱惑不动心，吃苦在前，享乐在后；严于律己，身先士卒。这样的领导本身对员工就是莫大的鼓舞，能够激发员工的士气。如果领导者再具有较强的业务能力，给企业带来较高的经济效益，有助于员工需要的满足和价值的实现，就会对员工产生巨大的激励作用。

（三）参与激励

参与激励是指让营销人员参与企业管理，使员工产生主人翁责任感，从而激发员工发挥自己的积极性。参与激励的方式有：鼓励员工对公司的发展提出合理化建议，对有益的建议进行采纳并奖励提供有益建议的员工；鼓励员工对企业的某些经营活动进行监督管理；经常邀请营销人员参与企业重大问题的决策或列席会议；让营销人员及时了解公司的发展计划及发展方向等。

（四）公平激励

公平激励是指企业的领导在企业的各种待遇上，对每一员工公平对待所产生的激励作用。在公平的环境中，员工享受的诸如工资、奖金、福利、晋升、工作环境等各种待遇是根据员工本人的素质及对公司的贡献来决定的，而不是通过人情或关系来决定的。

（五）奖罚激励

奖罚激励是指企业通过采取奖励和惩罚手段，驱使员工采取符合企业需要的行动的一种激励。奖惩激励也是目前各行业最常使用的激励手段之一，企业根据员工在公司的表现及贡献，对员工实施奖励或惩罚措施。

（六）直接利益激励

金钱是许多管理者激励员工的重要手段，且常常行之有效，但是金钱作为激励手段也有其缺陷：其一，金钱作为激励手段会助长人的自私心理，以自我利益为中心，唯利是图，长期的金钱激励有可能会掩盖其所需要向自我实现需要的发展。其二，长期把金钱作为激励手段,会产生单位金钱激励效果递减的现象。所以,企业管理者在使用该方法时需慎重考虑。

四、营销激励中存在的问题

(一)激励手段较为单一

根据马斯洛的需求层次理论,我们可以知道人的需求是由低级向高级转化的。物质需要只是生存需求最低级别的表现,而许多企业的员工激励多数表现为以奖金为主的物质激励,缺乏一定的精神激励,这对于员工激励是较为片面和错误的理解。企业一味地强调员工的物质需求,忽视了管理者与员工的情感交流,更加剧了员工与管理者之间的隔阂。这种单一的激励方式几乎忽略了对于员工精神层面的激励,在一定程度上会影响员工的工作积极性。

(二)忽视新人的培养

一些企业为新人提供了培训学习的机会,但是效果并不明显,甚至部分员工认为入职培训更像是"走流程"。还有一部分员工并未参加入职培训,原因在于工作岗位急缺人员,岗前培训的过程就被省略了。由于工作安排得较为紧凑,很多新入职的员工仅仅是靠老员工在业余时间加以指导,边工作边学习。这种培训方式可能会带来一定的问题,比如老员工在带新员工的过程中出错或者怕影响到自己的工作而没有真正地将技术教给新员工。此外,一些岗前培训没有涉及公司的企业文化、经营理念等,新员工无法充分了解企业,也无法快速融入公司氛围。

(三)员工缺乏晋升通道

一般来说,企业的管理结构在发展过程中是相对稳定的,但这同时也限制了员工的晋升空间。有一部分人认为在公司的资历才是晋升的标准,这让很多年轻员工感到失望。与此同时,很多老员工工作了很多年,却常年在基层岗位上得不到提升,这也使他们感到不满。每年都有员工晋升,但是晋升的人和条件却没有十分明确的标准,这对普通员工来说是茫然的,对真正在岗位拼搏却默默无闻的人来说也是不公平的。没有公开透明的晋升通道,终将会打击到企业内兢兢业业工作的人才。

五、营销激励的有效措施

在现实的企业运行中,企业往往对营销人员的关注程度不够,同时也缺少必要的激励、培训等手段,这就造成了许多企业营销人员特别是高层营销人员的频繁跳槽,给企业的营销工作带来了很大的负面影响,甚至影响到企业的整体发展。

(一)改进薪酬制度,引入精神激励

企业的管理层需要考量营销人员的多方面需求,解决好组织利益公平分配的问题。员工在工作中会关注个人所得,管理者要把员工业绩和对公司的贡献真实反映到员工所得薪酬中去。企业可以采用宽带薪酬的方式,适当加大每个薪酬等级的数值范围,促使员工在工作中做出更大贡献,不断进步。在奖金方面,要对员工年终奖进行改进,将年终奖

金和平时绩效考核挂钩,使之与公司的经营效益相关联。

此外,公司可以根据经营状况适当地提高员工的福利待遇。根据需求层次理论,做到既满足员工低层次需求,又满足员工高层次需求,提高员工的获得感。公司应保留现有的基础福利,比如五险一金、节日补贴等。在此基础上,公司可进行进一步优化,比如给员工缴纳补充养老保险及医疗保险等。公司也有偶尔委派员工出差的情况,应该适时调整出差的补贴,避免员工都不愿意去或者积极性不高的情况。公司可以根据员工的业绩,设定福利积分系统,用积分兑换福利项目,由员工自主选择提供的福利,给员工更好的福利选择自由。

(二)关注营销人员的选拔和招聘

关注营销人员的选拔和招聘,是关注营销人员的第一步。通过缜密细致的选拔和招聘工作,可以得到一批愿意投身于营销事业,具备一定营销素质和专业文化背景的初级营销人员。这里选拔营销人员的工作,主要是指从企业内部员工中挑选。从企业内部员工中挑选营销人员,是企业常用的一种人才选拔方式,它能把熟悉企业文化、相应人事关系、技术和工艺及产品某些特征等的营销人员迅速选拔到营销岗位上工作。但是,这种选拔营销人员的最大弊端是营销人员都是来自企业内部,彼此间较为熟悉,相互之间难免会背上"历史的包袱",即过去工作中的失误大家都知道,这多少也会影响到他们正常的营销工作。另外,由于大家都来自企业内部,多年来在企业内部的工作均受到一定相同的企业氛围的熏陶,会形成对刺激的反应一致性,故往往在应对问题时做出相近的判断和相似的抉择,这对于营销工作的成功进行是有一定的负面影响的。而企业在挑选营销人员时采用招聘的方式可以克服上述缺点,但这种挑选方式会影响内部人员晋升的机会,熟悉工作的成本也较高。因此,采取营销人员内部选拔和外部招聘相结合的方式,有助于所选的营销人员相互取长补短,共同进取。另外,企业在选取营销人员、组建营销队伍时,还应事先确立挑选的基本准则。选拔标准事先制定并公布,有利于严把企业的挑选关。既要保证企业营销人员的综合素质和能力达标,又要体现挑选时的公正性、公平性和透明性。挑选标准应主要包括文化背景、工作经历、能力和业绩、人际关系、沟通水平、语言表达能力等。

(三)关注营销人员的培训

知识是企业营销工作的第一动力,然而知识的快速更新往往是营销人员甚至是企业被淘汰的重要原因。企业挑选的营销人员虽然在挑选时拥有一定的较新知识,但如果在今后的日子里不给他们提供长久、全面的培训机会就会使他们的知识落后、老化。企业应将为营销人员提供培训当作一种投资,是一种提升企业营销人员营销能力的日常活动。从营销人员来看,通过不断地参加培训,可以使自己得以在学习过程中不断充实自我,可以跟上营销发展的步伐,能增强自己从事营销工作的能力和信心。由于营销环境的不断发展和变化,对营销人员的培训工作也应是一个长期的、全面的、动态的过程。具体的培训内容各个企业有所不同,但总的来讲,应主要包含职业的基本素质方面的培训、企业基本知识方面的培训与营销基本理论知识和技巧方面的培训。

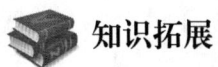 ## 知识拓展

营销激励的最佳时机

面临新的组织环境时,新入司的员工很容易唤起自信心,自我鞭策:"做出好样子,留下好印象"。此时激励,最容易收到良好效果。

1. 对过错有悔改之意时:人非圣贤,孰能无过?一旦发现过错营销员有悔改之意时,主管领导应对其进行定向激励,使其重树信心,朝着正确的方向发展。

2. 处于困境时:人生不可能一帆风顺,营销员常常面临许多困难和挫折,主管领导及时送去关切和理解,并帮助其排忧解难,会产生最佳的激励效果。

3. 对某种需求有着强烈愿望时:在这种情况下,主管领导应尽可能创造条件,解决问题,合理地予以满足,才能有效地保持营销人员的展业热情。

4. 举棋不定时:一个人的行为选择,往往受各种因素、各方力量的影响和制约。营销员有时面临艰难的抉择,处于犹豫不决、举棋不定状态,这时他们最需要一种新的力量去鼓励和支持,激励则是大显身手的最佳时机。

 ## 思政园地

2018年3月,"大数据杀熟"这个词进入大众视野,不过这一现象或已持续多年。有数据显示,国外一些网站早已有之。

2018年12月20日,"大数据杀熟"当选为2018年度社会生活类十大流行语。

2020年9月15日消息,央视二套财经频道点名在线旅游平台的"大数据杀熟"现象,报道中提到在线旅游平台针对不同消费特征的旅游者对同一产品或服务在相同条件下设置差异化的价格。

大数据杀熟,是指同样的商品或服务,老客户看到的价格反而比新客户要贵出许多的现象。2020年8月20日,文化和旅游部发布了《在线旅游经营服务管理暂行规定》,自2020年10月1日起施行。规定明确在线旅游经营者不得滥用大数据分析等技术手段,侵犯旅游者合法权益。11月10日,国家市场监督管理总局发布《关于平台经济领域的反垄断指南(征求意见稿)》。2021年2月7日,国务院反垄断委员会发布关于平台经济领域的反垄断指南,对消费者反映较多的"大数据杀熟"等问题做出专门规定。

2021年4月13日,市场监管总局会同中央网信办、税务总局召开互联网平台企业行政指导会。会议指出,实施"大数据杀熟"问题必须严肃整治。8月17日,个人信息保护法草案提请全国人大常委会会议三审,对禁止"大数据杀熟"等内容做出规定。

消费时遇到价格陷阱,一不小心就被"大数据杀熟";手机App频繁索取权限,商业广告多到防不胜防……今日起,我国第一部个人信息保护方面的专门法律正式开始实施,为保障个人信息保护提供了有力的法律依据。

项目小结

企业营销伦理是营销主体企业在从事营销活动中所应具有的基本的道德准则。企业营销伦理具有自身的特性：外显性、广泛性、直接性、互动性和持久性。企业营销伦理的作用主要体现在：树立良好的企业形象、加强企业市场竞争力、建立信任合作关系、降低社会交易成本和促进市场经济完善。影响企业营销伦理的因素有外部因素即市场、文化和政府，也有内部因素即企业文化、管理者和员工。企业营销伦理的建设可以从社会、消费者和企业三个层面去完善。

营销激励，是指激发营销员积极性，使其聪明才智得以充分发挥的一种管理活动。营销激励理论主要有马斯洛需求层次理论、公平理论和期望理论。影响激励机制建立的主要因素：企业主要负责人的领导风格、营销管理制度及薪资体系、企业发展状况和行业发展平均水平。营销激励模式有目标激励、领导者激励、参与激励、公平激励、奖罚激励和直接利益激励。营销激励中存在的问题：激励手段较为单一、忽视新人的培养、员工缺乏晋升通道。营销激励的有效措施：改进薪酬制度，引入精神激励；关注营销人员的选拔和招聘；关注营销人员的培训。

 ## 项目知识结构图

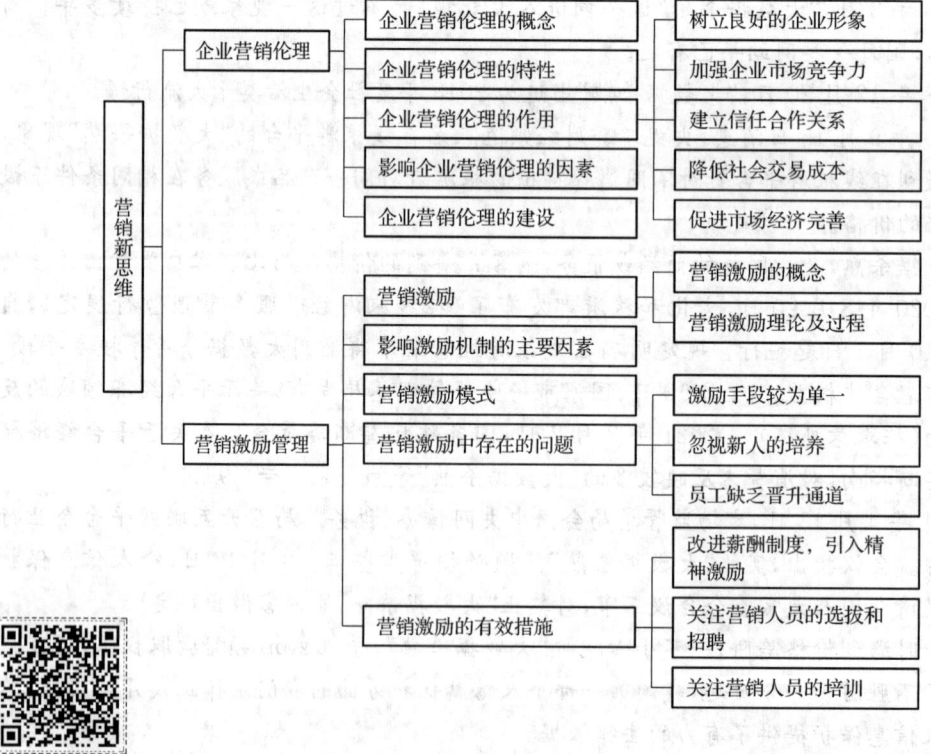

课后习题

参考文献

[1] 吴健安.市场营销学:第6版[M].北京:高等教育出版社,2017.
[2] 王方.渠道管理[M].北京:高等教育出版社,2016.
[3] 居长志.市场营销:第6版[M].北京:高等教育出版社,2023.
[4] 张先云.市场营销学[M].北京:机械工业出版社,2007.
[5] 陈姣.科特勒营销学新解[M].北京:中华工商联合出版社,2017.
[6] 有赞学院讲师团.社交电商运营全攻略[M].北京:电子工业出版社,2019.
[7] 武永梅.社群营销[M].天津:天津科学技术出版社,2017.
[8] 吴晓萍,秦绪杰.网络营销[M].北京:高等教育出版社,2018.
[9] 方玲玉.网络营销实务[M].北京:高等教育出版社,2019.
[10] 李丽娜.微信营销[M].长沙:中南大学出版社,2020.
[11] 王丽丽.网络营销[M].北京:高等教育出版社,2021.
[12] 汪永华.网络营销[M].北京:高等教育出版社,2021.
[13] 吴洪贵.商务数据分析与应用[M].北京:高等教育出版社,2021.
[14] 张娟.市场营销学[M].北京:机械工业出版社,2022.
[15] 覃常员,杨曼琳.市场营销理论与实践[M].北京:北京交通大学出版社,2020.
[16] 熊银解,查尔斯·M.富特雷尔.销售管理:第4版[M].北京:高等教育出版社,2017.
[17] 赵丽华.市场营销理论与实践[M].北京:中国铁道出版社,2019.
[18] 李翠霞,林士婷.旅游市场营销[M].北京:中国轻工业出版社,2022.
[19] 杨剑英,张亮明.市场营销学[M].南京:南京大学出版社,2022.
[20] 王兆远,那英续.市场营销学[M].北京:研究出版社,2021.
[21] 杨柏欢,丁阳,李亚子.市场营销理论与应用[M].南京:南京大学出版社,2020.
[22] 陈刚.市场营销学[M].南京:南京大学出版社,2017.
[23] 汉捷咨询.市场细分的经典案例与启示[EB/OL].http://www.higet.com.cn/ServerStd_1913.html,2021.
[24] 王书特.可口可乐公司发展策略与商业模式分析[J].中国市场,2022(32):88-90,198.
[25] 雷超.基于价值分类的多品牌战略探析:以宝洁和欧莱雅集团为例[J].发展,2014(2):85-86.
[26] 中国金融信息网.2022年女性消费报告[EB/OL].https://finance.sina.com.cn/jjxw/2023-03-07/doc-imykacst3819911.shtml,2023.

[27] 赵晓明,营浩翔.品牌理论进入以定位理论主导的融合阶段:以瓜子二手车和人人车广告战为例[J].河北工程大学学报(社会科学版),2018,35(04):21-24.

[28] 陈玉婷,熊科.基于4V理论下老字号化妆品的品牌重塑研究:以百雀羚为例[J].现代商业,2023(3):11-14.

[29] 石敏元.广告诉求传达中裸露方法的有效性的眼动模式研究[D].杭州:浙江工业大学,2018.

[30] 周诗怡,殷菲.基于受众体验的视频网站广告策略研究:以爱奇艺为例[J].市场周刊,2020,33(8):76-77,135.

[31] 方东.公共关系广告划分系统简论[J].内蒙古财经学院学报,1997(4):84-87.

[32] 熊亮.人员推销的特点与技巧研究[J].中国商贸,2012(17):34-35.

[33] 张权.公共关系在市场营销中的应用[J].中国市场,2022(33):144-146.

[34] 王亚楠.浅析公共关系管理在企业发展中的作用[J].公关世界,2022(16):14-15.

[35] 梁惠琼.快速消费品市场推广手段与品牌营销分析[J].中国商贸,2011(31):116-117.

[36] 胡电喜.针对消费者的快销品营业推广现状与问题分析[J].中国市场,2011(32):106-107.

[37] 王永贵.市场营销:第2版[M].北京:中国人民大学出版社,2022.

[38] 毕思勇.市场营销:第5版[M].北京:高等教育出版社,2017.

[39] 菲利普·科特勒,加里·阿姆斯特朗.市场营销:原理与实践:第17版[M].北京:中国人民大学出版社,2020.

[40] 郝渊晓,费明胜.市场营销学:第2版[M].广州:中山大学出版社,2017.